성과를 지배하는
바인더의 힘

성과를 지배하는
바인더의 힘

초판 1쇄 2013년 10월 1일
초판 23쇄 2024년 11월 20일

지은이 강규형
펴낸이 이혜숙
펴낸곳 (주)스타리치북스

출판감수 이은희
출판책임 권대홍
출판진행 김소라
출판기획 (주)엔터스코리아
표지디자인 권대홍 · 조인경
내지디자인 design Bbook

등록 2013년 6월 12일 제2013-000172호
주소 서울시 강남구 강남대로62길 3 한진빌딩 2~8층
전화 02-6969-8955

홈페이지 www.starrichbooks.co.kr
스타리치북스 블로그 www.blog.naver.com/books_han
스타리치TV www.youtube.com/@starrichTV
글로벌기업가정신협회 www.epsa.or.kr

값 16,000원
ISBN 979-11-951158-0-8 13190

성과를 지배하는
바인더의 힘

강규형 지음

기적의 노트! 3P바인더의 비밀

StarRich Books

추천사 1

자신의 삶을 디자인하여
성공을 바인딩하라

임상철(한국능률협회 커리어사업본부장)

지금까지 우리는 좋은 대학에 가고, 좋은 직장에 취직하는 것이 최선인 시대에서 살아 왔습니다. 그러나 이것만으로는 부족합니다. 이미 100세 시대가 되었고, 산업화를 뛰어넘어 글로벌 시대가 되었습니다. 이 시대를 살아가는 새로운 전략이 필요한 때입니다. 오래 사는 것이 중요한 것이 아니라, 어떤 목적과 꿈을 가지고 살아가느냐가 중요합니다. 자신의 삶을 디자인하고 그에 맞는 성공을 바인딩해야 합니다.

국민교육헌장에는 '타고난 저마다의 소질을 계발하고……'라는 말이 나옵니다. 제가 너무 좋아하는 문구입니다. 새 정부가 추구하는 교육전략과도 딱 들어맞는 말입니다. 박근혜 대통령 역시 취임사에서 개개인의 소질과 능력을 찾아내서 자신만의 소중한 꿈을 이루도록 돕고, 학벌, 스펙보다는 개인의 능력을 중시하는 사회를 만들어 가겠다고 천명했습니다. 그러한 것들이 현재 너무나도 시급하다는 뜻입니다.

해마다 50만 명이 대학을 졸업하지만, 대다수가 대기업이나 관공서에 몰리고 있어 취업률은 낮고, 중소기업은 인력이 없어 고민합니다. 잘못된 현상인줄 알지만 대안이 없습니다. 젊은이들에게 꿈이 무엇이냐고 물어볼 것이 아니라, 그들이 꿈을 제대로 설정하고 이룰 수 있는 토양을 만들어야 할 때입니다.

  젊은이들은 스스로 자신의 적성이나 장점, 끼를 바탕으로 목표를 설정한다면, 기존에 아쉽고 부족한 것 때문에 아파했던 시간들이 오히려 희망과 도전으로 바뀌는 좋은 기회가 될 것입니다.

  한국능률협회와 제휴하여 KMA 비전스쿨을 진행하고 있는 3P자기경영연구소 강규형 대표의 이번 책은 성과에 관심이 많은 직장인, 전문가 집단뿐 아니라, 대한민국의 차세대를 이끌어갈 대학생, 청년들에게도 새로운 관점과 비전을 제시하고 있습니다. 자신만의 색깔, 끼를 발견하고 꿈을 이루어가는 것, 자신의 인생을 디자인하고 그에 맞게 바인딩해 나가는 것이 대한민국의 희망이 될 것입니다.

  이 책을 통해 사람들이 구체적인 꿈을 설정하고, 그것을 이루어갈 수 있는 시스템을 갖게 되길 바랍니다.

추천사 2

오랫동안 꿈을 그리는 사람은
마침내 그 꿈을 닮아간다

최광렬(백석대학교 교수)

앙드레 말로가 남긴 이 제목 글귀는 꿈과 비전을 가지고 인생을 살아가려는 모든 젊은이가 한 번쯤 가슴에 새겨둘 만합니다. 통계에 의하면 87%의 세상 사람들이 아무런 목표나 비전 없이 살아간다고 합니다. 단지 10%의 사람들만이 마음속에 뚜렷한 목표를 가지고 살아가고 있으며, 오직 3%의 사람들만이 글로 쓴 목표(비전), 즉 인생을 위한 '계획서'를 가지고 살아간다고 합니다.

꿈과 비전을 갖는 것도 중요하지만 그것을 이루기 위해 구체적인 목표와 계획서를 만드는 것은 더욱 중요합니다. 하지만 사람들은 자신이 품은 목표나 비전을 지속시켜 가지 못합니다. 자기관리를 잘하지 못하기 때문입니다.

자기관리에 있어서 습관의 중요성은 아무리 말해도 지나치지 않습니다. 나는 지난 35년간 일기를 쓰고 있으며 그로 인하여 메모하는 습관이 생겼고, 자료와 정보를 수집하고 축적하는 일에 익숙해져 있습니다. 그러나 자료들이 정리되지 않은 채로 점차 쌓여만 가는 문제로 딜레마를 겪고 있었습니다. 그러던 차에 이 책의 저자인 강규형 대표를 만나 새로운 인생경영에 눈을 뜨게 되었습니다. 그가 소개해 준 '3P 바인더'를 사용하면서 내 인생의 시스템은 놀랍게 향상되었고, 여러 분야에서 업그레이드되는 감격을 맛보았습니다.

자기관리와 인생경영의 중요성이 대두되는 요즈음 '3P바인더'의 원리를 고스란히 담은 이 책을 통해 여러분들이 자기관리 능력을 향상시키고 좋은 습관을 내면화하여 성공적인 인생을 살아가게 되기를 소망해 봅니다.

추천사 3

여유 있는 삶은
자기관리에서 온다

이경준(이랜드 재단 및 사회복지법인 이사장)

세상에는 꿈(비전)도 없고 노력도 하지 않는 한심한 사람이 있습니다. 노력은 열심히 하는데 비전이 없는 미련한 사람이 있습니다. 꿈은 가지고 있는데 그 꿈을 이루기 위해 노력하지 않을 때 우리는 그것을 몽상이라고 합니다. 성공할 수 있는 사람은, 꿈을 가지고 그 꿈을 위해 노력하는 사람입니다.

이 책은 여러분을 야망이 있는 성공가가 될 수 있도록 도와줄 것입니다. 저자의 안내에 따라 한 걸음씩 나아가면서 성공할 수 있다는 확신을 가지고 꾸준히 노력해 보십시오.

저는 이 책의 핵심내용인 자기관리 기법을 대학교 2학년 때인 1971년에 배워 지금까지 사용해 오고 있는데, 생활에 큰 보탬이 되고 있습니다.

한 가지 예로, 금요일 저녁까지 설교준비를 마쳐 놓고 여유 있는 삶을 누릴 수 있는 것도 바로 '자기관리' 훈련을 했기 때문입니다. 무엇보다도 '중요한 일을 긴급하지 않게 하는 법'을 익혀서 여유 있는 삶, 승리하는 삶을 누리는 여러분이 되기를 바랍니다.

지도자는 적어도 세 가지 조건을 갖추고 있어야 합니다. 인품과 실력 그리고 그 실력을 다른 사람에게 전달해 줄 수 있는 능력입니다. 저는 강규형 대표와 (주)이랜드에 있을 때부터 함께해 왔던 사람입니다. 그의 인품과 실력, 전달능력을 믿기에 여러분께 기꺼이 이 책을 추천합니다.

추천사 4

지식경영의 초석이
되었던 바인더

호미해(메니퀸 대표이사)

이 책의 필자가 푸르덴셜보험을 세일즈하러 왔을 때 그가 사용하는 바인더를 보고 "이런 것 나도 하나 만들어 주실래요?"라고 부탁한 것이 계기가 되어 저의 지식경영이 시작되었습니다. 매사에 돈이 없어서, 배운 게 없어서 등등 모두 외부 환경만 탓했지 내 탓이라 생각한 적이 없었는데 그게 아니었습니다. 이 바인더를 통해 스스로 변할 수 있다는 자신감을 갖게 되었고 자기관리에 초점을 맞추고 하나하나 실천했더니 성과가 나타나기 시작했습니다.

"온 인류가 양모이불을 덮을 때까지"라는 비전도 갖게 되었고, 모든 일을 한쪽으로 집중하여 행동하니 습관이 되었고, 오늘날 많은 분이 부러워하는 실행력이 지금의 모습으로 변했습니다.

또한 내가 변하기 시작하자 주변사람들도 변하기 시작했습니다. 이 마법 같은 '3P바인더'를 전국 70여 개의 대리점 전 직원 모두가 사용하고 있으며, 만나는 사람마다 마치 전도하듯이 바인더를 권유하게 되었습니다. 비전 있는 꿈을 설계하는 여러분께도 '3P바인더'를 활용한 자기관리 기술을 잘 설명하고 있는 이 책을 적극 추천하는 바입니다.

추천사 5

시간을
두 배로 활용하라

강돈호 (고려대 생명유전공학부 3학년)

저는 대학생 신분이지만 교회에서는 리더로, 또한 과외 선생으로 활동하는 등 여러 가지 역할을 수행하고 있습니다. 한정된 시간에 많은 역할을 감당하다 보니 하나라도 제대로 하는 것은 없는데 늘 분주함을 느낍니다. 그리고 이렇게 분주한 것이 일상화되어 어쩌다 여유가 생겨도 마음은 그 여유를 누리지 못하고 또 다른 할 일을 궁리하는 버릇이 생겼습니다.

그때 우연한 기회에 선배의 소개로 '3P바인더'를 알게 되었고, 이것을 사용하게 되면서 제가 얼마나 많은 시간을 낭비하고 있는지 곧바로 깨달을 수 있었습니다. 시간을 계획적으로 사용하지 않은 탓에 늘 정신이 없고 바쁘다고 느꼈던 것입니다. 계획적·조직적 관리로 시간의 효율을 1.5배, 2배로 높여 활용할 수 있다는 것은 10년 동안 할 일을 5년 동안에 할 수 있다는 것을 의미합니다. 또한 눈앞의 시험점수나 학점에 연연하는 것보다 훨씬 인생을 효율적으로 살아갈 수 있다고 생각하면 조금 귀찮은 것은 극복할 수 있다고 생각합니다. 이 책을 통해 젊은 시절에 시간을 낭비하지 않고 많은 성과를 내는 사람이 늘어나 개인과 국가의 경쟁력이 더욱 높아지기를 기대해 봅니다.

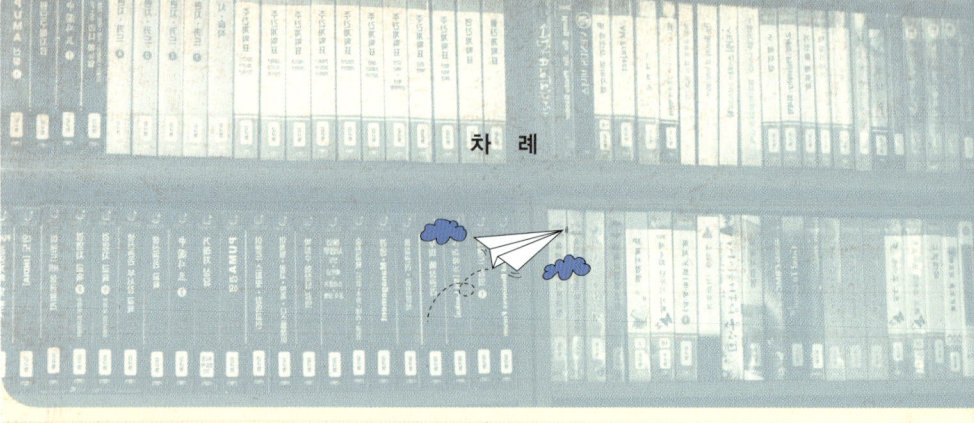

차 례

프롤로그 누구라도 할 수 있는 '바인더로 성과 내기' · 16

chapter 1
꿈을 이루어 준 기적의 바인더

방황하던 신입사원에서 경영자로 · 23

월급 120만 원에서
연봉 3억 원의 톱 세일즈맨으로 · 33

하이퍼포머의 상징 3P바인더 스토리 · 42

성과 그리고 3P 철학 · 49

20년간 만든 500권의 바인더 시스템 · 64

왜 자기경영인가? · 75

chapter 2
쓰면 이루어지는 꿈과 비전

종이 위에 쓰면 이루어지는 꿈 리스트 · 85

위대한 방향키 – 사명, 비전 · 95

꿈을 이루어 주는 사다리 전략 – 목표 세우기 · 104

1년 동안 성공하는 습관 – 연간계획, 월간계획 · 115

chapter 3
하버드를 뛰어넘는 시간관리

하버드 수재들의 시간관리법 · **133**
피터 드러커의 충고 – 시간을 기록하라 · **139**
아이젠하워의 원리 – 우선순위 · **151**
하루를 이틀처럼 – 숨겨진 플러스 3시간 · **156**
주간계획표 – 그 디테일의 힘 · **160**
시간관리 습관 만들기 – 매일, 주말, 휴일 3%의 습관 · **187**

chapter 4
적자생존 전략 기록 관리

시대를 초월한 생존전략 · **197**
기록의 도구, 3P바인더 · **202**

chapter 5
새로운 패러다임의 기록법, 마인드 맵

기록의 진화 · 211

chapter 6
성장판을 자극하는 지식경영

도요타의 DNA · 229
표준을 선점하는 자가 세상을 지배한다 · 237
나의 DNA, 나의 표준 · 239

chapter 7
방전되면 사용불가, 나는 내가 충전한다
독서경영

글로벌 시대의 필수요소, 독서경영 · 247
독서경영의 실천 · 254
독서포럼 나비 · 276

chapter 8
세렌디피티를 기대하라

창의적 인재를 위한 아이디어 관리 · 283
앞당긴 자서전으로 성공 끌어당기기 · 287
인맥관리 달인 되기 · 296

chapter 9
스페셜리스트가 일하는 법

스페셜리스트를 꿈꾸며 · 305
스페셜리스트는 약과 같다 · 308
스페셜리스트의 특별한 도구 · 315

chapter 10
취업, 진로, 커리어 관리

일자리를 구하기에 앞서 인생을 구하자! · 321
일자리를 찾는 다양한 방법 · 325
자기 자신 이해하기 · 328
희망 기업에 대해 철저하게 연구하기 · 331
커리어 포트폴리오 만드는 법 · 334

에필로그 아름다운 정상을 향한 첫 걸음, 자기경영 · 339
참고문헌 · 341

프롤로그

누구라도 할 수 있는
'바인더로 성과 내기'

스펙 제로(Zero)

가공할 화력이다. 요즘 학생들은 건국 이래 최고의 스펙으로 무장했다. 스펙 3종 세트(학벌, 학점, 토익), 5종 세트(+연수, 자격증), 7종 세트(+공모전 입상, 인턴 경력), 9종 세트(+봉사 경력, 성형수술) 등……. 이런 기준으로 한다면 필자는 제로 스펙이다. 지방대학 출신에, 학생 운동을 한답시고 학점이 좋은 것도 아니고, 영문도 모르고 영문학과에 들어가서 영어도 잘하지 못했다.

스펙보다는 성과

당연히 이랜드 그룹 공채 5기 352명 중에서 거의 꼴찌로 입사했다. 입사 초기에는 적응을 하지 못해서 지독하게 방황했다. 그러나 가치관이 변하고 올바른 직업관을 깨달으면서 관심사가 '민중해방'에서 '성과'로 옮겨 갔다.

입사 3년차 햇병아리 주임 직급으로 매출 400억 원이 넘는 의류의 생산관리를 맡아 서울, 부산을 비롯해 인도, 스리랑카, 베트남, 중국 등에 있는 수십 개의 의류공장을 관리하며 사내강사, 신입사원 면접 위원(1, 2차), 승진심사, 직원수련회, 체육대회, 사내 페스티벌, 사회복지 봉사담당 등 업무 외적인 행사까지 도맡았다. 그때쯤 '어떻게 하면 맡겨진 업무를 주어진 시간 내에 탁월하게 처리하고 성과를 낼 것인가?'에 대해서 고민하기 시작했다.

실천하기 어려운 이론과 원리가 넘쳐날 때, 필자는 바인더라는 시스템을 통해 일 처리 방식을 혁신했고 결국 그룹 계열사 중 푸마(Puma) 사업부 경영자로 발탁되었다.

열정은 지치지 않는 것

이랜드에서 10년을 보내고 수많은 반대 속에서 보험 세일즈를 시작했다. 월급 120만 원으로 시작했지만 최고 월급으로 5천만 원을 받는 등 수억대 연봉을 받았다. 푸르덴셜생명 전체 입사자 실적 1위, 3년 연속 MDRT(백만달러 원탁회의) 회원, 지점 챔피언, 슈퍼골드 시상 등의 성과를 거두었다. 20여 년 이상 사용해 온 바인더를 통해 기록관리, 목표관리, 시간관리, 업무관리, 지식관리, 독서경영 등을 꾸준히 실천한 성과였다. 그 과정에서 고객의 간곡한 요청으로 누구나 쉽게 실천 가능하고 지속 가능한 도구(바인더)를 만들게 되었다.

개정판에 즈음하여

이 책은 『성공을 바인딩하라』(지식의 날개, 2008)의 개정판이다. 책을 출간한 이후 5년간 책과 바인더, 세미나를 통해 수많은 사람들이 기적 같은 변화를 체험했다. 성인 교육으로 시작된 변화는 이제 대학생, 중고생,

심지어 초등학생 교육과정으로 확대되었다.

숭실대학교에서 200명씩 4개 반, 800명 학생을 대상으로 대진탐(대학생 진로탐색) 수업을 진행했을 때 우울증에 걸려 꿈도 비전도 없던 여학생이 바인더를 통한 자기관리를 시작해 2년 만에 우울증을 완벽히 회복했다. 이후 취업에도 성공하면서 여학생은 멋진 사회인으로 성장하였다.

2012년에는 인천대 겸임교수를 맡았다. 교양과목 중 학생 만족도 평가에서 1등의 영광을 누리며 60명 정원의 2개 반이 2학기에는 520명으로 확대되었다. 학생들의 놀라운 변화의 결과이다.

외국계 다국적기업 P사에서 근무하던 김도희 씨는 당시 34세로 5세 아이를 둔 워킹맘이었다. 그녀는 일이 적성에 맞지 않아 이직을 고려하던 중 지인의 소개로 필자를 찾아왔다. 책과 바인더, 세미나를 통해 코치과정을 이수하면서 새롭게 일처리 방식을 배워가자 9개월 만에 성과가 나타나기 시작했다. 이후 그녀는 수천 명이 참여하는 행사 등 굵직한 프로젝트를 도맡아 처리하여 그해 최우수 직원상과 더불어 인사고과 1등의 영예를 안았다. 1년 만에 연봉이 2천만 원이나 올랐으며, 차장에서 부장으로 특진하였다. 남편의 취미도 게임에서 독서로 바뀌었고, 아파트 단지 내 '웰빙맘'이라는 독서 모임까지 만들어 운영 중이다.

M 보험사 박진영 부지점장은 필자의 책을 읽고 직접 찾아왔다. 프로과정 세미나(8시간)와 코치과정, 강사과정을 거치며 150여 권의 바인더를 만들어 인생과 업무의 체계를 잡았다. 팀원 교육도 바인더로 시키기 시작하자 6개월 만에 팀원 중 1명이 전국 1등을 하였고, 팀도 전국 1등을 하는 놀라운 성과를 거두었다.

인생을 살면서 사람들은 직장을 11회, 직업을 3~6회 정도 바꾼다고 한다. 성과와 생산성을 높여 프로의 반열에 오르는 사람이 있는 반면 이력서를 누더기로 만들며 이곳저곳을 전전하는 아마추어가 있다. 성과를 내는 습관이나 목표를 달성하는 능력을 배우거나 훈련받은 적이 없기 때문에 기업마다 5년차 신입사원, 10년차 신입사원이 득실득실한 것이 지금의 현실이다. 환경과 조건이 동일한데도 성과의 차이가 발생하는 것은 결국 자기관리(자기경영)에서 비롯된다. 성과를 높이기 위한 자기경영 방법을 개인의 능력 차이로만 방치하는 것이 아니라 바인더 시스템을 통해 표준화시키고 교육 훈련을 통해 습관화되도록 하면 개인의 성공적인 삶뿐 아니라 소속된 조직과 국가의 경쟁력에도 큰 도움이 될 것이다.

이 책이 나오기까지 많은 분들의 수고와 도움이 있었다. 바인더를 통해 프로세스를 훈련해야한다고 수없이 강조하신 이랜드그룹 박성수 회장님께 감사드린다. 한국 최초로 20링 바인더를 도입하신 이경준 목사님, ㈜엔터스코리아 양원곤 대표님, 최원정 과장님, 스타리치북스 김광열 대표님, 한상진 부사장님, 이혜숙 실장님께 감사드린다. 3P자기경영연구소 식구들인 연구원들, 코치, 마스터 여러분, 특별히 자료 정리에 도움을 주신 홍혜숙 실장님, 이상경 과장님, 신지혜님께 감사드린다.

격려와 조언을 아끼지 않은 아내 류경희와 딸 수진이 집필 내내 기쁨을 주었다.

서초 연구실에서 강규형

chapter 1

꿈을 이루어 준
기적의
바인더

방황하던 신입사원에서 경영자로
월급 120만 원에서
연봉 3억 원의 톱 세일즈맨으로
하이퍼포머의 상징 3P바인더 스토리
성과 그리고 3P 철학
20년간 만든 500권의 바인더 시스템
왜 자기경영인가?

성과를 지배하는 바인더의 힘

01
Dream of Miracle Binder

방황하던 신입사원에서 경영자로

부적응 신입사원

입사지원서를 쓰는 데 꼬박 3박 4일이 걸렸다. 앞뒤로 대여섯 장이나 되는 입사지원서를 쓰면서 그 질문지를 만든 사람들이 궁금했고, 그렇게 이랜드 면접시험을 치렀다. 다행히 블랙리스트에까지 올랐던 운동권 경력을 묻지 않아 합격했다. 공채 5기 352명 중 거의 꼴찌로 입사했다. 지방 대학 출신에 학점은 좋지 않았고, 영문학을 전공했지만 영어를 잘하는 것도 아니었다. 남들보다 약간 잘하는 것을 애써 찾는다면 동네 수준이지만 축구를 좀 한다는 것과 부정적이지만 적극적인 것, 술을 먹어도 취하지 않아 실수를 하지 않는다는 것과 어디를 가더라도 늘 책을 들고 다닌다는 정도였다.

이랜드 계열사 중 ㈜브렌따노 영업부에 첫 배치를 받았지만 노동조합을 만들자며 '불만따노'를 결성하는 등 신입사원 시절을 방황으로 시작했다.

그러나 얼마 지나지 않아 이러한 방황과 부적응의 와중에 작지만 놀라운 변화가 찾아왔다. 대학 때 줄곧 달고 다닌 화두가 '민중해방'과 '자기 깨짐'이었는데, 겉사람이 아닌 속사람, 즉 내면의 깨짐이 시작되었던 것이다. 이랜드의 독특한 문화와 가치, 교육을 통해 서서히 가치와 관심사의 변화가 찾아왔다. 회사의 교육과 훈련을 통해 삶의 의미와 목표 그리고 비전을 발견한 것이 필자의 삶에 가장 큰 영향을 미쳤다. 무엇보다도 업무 시작 전에 Q.T.Quiet Time라 불리는 30분간의 '경건의 시간'이 큰 변화의 계기가 되었다. 성경을 읽고 느낀 것과 깨달은 것, 생활에 적용할 것을 기록하고 토론하는 시간이 충격으로 다가왔던 것이다. 더욱이 그 시간은 1970~80년대 시대정신에 존재하지 않던 '사랑'이라는 콘셉트까지 가지고 있었다.

직장은
인생의 학교

일반적으로 대학 졸업과 동시에 시험과 공부로부터의 해방감을 만끽한다. 그러나 10여 년간의 이랜드 근무 중에 부과된 시험과 리포트 등의 공부 양은 상상을 초월했다. 새벽 6~7시부터 밤 11~12시까지 열정을 넘어 미쳐서 일했고 미쳐서 공부했고 미쳐서 성장했다.

신입사원 시절에는 새벽 6시부터 오전 9시까지 경영학 5과목(경영학원론·마케팅·생산관리·인사관리·재무관리)을 교육받고 시험에 패스해야만 했다. 인문대학에서 영문학을 전공한 나로서는 너무도 생소하고 쉽지 않은 과정이었다. 그러나 직장과 일터에서 20년을 일하다 보니 이때 경영학 5과목을 어렵게 공부한 것이 평생 큰 재산이 되었다. 특히 경영 마인드를 갖게 되어 조직을 이해하고 조직에 적응하는 데 큰 도움이 되었다.

베스트셀러 『육일약국 갑시다』의 저자이자 메가스터디 엠베스트의 김성오 대표도 대학을 졸업하고 약 15㎡(4.5평)의 초미니 약국 개업을 준비하면서, 약국을 그냥 운영하면 약사 아저씨가 될 것이고 약국을 '경영'하면 '경영자'가 되리라는 것을 간파했다. 그래서 경영학과 선배에게 경영학원론 책을 얻어 그 두꺼운 책을 10번 넘게 읽었다고 한다. 결국 그는 12년 만에 약국 매출을 200배로 성장시켰을 뿐만 아니라 시가 총액 1조 5,000억 원의 메가스터디 공동 경영자로 존경받고 있다.

이랜드에서 관리자와 경영자로 있을 때 채용 시즌마다 본업이 면접인 양 몇 주씩 매일 신입사원 면접을 하곤 했다. 토익 고득점에 학점 올 A의 우수한 학생이라고 해도 떨어지는 경우가 있는데, 인성에 큰 흠이 없는 경우에는 경영 마인드나 비즈니스 마인드가 부족한 경우가 대부분이다. 경영학에서 가르치는 기본적인 회사의 메커니즘과 목적을 이해하지 못해 상대방(회사) 중심에 서지 못하고 학생 입장과 수준으로 면접에 대응하는 것이 좋지 않은 결과를 가져오게 되는 것이다.

최근 기업에서 이공계를 기피하는 것도 심각한 문제이다. 여러 가지 원인이 있겠지만, 핵심은 경영 마인드이다. 우리나라처럼 문과와 이과로 나누어 교육시키는 나라는 거의 없다고 한다. 퓨전fusion, 컨버전스convergence, 통합, 통섭이 중요한 이때 이공계일수록 경영에 관련한 공부를 더 많이 해야 할 것이다.

승진 시험이
고시라 불리는 까닭

이랜드에서는 대리나 과장으로 승진하기 위해서는 승진 시험에 패스해야 한다. 이 승진 시험이 우스갯말로 '승진 고시'라고 불린다. 승진 시험치고는 꽤 까다롭다는 뜻이다.

승진 시험은 6단계로, 첫 번째는 이랜드 스피릿 시험이다. 이랜드의 경영 철학이라고 할 만한 이랜드 스피릿은 18가지가 있는데, 한 주제당 내용이 2~4페이지 정도 되어서 전체가 소책자 1권 정도의 분량이다. 토씨 하나 틀리지 않고 완벽하게 외워 쓰지 않으면 안 된다. 이것을 외우려고 같은 부서 동기들과 여관을 잡아 1주일 정도 합숙했던 기억이 있다.

두 번째는 필독서 시험이다. 이랜드에는 당시 필독서가 300~400권 정해져 있었다. 평상시에도 의무적으로 읽어야 하지만, 승진 시험 때는 10~15권 정도를 선정해 시험을 본다. 그 수준이 만만치 않아 한 권에서 한 문제만 나오는 것이 아니라 이 책과 저 책을 연결해서 출제가 되기도 한다. 내용뿐 아니라 적용사항까지 묻기 때문에, 완전히 소화해 내 것으로 만들지 않으면 쓸 수 없는 논술식 문제들이다.

세 번째는 필기시험보다 수준이 높은 책 5~7권을 선정해 구두시험을 치른다. 시험관의 질문에 대답하는 형태이다. 역시 만만치 않다.

네 번째는 스크랩 검사이다. 스크랩이란 지금 하고 있는 업무 분야나 관심 분야의 정보를 모아 놓은 것인데, 필자의 경우 문구점에서 파는 스크랩북 중 제일 두꺼운 검정색 스크랩북으로 50권을 검사받았다. 단순히 정보만 모아 놓은 것이 아닌 무언가 공부한 흔적이 있는 스크랩이어야 하고, 경우에 따라서는 그 내용에 대해 질문을 받기도 한다. 하루아침에 벼락치기로 될 일이 아님은 자명하다. 손으로 들고 갈 수 없을 정도로 양이 많고 무거워 손수레에 싣고 갔던 기억이 있다.

다섯 번째는 업무 성과에 대한 리포트를 제출해서 심사를 받는다. 객관적이면서도 정량적·정성적 성과를 입증할 수 없다면 역시 탈락하고 만다. 평소 업무 성과를 계량해 관리해야 할 뿐 아니라 리포트 구성에도 공을 들여야 심사에 통과할 수 있다.

마지막으로 이랜드 교육의 중요한 도구 중의 하나인 바인더^{binder}를 검사한다. 업무와 자기관리의 도구인 바인더는 몇 장만 넘겨 보아도 그 사람의 성실성과 관리 능력, 리더십, 시간관리, 근면성 등을 한눈에 파악할 수 있다. 이것 역시 하루아침에 급조할 수 없다. 1년치 일기를 하루아침에 쓸 수 없는 것과 마찬가지이다.

그 외에도 평소 옷 잘 입는 법 테스트, 웃음 훈련, 인사 1,000번 하기, 영어·중국어·일본어 등 어학 공부, 주 1권 필독서 읽고 리포트 제출, 성경 공부, 각종 MT, 수련회 등 다양한 교육과 훈련에 적극 참여해야 한다.

슈퍼맨이 될 수 없다면
일 처리 방식을 바꿔라

삶의 목표와 가치관, 우선순위가 재정립되면서 부정적 사고가 점차 긍정적이고 균형 잡힌 사고로 변하기 시작했다. 순수문학 또는 사회과학 서적 탐독에서 경영 서적을 비롯해 폭넓은 독서로의 전환이 시작되었고, 직장과 일터가 밥벌이와 자아실현 정도를 넘어 비전과 가치를 실현하는 곳으로 변하는 가슴 저린 화학적 변화를 체험했다.

자아상과 가치관이 변하면서 세븐 일레븐(오전 7시~밤 11시)의 직장 생활 자체가 보람이고 기쁨이 되었다. 필자는 영업부와 물류부를 거쳐 생산관리부로 부서 이동했다. 입사 3년차에 주임 직급으로 처음 팀장이 되면서 책임이 과중해졌다. 판매가 기준으로 400억 원을 웃도는 금액의 의류 생산이 주 업무였는데, 각종 의류를 협력 공장에서 봉제해 본사에 입고시키는 임가공 외주관리였다. 서울과 경기, 부산 등 전국에 수십 개의 봉제 공장을 관리하는 일로 그야말로 눈코 뜰 새 없이 바빴다. 그것도 모자라 인도, 스리랑카, 중국 상하이의 대형 공장까지 관리해야 했다. 월요일과 화요일은 서울 지역 바지 공장을 관리하고, 화요일에 밤 기차로 부산역에 도착해서 새벽에 사우나 여관에서 잠깐 눈을 붙이고 수요일 아침부터 저녁까지 부산 지역 공장을 관리하고, 다시 밤 기차로 서울로 올라오는 생활이 계속되었다.

한번은 나에게 업무를 가르쳐 준 선배가 '바지'를 만들 때는 항상 옷감을 물에 빨아 보라고 충고했다. 그러나 워낙 여러 종류다 보니 한 가지를 물에 빨아 보지 못한 채 제품을 만들어 본사에 입고시킨

적이 있었다. 매장에 배송이 되고 거의 판매가 되었는데, 1주일 만에 소비자들의 항의와 함께 반품이 들어오기 시작했다. 바지를 물에 빨면 기장이 자그마치 7cm가 줄어드는 것이었다. 이 사건으로 손해 본 금액이 수억 원에 달했다. 당시 내 월급으로는 물어 낼 방법이 없는 큰 금액이었다. 손해 본 금액도 문제였지만, 400억 원이 넘는 상품을 더 이상 사고 없이 만들어 내는 것이 더 큰 문제였다. 나이와 경력에 비해 지나친 책임과 권한이 주어지니 잠이 오지 않을 정도였다.

이때부터 고민하기 시작했다. 어떻게 하면 사고를 내지 않고 완벽하게 업무를 처리할 수 있을까? 어떻게 하면 제한된 시간을 효율적으로 사용해 많은 업무를 다 해낼 수 있을까?

그렇다! 슈퍼맨이 될 수 없다면 일 처리 방식process을 바꾸자!

가장 먼저 펑크를 내지 않고 꼼꼼히 점검할 수 있는 도구가 필요했다. 그래서 회사에서 나누어 준 바인더에 주간계획표를 만들어 기록하기 시작했다. 업무가 끝나면 하루 종일 일하느라 지친 몸을 이끌고 회사로 다시 돌아와 한밤중에 자를 대고 주간계획표를 그리기 시작했다. 컴퓨터도 흔하지 않던 시절이라, 내가 쓰기 편한 딱 맞는 표를 만들기 위해서는 직접 펜으로 그리는 것이 상책이었다. 복사해서 몇 주 써 보고 또 다시 고쳐서 만들고 하면서, 시간 기록을 해 나가기 시작했다. 업무일지, 월간계획표, 연간계획표, 공장관리일지 등 각종 양식·서식들이 만들어졌고, 나름대로 업무를 잘 관리할 수 있는 체계를 만들어 나갔다. 업무의 생산성이 올랐음은 물론이고, 프로세스상의 중요한 점검을 놓치지 않아 사고 없이 완벽한 일 처리가 가능했다.

이렇게 만들어진 양식들을 동료와 선후배에게 복사해 주기 시작했고, 다른 브랜드로까지 확산되어 급기야 바인더 사용 관련 사내 강사를 맡게 되었다.

바인더를 잘 쓰기 시작하면서 업무 성과가 향상되었고, 본격적인 자기관리까지 하게 되어 업무 외적인 일을 맡기 시작했다. 소위 일중독에서 균형 잡힌 능력 있는 관리자로 성장해 가기 시작한 것이다. 200~300명이 참석하는 4박 5일의 직원 수련회며, 1~3차에 걸쳐 진행되는 600명이 넘는 협력업체의 사장단 해외 수련회의 총괄책임, 체육대회, 송 페스티벌, F.S.(정리·정돈·청소·청결·마음가짐의 순서로 진행되는 'Five Step' 운동의 약자로 사무환경 개선과 관련된 운동)대회, 사회복지시설 방문 책임, 1~2차 신입사원 면접위원, 대리 리포트 심사위원, 리더 양육 책임, 월요 모임 인도, 의류 생산관리 강사, 이랜드 스피릿 강사 등 각종 행사와 부가 업무를 큰 흠 없이 치러 냈을 뿐 아니라 성과를 크게 인정받았다.

㈜브렌따노에서 한 해를 결산하며 최우수 직원에게 주는 최고브렌인상과 이랜드 그룹 제1회 이랜드인상을 수상했고, 그룹 교육부에서 주는 최우수강사상도 수상했다. 지극히 평범한 사람으로 출발했지만, 바인더라는 도구를 통해 시간관리·목표관리·지식관리·기록관리·업무관리를 체계적으로 수행하면서 평범을 떼 버리고 '최고'와 '최우수' 자가 붙게 되었다.

경영자로 발탁

필자의 경우 입사 3년차부터 성과가 나기 시작했는데, 이는 자기관리를 시작하고부터이다. 당시는 개념도 모르고 시작했지만, 차츰 필자가 해 온 일이 자기관리의 영역이었음을 알게 되었다. 이런 자기관리의 성과가 처음에는 포도알처럼 보잘것없는 작은 것이었지만, 그런 경험들이 차곡차곡 쌓이자 큰일들이 맡겨지기 시작했고 점차 포도송이 같은 좀 더 큰 성과들을 이룰 수 있게 되었다.

앞에서도 언급했듯이 필자는 이랜드 공채 5기 신입사원 352명 중 그리 뛰어난 그룹에 속하지 않았다. 지방 대학을 졸업했고 학점이 뛰어난 것도 아니었으며 머리가 좋은 것도 아니고 특별한 특기도 없었다. 그럼에도 불구하고 이랜드 그룹이 인수했던 독일 스포츠 라이선스 브랜드 푸마PUMA의 본부장(경영자)이 된 것은 오로지 바인더 사용을 통한 자기관리의 성과였다. 더욱이 당시에는 영업부서장 출신이 본부장이 되는 것이 관례였는데, 공장을 관리하는 생산관리 부서장 출신으로 본부장이 된 것은 이례적인 경우였다.

1993년 당시 한국푸마는 부실기업으로 매각 대상이었다. 이랜드 그룹이 푸마를 인수하는 시점에 인수팀의 생산관리 부서장으로 참여해 맨땅에 헤딩하며 성공적인 재론칭relaunching을 했고, 그 후 몇 년간 해외사업부, 생산총괄 사업부 등 다른 부서 책임자로 일하다가, 1998년 IMF 구제금융 시절에 푸마 경영을 맡아 쉽지 않은 시절을 보냈다.

당시 동고동락하며 목숨 걸고 일하던 직원들을 평생 잊을 수 없을 뿐더러, 유럽 최고의 축구 선수들이 푸마 유니폼을 입고 뛰는 모습을 볼 때마다 아직도 가슴이 설렌다. 최근 한국푸마도 2,000억 원에 가까운 매출을 올린다고 하니 감개가 무량하다.

02
Dream of Miracle Binder

월급 120만 원에서
연봉 3억 원의 톱 세일즈맨으로

**새로운 도전-
광야**

이랜드 10여 년 생활을 마감하고 변화의 계기가 생겼다. 유통사업부가 의류와 함께 새로운 중심축으로 성장하면서 유통사업부로 발령이 났다. 하지만 IMF 구제금융 시기라는 가장 어려운 때 뼈아픈 직원 구조조정을 해 가며 회사를 회생시켰고, 푸마가 마지막이라는 생각으로 최선을 다했기 때문에 떠날 수 있었다. 어렵사리 사직서가 수리되자 의류업체 6~7군데에서 책임자로 와 달라는 제안을 받았다. 그러나 이랜드의 경쟁사일 수밖에 없어 사양했다. 적어도 2~3년간은 의류업계를 떠날 생각이었다. 짝사랑일지 모르지만 이랜드에 대한 내 나름의 사랑법이었다.

사직을 하면 퇴직금이 바로 나와야 하는데 IMF 구제금융 시기의 끝이라 회사의 자금사정이 여의치 않아 몇 개월 늦어진다는 통보를 받았다. 그래서 맨손으로 할 수 있는 일들을 찾기 시작했다. 자동차 영업, 보험 영업, 기타 세일즈 등의 영업 분야였다. 그중에 제일 어려운 영업이 보험 영업이라고 했다. 왜냐하면 보이지 않는 상품을 팔아야 하고, 보험 세일즈맨은 아무도 환영하지 않기 때문이다. 보험 영업자의 경우 친했던 친구들도 대놓고 오지 말라고 할 정도이고, 형제자매나 친인척까지도 부담스러워한다. 그래서 나는 보험 영업을 택했다. 가장 어려운 영업이었기 때문이다.

필자는 늘 그런 식으로 의사결정을 해 왔다. 이랜드 그룹 ㈜브렌따노에 근무하다가 푸마 본부장으로 갈 때도 그랬다. 공장 수십 군데에 주문을 낼 정도로 큰 파워를 가지고 있는 상황에서 새로 시작하는 것과 다름없는 회사로 간다는 것은 쉽지 않은 일이었다. 그러나 도전해 보기로 했다.

거창고등학교 직업 선택 10계명
① 월급이 적은 쪽을 선택하라.
② 내가 원하는 곳이 아니라 나를 필요로 하는 곳을 택하라.
③ 승진의 기회가 없는 곳을 택하라.

④ 모든 조건이 갖춰진 곳을 피하고 처음부터 시작해야 하는 황무지를 택하라.
⑤ 앞을 다투어 모여드는 곳은 절대 가지 마라. 아무도 가지 않는 곳으로 가라.
⑥ 장래성이 없다고 생각되는 곳으로 가라.
⑦ 사회적 존경을 바랄 수 없는 곳으로 가라.
⑧ 한가운데가 아니라 가장자리로 가라.
⑨ 부모나 아내가 결사반대하는 곳이면 틀림없다. 의심치 말고 가라.
⑩ 왕관이 아니라 단두대가 기다리고 있는 곳으로 가라.

대단한 성공을 거둔 인물들은 대개 열악한 곳에서 시작했고, 성경 속의 위대한 인물들도 거의 예외 없이 광야에서 훈련과 연단을 받는다. 광야는 영어로 번역하면 'desert(사막)'이다. 낮에는 뜨겁고 밤에는 춥고 마실 물도 먹을 식량도 없는 척박한 땅. 그 광야에서 자신을 내려놓고 철저히 훈련을 받고서야 위대하게 쓰임을 받는다.

글로벌
금융 그룹의 힘

푸르덴셜생명에 입사해 본격적으로 교육이 시작되었다. 입사 첫 달은 급여가 없었고 대신 강도 높은 교육이 진행되었다. 100여 년이 넘는 영업 노하우가 집적된 '블루북 blue book'이라는 영업 매뉴얼을 중심으로 학습과 훈련이 새벽부터 밤까지 진행되었다. 보험업계의 사관학교라는 정평답게 '기본으로 돌아가자 back to the basic'를 강조하였고, 윤리 ethics와 높은 성과 salesmanship와 가치 lifeplannership의 균형을 중시했다. 당시 한국의 기업들이 윤리 경영 개념의 초기 단계였음을 감안한다면 상당히 앞선 선진 기업문화를 체험한 셈이다. 아울러 모든 교육에서 가치 value로 시작해 가치로 마무리하는 모습에서 한국 기업이 배워야 할 선진 기업문화를 경험했다.

또 한 가지 놀라운 것은 블루북의 위력이다. 보험 세일즈에 대해 전혀 경험이 없는 사람을 1개월의 교육을 통해 —물론 계속되는 교육과정이 있지만— 억대의 톱 top 세일즈맨으로 양성한다는 사실이다. 세계 최고의 글로벌 기업은 예외 없이 그러한 매뉴얼을 가지고 있다. 맥도널드, 하이얼, 도요타, KFC 등 그 업종 세계 1위 기업이 그 예다. 매뉴얼이란 그 업계의 표준을 말한다. 표준을 따라가기보다 표준을 만드는 사람이나 기업이 세상을 지배한다는 말이 있다. 그래서 세계는 표준전쟁이라 할 정도로 표준을 주도하고 선점하기 위해 필사적이다. 문자, 컬러, 도량형, 도로표지판에서부터 와이브로, DMB의 최첨단 표준까지 우리 일상과 떼려야 뗄 수 없이 중요한 것이 표준이요, 매뉴얼이다.

푸르덴셜생명에 입사하는 것은 수월하지 않았다. 당시에는 100명이 지원하면 5명 정도가 최종 합격하던 시절이다. 푸르덴셜은 140여 년 된 미국의 글로벌 금융 그룹이다. 보험 영업 분야에 한국 최초로 4년제 대졸 남성 중심의 조직을 만들어 성공시켰다. 요즘은 일반화되었지만 종신보험을 최초로 도입했고, 보험 영업 경력이 있는 사람을 선발하지 않는 참신한 전략으로 이른바 3Q(quality people, quality service, quality product)를 시행했다.

시장에서
몸값 확인하기

사실 한 회사의 경영자로 있다가 전혀 새로운 분야인 보험 영업을 밑바닥부터 시작한다는 것은 쉽지 않았다. 첫 1개월 교육이 끝나고 2개월째부터 영업을 시작했다. 당연히 교육받은 대로 최선을 다했으나 첫 월급으로 120만 원을 받았다. 예상은 했지만 가슴이 답답했다. 그래도 한 회사에서 경영자로 있으면서 급여가 그리 나쁘지 않았는데, 자조의 한숨이 저절로 나왔다.

당시 푸르덴셜생명 세일즈맨 중에서는 소위 억대 연봉을 받는 하이퍼포머(high performer) 그룹이 있었다. 어떻게 하면 그렇게 높은 성과를 낼 수 있을까? 그로부터 10여 개월 동안 하이퍼포머들을 쫓아다니며 비법을 배우고 벤치마킹하여 '내 자신'을 최고의 무기로 만들기 위해 노력했다. 관련된 세미나와 교육을 쫓아다니고 선후배들과 롤 플레이(role play: 역할을 바꿔 가며 프리젠테이션하기)를 수도 없이 반복하고 촬영해 분석했다. 옷차림, 헤어스타일, 태도, 제스처, 시선 처리, 목소리 톤, 감정 토크, 표정 관리, 미소에 심지어 고객 사인용 펜 선택까지 세심하게 훈련했다.

그러나 이러한 훈련들은 어지간한 열정만 있으면 시간이 해결해 준다. 회사에서 제공하는 시스템과 교육은 어차피 모든 세일즈맨에게 동일하게 주어진다. 그럼에도 불구하고 똑같은 일을 하는데 연봉 차이가 10배에서 15배까지 차이가 나는 이유는 무엇일까? 상품은 그 함량이 같다면 가격 차이가 거의 없거나 1.2배를 넘지 않는 것이 상식이다.

필자는 억대 연봉을 받는 하이퍼포머 그룹을 유심히 관찰하고 분석했다. 처음에는 뚜렷한 공통점을 찾을 수 없었다. 출신도 다양하고 전직 경력도 다양했다. 영업 출신도 있고, 기획 출신, 프로그래머·디자이너·음악전공자·사관학교 출신에 성격도 외향적인 사람, 내향적인 사람, 대담한 성격, 소심한 성격 등 너무도 다양하고 달랐다. 하지만 직접 만나서 대화하며 배우다 보니 3가지 큰 공통점을 발견할 수 있었다.

첫째, 억대 연봉자들은 열심히 하기보다는 잘하는 사람들이었다. 능률과 효율보다는 목표달성 능력, 즉 성과를 올리는 습관적인 능력이 있었다.

둘째, 자기 자신만의 독특한 자기관리법을 체득하고 있었다. 새벽형이라든지, 하루에 반드시 5명의 고객을 만난다든지, 주당 3건의 보험계약(3w)을 반드시 체결한다든지, 시간관리를 철저히 하거나 인맥관리, 지독한 성실함이나 목표관리에 탁월하든가 하는 것들이 거의 습관화되어 있었다.

셋째, 슬럼프와 스트레스 관리 능력이 뛰어났다. 최고 홈런 타자도 3할대이다. 홈런과 안타보다는 헛방망이질이 7할이라는 것이다. 하이퍼포머들도 예외 없이 슬럼프가 찾아온다. 이때 아마추어들은 매니저나 타인의 도움의 손길을 간절히 기다리며 약한 모습을 보인다. 한

없는 나락으로 날개 없이 추락하며 스스로를 음지로 내몬다. 그러나 프로는 다르다. 하이퍼포머들은 이때 셀프 모티베이션을 통해 신속히 바닥을 찍고 벼락같이 치솟으며 정상에 선다. 외부나 타인에 의해 좌우되며 동기부여를 받는다면 아직 프로가 아닌 '포로'다. 프로는 철저히 스스로 일어선다. 안 되는 이유를 찾으며 환경을 탓하기보다 내부로 눈을 돌려 나의 태도를 꾸짖고 되어야만 하는 이유를 찾는다. 매니저의 도움을 받되 의존하지 않는다.

이러한 3가지 성공 공통점은 조직이나 회사가 줄 수 없고 오직 개인 스스로 습득해야 할 영역이라는 것이 연봉 10배가 넘는 개인차가 발생하는 까닭이었다.

필자도 마침내 첫 달 급여 120만 원을 받은 지 10개월 만에 억대 연봉자가 되었다. 3년 6개월 근속기간 평균 3억 원 내외의 연봉을 받았다. 월 급여로 최고 5,000만 원을 받은 적도 있었다. 1999년 4월부터 영업을 시작했지만 1999년 입사자 전체(전 지점) 실적 1위를 달성해 최고의 실적상인 '슈퍼골드 super gold'를 수상했다. 2000년도에는 평균 연봉 1억 1,000만 원인 프로 중의 프로가 모인 역삼지점 100여 명 중에서 지점 챔피언상을 수상했다. 3년 연속 'MDRT(million dollar round table, 백만 달러 원탁회의)' 회원 자격을 달성했다.

영업조직에서는 실적이 우수하면 존경을 받는다. 본사를 비롯해 타 지점에서 영업비결에 관한 강의 요청이 쇄도했다. 고객을 더 잘 섬기기 위해 개인비서의 도움을 받았지만 특별한 비결이나 능력, 경험이 있었던 것은 아니다. 단지 회사와 조직이 제공할 수 없는, 자기 스스로 해결해야 하는 자기관리 내지 자기경영을 성실하게 해 왔을 뿐이다. 그리고 20년간 꾸준히 해 왔던 '바인더'라는 나만의 도구가 있었다. 그 바인더를 통해 성과관리, 기록관리, 시간관리, 목표관리, 지식관리, 업무관리, 독서경영, 마인드맵 mind map 등 자기관리(경영), 즉 셀프 리더십의 대부분을 해결할 수 있었다.

허파에
바람 든 남자

어느 날 숨쉬기가 힘들고 가슴에 통증이 몰려왔다. 물류부 입고 담당이었기에 꾹 참고 저녁까지 박스를 메다가, 병원에 가 보니 폐에 공기가 차 호흡이 어려워지는 폐기종(기흉)이라는 진단을 받았다. 수술하고 1주일 입원한 후 출근하자마자 또다시 열심히 날랐다. 다시 몇 개월 만에 재발해 두 번째 수술을 받았다. 지나치게 열심히 한 탓이었다.

1994년 5월 독일 출장 중에 차가 폐차되는 대형 교통사고로 또다시 폐기종이 재발했다. 가슴을 움켜쥐고 간신히 귀국했지만 출장 공백으로 쌓인 업무를 2주일 동안 처리하고 입원 직전에 팀원들을 모아 놓고 유언(?) 같은 업무 인계를 한 후 바로 병원 응급실로 실려 갔다. 덕분에 '허파에 바람 든 남자'라는 놀림을 받으면서 이미 잡힌 결혼날짜를 몇 개월 연기해야만 했다.

그 후 몇 년간 이상 없이 살아오다가 갑자기 또다시 폐에 문제가 생겼다. 산이 높으면 골이 깊은 이치일까? 지나친 몰입과 몸을 던지는 습성으로 건강에 적신호가 온 것이다. 운전하고 영업하러 가는 도중에 증상이 나타났다. 가물가물한 의식으로 갓길에 차를 대고 2시간 동안 손가락 하나 꼼짝 못하고 식은땀만 흘렸다. 흐릿한 의식 속에서 '이렇게 죽는구나'라는 생각이 흘렀다. 사랑하는 아내와 부모님을 떠올리며 그 와중에도 보험 증액을 할걸 하는 생각이 들었다. 더 이상 무리하면 한쪽 폐를 잃을 수도 있다는 의사의 조언과, 24시간 휴대폰을 켜 놓고 언제든지 고객의 요청에 달려갈 준비를 해야 하는 업무 특성상 자칫 고객에 누를 끼칠 수 있다는 판단에서 결국 푸르덴셜 라이프 플래너 직을 그만두었다. 나를 믿고 신뢰해 주었던 고객의 은혜를 잊지 않겠다는 마음에 지금도 550분의 고객명단을 소중히 보관하고 있다.

03
Dream of Miracle Binder

하이퍼포머의 상징
3P 바인더 스토리

20링의
비밀

1989년 12월 신입사원 시절부터 바인더를 접하게 되었다. 처음에는 그 유용성을 전혀 깨닫지 못했다. 당시 네비게이토 출판사 이경준 대표(현 이랜드 복지재단 이사장)가 한국 최초로 20링^{ring} 바인더를 만들었다. 그는 공과대학 출신답게 2링, 3링 바인더나 6링 바인더의 종이가 자주 찢어지는 것에 주목했다. 구멍의 개수가 많을수록 힘이 분산된다는 것에 착안해 당시 한국에는 없었던 20링 바인더를 일본에 가서 구해와 리더 훈련용 바인더를 만들었고, 이랜드 초창기 멤버들이 자연스럽게 업무용으로 사용하기 시작했다. 그러다가 1992년쯤 이랜드 본사에서 20링 가죽 바인더 커버를 만들어 전 직원에게 지급했다.

필자는 그때부터 본격적으로 바인더에 꽂을 양식들을 개발하기 시작했다. 많은 책임과 과중한 업무를 잘 수행해야만 했기 때문에 각종 업무 양식과 자기관리 양식들을 만들었고, 주변에 나누어 주었다가 입소문이 퍼져 '바인더 사용법'이란 사내강의를 시작하게 되었다. 틈만 나면 후배들을 붙들고 바인더 검사를 했고 수시로 바인더 사용법을 맨투맨으로 지도했다. 평범한 사람이 슈퍼맨이 되지 않고도 평범 이상의 탁월한 성과를 올릴 수 있는 유일한 방법이란 것을 체험적으로 느꼈기 때문이다. 『IT시대의 과제달성형 목표관리』의 저자 아사에 스에미츠Asae Suemitsu는 "관리는 보통사람이, 보통의 의욕으로, 보통으로 노력해서, 보통 이상의 성과를 올리는 수단을 만드는 것이다."라고 설파했다. 그리고 관리의 80%는 절차와 방법이라고 했다. 사전준비나 프로세스 집중력이 강한 사람이 일 처리도 잘한다는 의미이다.

어차피 2링이든 3링이든 6링이든 서구의 표준이다. 20링은 일본에 유독 많다. 일본이 여전히 세계 2위의 선진국임을 잊어서는 안 된다. 배워야 할 것들은 배워야 한다. 일본의 합리성, 치밀함, 디테일을 말이다.

20링 바인더를 이랜드에서 지식경영의 도구로 30여 년 이상 전 직원이 사용해 온 것은 전적으로 이랜드 그룹 박성수 회장의 혜안과 대단한 통찰력 덕분이다. 서구 사람들에 비해 절대적으로 부족한 한국인의 프로세스를 훈련시키기 위해 바인더 사용을 수없이 강조했고 심지어 승진 시 손수 바인더 검사를 하기까지 했다. 수많은 기업 중 지식경영대상을 여러 차례 수상했고, 6.6㎡(2평)짜리 옷 가게에서 출발해 매출액 10조 원을 바라보는 회사로 성장시킨 원동력은 가치경영·지식경영·인재경영의 3축이었고, 그 기초에는 바인더 문화가 있었다.

3P 바인더
탄생 스토리

푸르덴셜생명에서 보험 영업을 할 때도 여전히 바인더를 사용해 자기관리를 했다. 한번은 고객의 소개로 양모 침구 회사를 경영하는 여성 CEO를 만나 상담을 했다. 열심을 다해 종신보험 프레젠테이션을 하는데, 설계서보다는 자꾸 필자의 바인더에 눈길을 주고 있다는 것을 깨달았다. 급기야 여성 CEO는 보험설계서를 옆으로 치우며 말했다. "그 보험 좋은 것 내가 다 알고 있어요. 내가 그 보험 들어줄게요. 그 대신 강규형 씨 수첩(바인더)을 보여 주세요." 은근히 자존심이 상했다. 필자는 항상 '갑(바이어 또는 결정권자)'의 위치에 있을 때는 '을(판매자 또는 하청업자)'처럼 행동했고 을의 위치에 있을 때는 갑처럼 당당하게 행동했다. 설득은 했을지언정 사정하거나 불쌍하게 보여 보험을 판매한 적이 없었다. "사장님! 우리 푸르덴셜 보험이 그냥 들어주는 보험이라고 생각하십니까?" 하고 정색하며 말하자 당황해서 얼굴까지 빨개졌다. "아니, 그런 뜻이 아닌데……, 미안합니다. 마저 설명해 주시죠." 프레젠테이션이 다 끝나고 "마음에 드십니까?"라고 했더니 웃으며 "예, 마음에 듭니다."라고 했다. "그럼 이 서류에 사인하시죠." 그렇게 클로징이 끝나자 바로 요청이 들어왔다. "다 됐으니 강규형 씨 이제 수첩 보여 줄 수 있나요?" "예, 보여 드리기는 하겠지만 왜 제 바인더가 궁금하신가요?" "강규형 씨가 보험 설명 중간중간에 수첩을 펴고 각종 자료를 보여 주는 게 너무 신기해서 그래요. 어떻게 업무자료가 수첩에 일목요연하게 들어갈 수 있죠?" 그러면서 자신의 플래너를 열어 보여 주었다. 플래너 중간에 A4 사이즈로 된 각종 업무자료 수십 장이 반으로 접힌 채 끼워져 배가 불룩하게 나와 있었다. "전 세계에서 가장 많이 팔린다는 미국의 유명한 플래너여서 수십만 원 주고 교육까지 받았어요. 너무 좋았기에 직원들에게도 선물로 사 주었는데……. 메모까지는 가능한데 업무는 전혀 불가능해요."

필자가 업무 8가지 섹션과 자기관리 8가지 섹션 등 16가지로 체계적으로 정리된 메인바인더를 모두 보여 준 후, 메인바인더와 호환되는 서브바인더가 100여 권 더 있다고 하자 그분은 충격을 받으며 놀라워했다. 그리고는 냉큼 필자의 바인더를 빼앗으며 바인더를 자기에게 달라고 했다. "사장님! 저는 그 바인더 없으면 일을 못합니다. 그 대신 제가 만든 각종 양식들을 복사해서 플라스틱 서브바인더에 넣어 드리겠습니다." 그 후 필자가 15년 이상 현장에서 철저히 검증하며 사용해 온 여러 양식을 복사해 플라스틱 서브바인더에 꼽아 보내 주었다.

며칠 후, 그 여성 CEO로부터 전화가 왔다. "강규형 씨! 보내 준 바인더 써 봤는데 너무 좋습니다. 수없이 고민하던 업무와 자기관리가 완벽하게 해결됐어요. 그래서 하는 말인데……, 우리 직원들에게도 만들어 주세요." 간곡한 요청에 만들어 주겠다고 겉대답을 하고서는 전 직장 총무과를 통해 가죽 바인더 표지를 구해 보려 했지만 여의치 않았다. 몇 개월 동안 약속을 지키지 못했는데, 가끔 그 여사장님과 통화할 때마다 언제쯤 가죽 바인더를 만드느냐는 인사를 받았다. 보험 영업이란 것이 밤 늦게까지 가정방문 상담이 비일비재할 뿐 아니라 때로는 새벽 2~3시까지도 상담을 하는 경우가 있어 짬을 내기가 쉽지 않았다.

그러던 중에 타 지점에서도 강의 요청이 많아지면서 바인더를 만들어 달라는 요청이 끊이지 않았다. 시간이 흐르자 필자가 만들어 썼던 양식들을 복사해 주는 것으로는 한계가 있었다. 드디어 큰맘을 먹고 아내와 디자이너의 도움을 받아 필자가 만들어 써 왔던 양식들을 인쇄용 디자인으로 만드는 작업을 시작했다. 거의 밤 10시에 모여 스터디를 하고 새벽 한두 시까지 수정에 수정의 과정을 거쳐 약 5개월의 작업 끝에 디자인과 바인더 구성을 마무리했다. 그러나 직접 상품화하는 생산관리가 문제였다. 전 직장에서 생산관리로 잔뼈가 굵었지만 영업과 고객관리로 도저히 시간을 낼 수 없어 전적으로 아내의 도움을 받았다. 가장 큰 어려움은 20공 링을 구하는 문제였다. 300여 개를 만들 계획이었지만 일본의 링 업체는 최소 1만 개를 수입해야 팔겠다 했고 인쇄도 300개를 하나 1,000개를 하나 비용은 동일하고 단지 종이 값에서만 차이가 났다. 가죽으로 커버를 만들기로 하고 작업을 진행시켰지만 제대로 되지 않아 많은 어려움을 겪었다. 결국 300개의 가죽 바인더 세트를 만드는 데 3,500만 원이 소요되었다.

필자가 바인더를 접하고 쓰기 시작한 것은 1989년 12월이었고, 스스로 각종 양식을 만들어 쓰기 시작한 것은 1992년도부터였다. 그리고 여러 우여곡절 끝에 2001년 2월 3P 바인더가 탄생하게 되었다. 이후에도 고객과 동료를 돕겠다는 순수한 의도로 가능한 무료로 강의를 했고 보험 영업 수입 일부와 강사비 전액은 불우이웃돕기에 사용했다.

회사가 되어 버린 취미

입소문이 나기 시작하면서 강의 요청이 끊이지 않는 가운데 한국기독실업인회CBMC 회원 한 분이 책 집필을 필자에게 양보하는 바람에 연하도서(연하장을 대신하는 얇은 소책자) 『꿈을 이루어 주는 기적의 노트』를 출간하게 되었다. 책 판매 수익의 상당 부분을 사랑의 열매와 연계해 기부한다는 취지 하에 흔쾌히 응했다.

   책과 강의 CD, 테이프 등의 영향으로 연 50회 하던 강의가 100회, 200회로 급격히 늘었다. 업종을 가리지 않고 다양한 기업과 대학, 사회복지단체, 공무원, 교회 그리고 네덜란드, 이탈리아의 밀라노, 중국의 베이징, 상하이, 웨이하이 등 해외 강의도 본격적으로 시작되면서 자연스럽게 교육회사가 되었다. 기록하는 행위 자체를 잘하지도, 좋아하지도 않았지만 필요에 의해서 하게 되었고, 열심히 하다 보니 좋아하게 되었고, 그렇게 20여 년을 하다 보니 업calling이 되고 회사가 되었다.

   필자는 지치지도 않느냐는 놀림(?)을 많이 받는다. 그렇다. 열정이란 목소리가 큰 것이 아니라 10년 혹은 20년 이상을 지치지 않는 것이다. 한두 명, 서너 명을 두고 강의를 하다가 어느 순간 수십 명, 수백 명 단위로 강의 인원이 늘다 보니 파워포인트로 강의안을 만들게 되었다. 대개의 강의안은 철학과 콘셉트를 먼저 만드는 데 반해 필자의 경우는 실행을 먼저 했고 이후 철학과 이론을 보강했다.

조직생활을 할 때는 경영, 경제, 조직관리, 기업 등과 관련된 책을 주로 읽었다. 보험 영업을 하면서는 책 고르는 콘셉트가 많이 달라졌다. 회사경영, 조직의 문제가 아니라 1인 기업으로서 철저히 프로가 되어야 했고 나 자신의 능력을 향상시키는 방향으로 전환되었다. 때문에 자기관리, 자기경영, 셀프 리더십 분야의 책을 무섭게 독파했다. 어느 분야든 그 분야마다 100여 권의 책을 읽으면 흐름과 핵심이 잡히고 이론이 정립되기 시작한다. 그런데 책을 읽으면 읽을수록 자기경영과 관련된 이론과 원리들이 필자가 20여 년 전부터 실행해 온 것이라는 사실을 새삼 깨닫는다. 그동안 미국, 일본, 유럽 중심의 쟁쟁한 모티베이터(동기부여가)들의 책을 통해 큰 깨우침을 얻고 도움을 받았는데, 우리나라도 이젠 그런 영향력을 끼칠 때가 오지 않았을까? 단순한 이론과 원리의 조합이 넘쳐나는 이때 실용적이고 구체적이며 지속 가능하고 누구나 실현 가능한 자기경영법이 확산된다면 그동안 필자가 받았던 은혜를 갚을 날이 빠른 시일 내에 올 것이라 믿는다.

필자는 대한민국을 시작으로 하여 전 세계 10억 명 이상에게 바인더를 통한 자기경영법과 셀프 리더십을 전수하겠다는 꿈과 비전을 가지고 있다.

04
Dream of Miracle Binder

성과 그리고
3P 철학

**경영학의 대부
피터 드러커에게 길을 묻다**

피터 드러커Peter F. Druker를 책을 통해 만난 것은 내게는 큰 행운이다. 그는 2005년 96세로 사망할 때까지 저술과 강의를 하는 현역으로 살았으며, 세계 최고의 석학으로 존경받았다. 경영학을 주창했으며 30여 권의 경영관련 저서는 세계적인 베스트셀러이고 세계 대부분의 CEO들이 그의 독자이다.

드러커의 글은『하버드 비즈니스 리뷰Harvard Business Review』를 통해 단편적으로 접하다가 1995년도에『성과를 향한 도전The Effective Executive』

이 한국에 소개되어 본격적으로 접하게 되었다.

『성과를 향한 도전』에서 두 가지 전제가 눈에 띈다.

첫째, 경영자의 업무는 성과를 내는 것이다.

여기서 말하는 경영자는 예전의 회사를 운영하는 '사장님'만을 의미하는 것이 아니라 지식근로자까지를 포함한다. 즉 내가 누구에게 급여를 받든 안 받든 공부를 많이 했든 적게 했든 상관없이 단순 육체근로자가 아닌 두뇌를 사용해서 성과를 올리는 사람이라면 누구든지 지식근로자이다.

『지식혁명 보고서』에서도 지식근로자의 사례를 다음과 같이 설명하고 있다.

미국의 저명한 경영평론가 톰 피터스Tom Perers가 지식근로자의 전형으로 지목한 인물은 아무도 상상치 못할 만큼 엉뚱한 사람이었다. 샌프란시스코 리츠칼튼호텔에 근무하는 청소부 아줌마 버지니아 아주엘라(51세)가 그 주인공이다.

아주엘라는 20년 가까이 이 호텔에서 일하면서 청소를 몸으로 때우는 허드렛일로 여기지 않고 자신의 일에 열과 성의를 다했다. 그러나 단지 열심히 일하는 것으로 그쳤다면 그녀는 지식근로자의 반열에 오를 수 없었을 것이다. 그녀는 객실을 청소하고 침대 시트를 갈아 끼우는 법을 자기 나름대로 개선·보완해 노하우를 창출해 냈고 자신의 방법을 동료들에게 가르쳐 주었다.

그녀는 지식근로자가 갖추어야 할 요건들을 완벽하게 갖추었다고 할 수 있다. 우선 자신의 일을 끊임없이 개선·개발·혁신해 부가가치를 올렸다는 점에서 드러커가 정의한 지식의 소유자였다. 또 자신이 현장경험을 바탕으로 창출해 낸 지식을 같은 직장 내의 동료들에게 전파하고 공유함으로써 조직 전체의 생산성을 극대화했다.

이처럼 전통적 개념의 지식인과는 거리가 먼 청소부 아줌마도 훌륭한 지식인이 될 수 있는 것이 지식사회의 모습이다. 지식에 대한 정의가 달라진 것처럼 지식인의 개념도 바뀌어야 한다는 뜻이다.

둘째, 성과를 올리는 것은 습득될 수 있다.

드러커가 말하는 '성과'를 먼저 정의해 볼 필요가 있다. 그는 성과에는 3가지가 있다고 명쾌하게 설명한다.

① 직접적인 성과
② 가치창조와 가치재확인
③ 인재육성

직접적인 성과는 분명하게 눈에 보인다. 기업에서는 매출이나 이익 등을 말하며 개인은 급여나 연봉이 될 것이다.

가치창조와 가치재확인도 매우 중요한 개념이다. 조직이나 개인은 항상 목적을 갖지 않으면 혼란에 빠지거나 부패하고 파괴된다. 청소를 하더라도 시간을 때우기 위해 억지로 하는 것과, 지구의 한 구석을 쓸고 있다는 사명감과 자존감을 가지고 일하는 것은 큰 차이가 난다. 혹시 조직이나 개인에게 그러한 가치가 없다면 시급히 만들어야 할 것이고 창조된 가치를 가지고 있다면 수시로 재확인해야 한다.

인재육성은 인간의 존재 한계인 죽음을 뛰어넘는 수단이다. 다시 말해 조직은 내일의 조직을 경영할 인간을 오늘 준비하지 않으면 안 된다.

특히 두 번째 전제인 "성과를 올리는 것은 습득될 수 있다."는 말은 모든 영역에서 지극히 평범했던 필자에게 큰 위안과 도전을 주었다. '성과'를 내는 것이 음악이나 예술처럼 타고나야 되는 것이라면 필자는 벌써 좌절하거나 포기했을 것이다.

전혀 세일즈 경험도 없이 맨땅에 헤딩하듯 보험 영업을 하면서 억대 연봉을 받던 선배들에게 하나씩 배우고 훈련하는 과정 속에서 평균 3~4억의 연봉을 받게 되었다. 성과는 습득될 수 있다는 드러커의 말은 사실이었다.

성과를 향한
3P 콘셉트

프로페셔널

누구나 프로페셔널 professional 을 꿈꾼다. 프로페셔널은 모든 비즈니스맨의 목적은 될 수 없지만 훌륭한 목표는 될 수 있다.

프로라고 하면 언뜻 프로야구 박찬호 선수나 LPGA 박세리 선수, 프리미어리그의 박지성 선수 등이 떠오른다. 이들은 모두가 부러워하는 사람이라는 공통점이 있다.

퍼포먼스

프로들은 또한 결과Performance로 이야 기한다. 박찬호 선수는 연습이 얼마나 힘들었는가를 말하지 않는다. 박세리 선수가 연못에 들어가기 전 양말을 벗은 발이 너무 하얘서 새카맣게 된 다리와 대비되는 상황을 굳이 설명하지 않는다. 그 대신 연봉(직접성과)으로 이야기한다.

프로세스

프로가 되려면 성과가 있어야 하는데 성과를 내려면 프로세스process를 바꾸거나 강화해야 한다. '커뮤니케이션 스타일communication style'이라는 진단표가 있다. 액션형action, 프로세스형process, 피플형people, 아이디어형idea으로 구분되는데 액션형은 사실what에 관심이 많고 프로세스형은 방법how에 관심이 많다. 피플형은 사람who에 관심이 많고 아이디어형은 이유why에 관심이 많다.

한국인 100명을 두고 진단해 보면 70%가 피플형이 나온다. 관계 중심적이고 사람을 배려하는 장점이 있는 반면 업무성과는 떨어질 수 있다. 반면 서구인(미국인이나 독일인)을 조사해 보면 프로세스형이 70%가 나온다. 이 프로세스가 생산성을 좌우한다. 미국이나 독일이 우리나라에 비해 생산성-여러 가지 지표가 있으나 종합적인 측면에서-이 3~4배나 된다. 1인당 국민 소득이 한국은 2만 달러 전후인데 미국이나 독일은 3만 5,000달러 전후인 것을 보아도 알 수 있다.

우리나라는 1인당 국민소득 1만 달러의 덫에 갇혀 10년을 흘려보냈다. 세계적인 경제학자나 전문가들은 이구동성으로 '생산성'의 문제를 지적한다. 국가의 생산성 문제는 각개 회사나 국민 한 사람 한 사람의 생산성과 관련이 있다. 다시 말해 개인의 단점은 조직의 단점이 되듯이 개인의 강점은 조직이나 회사의 강점이 되고 나아가 대한민국의 강점이 된다.

필자도 입사 3년차 주임 직급으로 판매가 400억 원이 넘는 의류를 생산해야 되는 상황 속에서 기존의 방식이 아닌 새로운 패러다임의 프로세스가 절실히 필요했다. 그렇다면 어떻게 프로세스를 개선하고 강화시킬 것인가?

쓰레기봉투 그리고
짐승 같은 성실함

퍼스널 시스템

프로세스를 강화시키려면 3가지 전략 3P strategy이 필요하다.

첫째로 퍼스널 시스템 personal system 이다. 반복되는 문제점이 노출될 때 대중적인 해결보다는 시스템을 보완하거나 고쳐서 문제를 해결해야 한다. 억지로 강

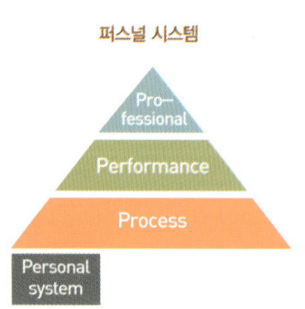

요하거나 야단치고, 말로만 하라고 하지 말고 할 수 있도록 만들어 주어야 한다. 시스템은 지나치게 복잡하면 실패할 확률이 높다. 단순해야 하며 태도가 일순간에 바뀌어야 한다.

운전자들에게 과속하지 말라고 잔소리를 하기보다는 도로에 과속방지턱을 설치하거나 감시카메라를 설치하면 간단히 해결된다. '쓰레기 종량제 봉투'도 바로 이런 케이스이다. 봉투를 사서 쓰게 하니 쓰레기 양이 거의 반으로 줄어든 것이다.

드러커는 비즈니스 현장에서도 시스템의 중요성을 강조한다.

> 오늘날 조직의 관리자나 경영자에게 요구하는 수준은 거의 슈퍼맨 수준이다. 관리자 육성 프로그램은 회계·인사·마케팅·노사문제·경영분석·소비자 심리학에서 감성·창의력까지……. 그러한 슈퍼맨은 존재하지도 않을 뿐더러 요구해서도 안 된다. 능력에 관한 기준을 끌어올림으로써 관리자의 업무 능력을 향상시키려 해서도 안 된다. 즉 인간의 업무 능력 향상은 인간 능력의 비약적인 증대가 아닌 일 처리 방법의 개선을 통해 이루어져야 한다.

훈련

둘째로 훈련practice의 중요성이다. "지식이 없는 훈련은 맹목적이 되고 훈련이 없는 지식은 쓸모가 없다."라는 말이 있다. 모든 것은 훈련을 통해 습관이 되어야 한다. 구구단을 외울 때처럼 훈련하면 생활 속에서 유용하게 사용할 수 있다. 성과를 올리는 것도 일종의 습관이라고 할 수 있다.

언젠가 농구 국가대표 방열 감독의 강의에서 한국 최고의 슛쟁이 이충희 선수에 대한 이야기를 들었다. 선수단 전원이 지방으로 MT를 떠났다. 다음날 새벽에 인원점검을 하니 이충희 선수가 보이지 않았다. 걱정이 되어 찾아 나섰는

데 근처 시골 초등학교 운동장에서 점프슛을 쏘고 있었다. 옆에서는 읍내 택시기사가 땀을 뻘뻘 흘리며 볼보이를 하고 있더란다. 한국 최고의 슛쟁이는 그냥 태어난 것이 아니다. 하루도 거르지 않고 점프슛 1,000개를 던진 이충희 선수를 두고 방열 감독은 '짐승 같은 성실함'이라고 표현했다.

실용성

셋째는 실용성 practical 이다. 쓸모가 있어야 한다는 말이다. 이론으로 그치는 것이 아니라 실천 가능하고, 적용 가능하며 구체적이어야 한다. 코카콜라 회장은 "자신의 피에는 콜라가 흐른다."라고 했다. 우리의 혈관에도 철저히 실용과 실

천이 흘러야 한다. 최근에 '지속 가능 경영', '지속 가능 건강', '지속 가능 환경' 등의 용어가 회자된다. 그 모든 것은 실천 가능할 때 지속할 수 있는 것이다.

물고기를 줄 것인가
낚싯대를 줄 것인가

여태껏 우리는 좋다는 교육과 강의를 수없이 들어왔다. 그런데 소위 '약발'이 오래가지 않는 이유는 무엇일까? 들을 때는 좋았는데 돌아서면 잊어버리는 이유는 무엇일까? 여타의 강의가 필요 없다는 말이 아니다. 지금도 필자는 수많은 강의를 갈급해 하며 찾아다닌다. 단지 그러한 주옥 같은 강의들이 현장과 삶 속에서 적용되고 훈련될 수 있다면 얼마나 많은 삶의 변화가 일어날까 생각했다. 프로세스를 강화하는 '시스템'과 '훈련'을 동시에 만족시켜 주는 무언가가 없을까 고민하다가 그 해답을 찾았다.

바로 나만의 바인더를 충실히 사용하는 것이다. 바인더는 훌륭한 개인 시스템이며 동시에 조직 시스템이다. 모든 조직원이 바인더를 사용한다면 굉장한 정보와 노하우의 공유가 일어난다. 바인더를 통해 목표관리를 한다면 20~30%의 생산성을 향상시킬 수 있다. 서브바인더 수량이 늘어나기 시작하면 엄청난 지식 파워가 생긴다. 필자는 20년간 약 500여 권의 서브바인더를 만들었는데, 필자만 활용하는 것이 아니라 주변에서 빌려 달라는 요청을 받았다. 나의 이익을 넘어 주변의 유익이 된 것이다. 무엇보다도 개인적으로 비서 2~3명의 역할을 바인더가 대신해 줄 뿐 아니라 월급을 달라는 말도 없다.

바인더를 사용하는 순간부터 훈련이 시작된다. 주간계획표며 각종 업무관리를 바인더를 통해 시시각각 사용하기 때문이다. 결국 바인더라는 도구를 통해 시간관리, 목표관리, 지식관리, 기록관리, 업무관리 등 자기관리의 전 영역을 수행하게 된다.

3P와
친구들

앞서 설명한 바와 같이 프로페셔널이 되기 위해 성과를 내야 하고 성과를 내기 위해서 프로세스를 강화해야 한다는 개념이 3P 철학이다.

3P에는 3명의 역할모델role model이 있다.

첫째로 경영학의 창시자 드러커이다. 마르크스가 공산주의 이론을 주창해 결론적으로 전 세계 수많은 사람을 가난하고 비참하게 하향 평준화시켰다면 드러커는 지구상의 수많은 사람을 부자로 만들어 주었다. 미국 최고의 경영자 중 한 사람인 GE의 전 회장인 잭 웰치Jack Welch조차도 드러커에게 사사하였다고 한다. 드러커는 3가지 경영을 주창한다. 자기경영, 조직경영, 사회경영이 그것이다. 조직경영이나 사회경영을 잘하려면 먼저 자기경영을 잘해야 한다. 그의 대표 저서인 『성과를 향한 도전』이나 『프로페셔널의 조건』은 세계적인 베스트셀러이며 3P 바인더의 이론적·철학적 토대가 되었다.

두 번째로 피터 생게Peter M. senge이다. 피터 생게는 미국 MIT 슬론 경영대학원 교수로 학습조직이론을 창시했으며, 『제5경영』은 학습조직의 이론적 토대를 만든 그의 명저로, 3P 바인더의 평생교육과 평생학습, 성장의 근거가 되었다.

세 번째로 박성수Park Sung Soo 이랜드 그룹 회장이다. 그는 지식경영과 인재경영을 끊임없이 강조했고 한국인이 서구인에 비해 프로세스가 약한 것을 간파하고 그 실천 도구로 바인더 문화를 이랜드 그룹에 정착시켰다. 그뿐 아니라 새벽 3~4시면 출근해 책을 읽는, 통찰력과 비전의 경영자이자 철저한 실천가이다.

3P에는 3가지 도구tool가 있다.

첫째로 페이퍼paper이다. 인류문명은 종이의 발명과 함께 시작되었다고 해도 과언이 아니며 여전히 지식 콘텐츠 중에 가장 중요한 역할을 한다. TV가 발명되었을 때 라디오는 사라질 것이라고 했다. 전구가 발명되었을 때 양초는 사라질 것이라고 했다. 그러나 여전히 라디오는 자신만의 독특한 영역을 지키며 사랑받고 있다. 생일 케이크에 전구를 꽂는 사람은 없다. 오히려 잠시 전등을 끄고 촛불에 주목한다. 종이가 그렇다. 디지털이 각광받는다고 하여 페이퍼 리스를 외쳤던 조직은 모두 실패했다. 정도의 차이는 있겠지만 디지털과 아날로그를 함께 쓰는 디지로그digilog가 정답이다. 컨버전스, 융합, 통합, 통섭의 시대에 시사하는 바가 크다.

둘째로 펜pen과 프린터printer이다. 문자나 그림은 펜이나 프린터(인쇄·복사 포함)를 활용한다. 펜은 아날로그이지만 지식의 상징이다. 프린터는 디지털이고 뇌를 자극시키지는 못하지만 손으로 쓰는 것에 비해 수백, 수천 배의 속도를 낼 뿐 아니라 다양하고 무한한 표현을 할 수 있다. 펜이나 프린터를 모두 활용할 수 있는 바인더는 수첩 → 다이어리 → 플래너류를 뛰어넘는 차세대 버전이다. 종이라는 아날로그에 컴퓨터라는 디지털 기기를 이용해 작업을 하고 프린터라는 디지털 기기를 이용해 출력해서 바인더에 꽂을 수 있기 때문이다.

셋째로 펀칭 홀punching hole이다. 무엇인가에 구멍을 뚫는다는 것은 관리를 하겠다는 의미이다. 와이셔츠나 점퍼는 단춧구멍이 있어서 옷을 여밀 수 있고 관리할 수 있다. 자동차의 부속도 예외 없이 볼트와 너트로 고정시키는 데 필히 구멍을 만든다. 천방지축 뛰노는 송아지는 코뚜레를 뚫는 순간부터 관리된다. 구슬이 서 말이어도 꿰어야 보배가 되듯이 구멍 뚫어진 종이는 보배가 될 수 있다. 낱장은 종이인데 묶이면 책이 되고 구멍을 뚫으면 보관과 편집과 이동까지 자유로워진다. 구멍이 뚫린 종이를 사용하는 자체가 평생에 경쟁력이 된다.

3P에는 3가지 태도 attitude가 있다.

성공을 하려면 캐시가 있어야 한다. 현금을 말하는 'CASH'말고 'KASH'다. 지식 knowledge, 태도 attitude, 기술 skill, 습관 habit 4가지를 말한다. 지식과 기술은 시간이 지나면 해결되지만 습관은 시간이 오래 걸리며, 앞의 3가지 영역은 태도에 절대적인 영향을 받는다. 부정적 태도냐 긍정적 태도냐 또는 소극적 태도냐 적극적 태도냐에 따라 결과는 천지차이가 난다. 당연히 운명이 달라진다.

첫 번째로 긍정적 태도 PMA: positive mental attitude가 중요하다. 성공한 모든 사람의 시작은 태도를 바꾸면서부터 시작된다. 인간은 원래 관리적이지 않다. 관리를 요하는 조직의 요구에 맞추려고 노력할 뿐이다. 필자도 관리나 규제, 형식들을 혐오스러울 정도로 싫어했다. 그러나 인생의 가치관이 달라지고 태도를 바꾸면서 프로세스 능력, 기록 능력, 목표관리 능력, 시간관리 능력 등이 길러지며 일에 성과를 내기 시작했다. 태도를 바꾸면서 바인더를 썼는지, 바인더를 쓰면서 태도를 바꾸었는지는 모르겠지만 도구도 태도에 큰 영향을 끼치는 것은 부인할 수 없다.

두 번째는 열정passion이다. 많은 사람이 목에 핏대를 세우거나 크게 소리치는 것을 열정이라 착각한다. 부분적으로는 맞지만 열정은 그런 것을 포함한 좀 더 크고 영속적인 개념이다. 필자 나름의 열정에 대한 정의는 '지치지 않는 것'이다. 한번은 푸르덴셜생명에서 컨벤션을 위해 인도네시아 발리에서 행사를 진행했다. 수영장에서 누군가 필자를 부르는 소리에 뒤돌아보니, 타 지점 영업사원 중 한 명이 수영복 차림으로 바인더를 들고 소리치고 있었다. 바인더가 너무 좋아 한시도 떼어 놓을 수 없어 수영장까지 가져왔다는 것이다. 이쯤 되면 미친 것이다. '지광광지(志狂狂志)' 또는 '불광불급(不狂不及)'이라는 말이 있다. 목표에 도달하려면 미쳐야 하고 미치지 않으면 목표를 이룰 수 없다.

세 번째는 파트너십partnership이다. 일반적으로 기술자는 쥐고 있고 전문가는 나눌 줄 안다. 육체노동자가 아닌 지식근로자의 중요한 특징 중에 하나가 전파와 공유임을 앞에서 설명했다. 어느 음식점 주방장이 주인에 대한 불만이 생기자 음식점을 망하게 할 계책을 세웠다. 고기를 비롯한 음식재료를 아끼지 않고 듬뿍듬뿍 넣어 손님에게 주기 시작했다. 그런데 음식점이 망하기는커녕 소문이 퍼져 어마어마한 돈을 벌었다고 한다. 성공자들의 스토리를 분석하면 한 가지로 귀결된다. 바로 황금률이다. 얼마나 중요하면 황금의 법칙이라 붙였겠는가. 황금률의 원리는 성경책이다. "대접받고 싶은 대로 대접하라."이다. 최근 다양한 리더십이 각광받는다. 리더십의 종류도 수백 가지가 넘는다. 리더십 부재의 시대를 살기 때문이 아닌가 생각된다. 홍수가 나면 물이 지천인데 먹을 물이 없는 이치와 같다. 그렇다면 누가 리더인가? 음식점에 가서 밥값을 내는 사람이다. 그렇듯 지식과 정보를 나누어 주는 사람 또한 리더이다. 밥을 사든지 지식을 나누어 주든지 둘 다 하든지 무엇이든 나누는 인생이 되어야 한다. 구멍 뚫린 종이를 활용한다면 지식을 나누기에 유용하다. 지식을 만들어 내는 것이 힘들고 시간이 걸리지, 같은 내용을 복사를 하거나 출력해서 나누어 주는 것은 그리 어렵지 않다. 좀 더 자세한 사항은 기록관리나 출력방법에서 안내하겠다.

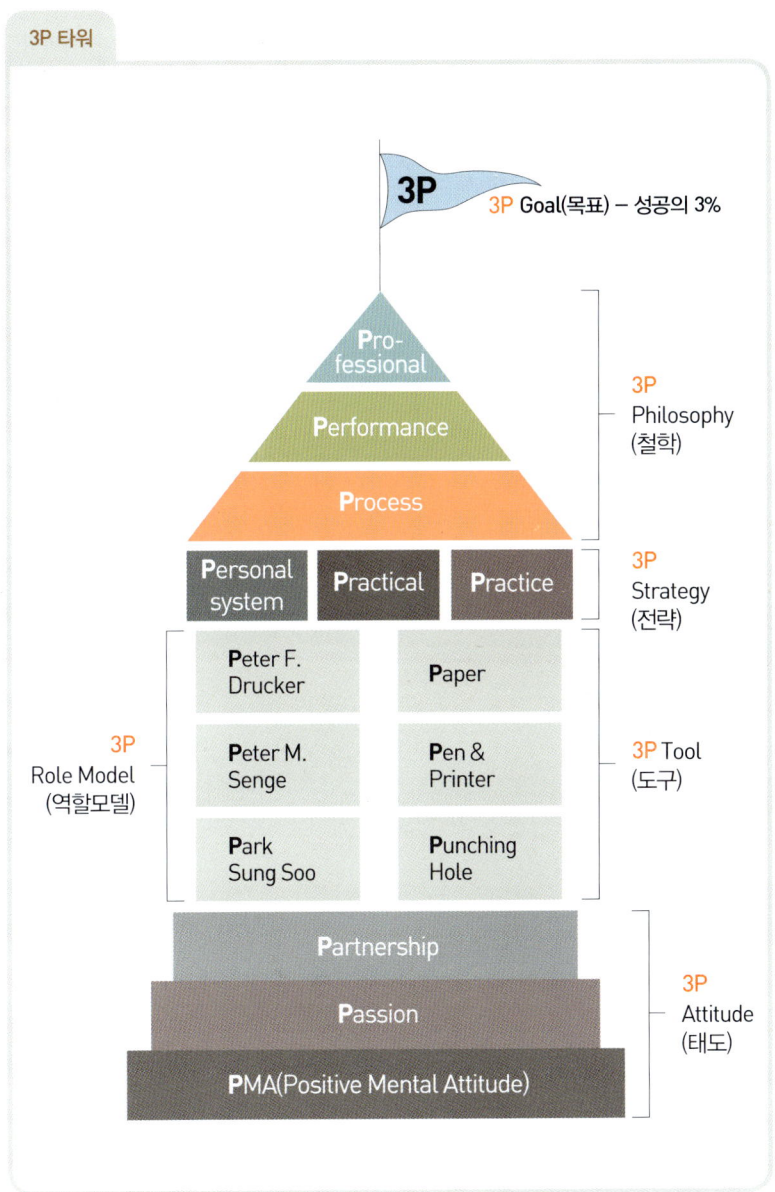

05
Dream of Miracle Binder

20년간 만든
500권의 바인더 시스템

서브바인더를 통한
지식의 무한확장

기록이나 메모도 중요한 기술이고 노하우며 지적 재산이다. 어떻게 기록을 관리하느냐에 따라 개인의 가치, 몸값을 올릴 수도 있고 반대로 조직에서 퇴출당할 수도 있다.

   필자는 신입사원 시절부터 약 20여 년간 기록한 500여 권의 바인더를 가지고 있다. 처음부터 기록을 잘 관리했던 것은 아니다. 입사 1~2년차에는 그야말로 엉망이었고 지금까지 남아 있는 기록도 많지 않다. 그 후 이랜드 최고경영자인 박성수 회장의 강의와 충고를 통해 기록의 중요성을 깨닫고 묵묵히 실천해 나가기 시작했다.

어떻게 하면 기록을 잘 관리할까를 연구하며 파일링 시스템, F.S. 방식 등 여러 가지 방식을 시도해 보았지만 모두 실패하고 바인더 시스템만 성공했다.

필자가 강의나 세미나를 진행할 때마다 수강자들에게 5년 전이나 10년 전의 중요한 업무나 개인 자료 혹은 노하우, 매뉴얼을 가지고 있느냐고 질문을 던진다. 그러면 거의 예외 없이 1~2년 전의 자료조차 없거나 관리하지 않는다고 대답한다. 비즈니스맨들이 부서를 바꾸거나 회사를 바꾸면 모든 자료도 동시에 사라진다. 회사에도 남겨지지 않거나 남아 있어도 활용되지 않고, 개인의 머릿속에 있던 기억들도 몇 개월을 넘기지 못한다. 기가 막힌 손실이다. 개인과 회사, 국가 모두의 손해이다.

필자의 서브바인더 책장

각 분야에서 최선을 다해 성과를 이루었고 혹은 실수와 실패를 했던 것들 모두 훌륭한 지적 자산이다. 사소한 것이라 생각되는 것조차도 모두 매뉴얼이 되어야 한다. 모든 분야를 매뉴얼로 만들어야 프로가 될 수 있다. 매뉴얼이 된다는 것은 공유한다는 의미이기도 하다. 개인과 회사의 성과뿐 아니라 1인당 국민소득 8만 달러로 가려면 개개인의 머릿속 지식인 '암묵지tacit knowledge(暗默知)'를 눈에 보이는 '형식지explicit knowledge(形式知)'로 만들어야 한다. 바인더라는 도구를 활용하면 아주 쉽게 개개인이나 회사의 매뉴얼을 만들 수 있다.

매뉴얼 만드는 법

1) 종이의 사이즈를 통일한다

잠시 행동을 멈추고 주변을 돌아보자. 종이의 규격이 얼마나 다양한지. 신문지, 다양한 책, 파일, 보고서, 서류뭉치, 전표, 수첩, 카탈로그, 리플렛, 복사용지만도 A3, A4, A5, A6, B4, B5, B6 등으로 다양하다.

그렇다면 매뉴얼 형태로 보관하기 가장 좋은 크기는 무엇일까? 비즈니스 현장에서 가장 많이 사용하는 크기는 A4다. 그런데 A4를 전달받는 순간 무의식적으로 하는 행동이 있다. 반으로 접는 행위다. 그 반으로 접은 크기가 바로 A5다. 바로 성경책 크기다.

인류 역사상 최고의 베스트셀러인 성경의 크기가 A5인 것은 휴대의 용이성 때문이다. 더 작아지면 내용과 표현의 한계가 있다. A4를 70% 축소 복사하거나 출력하면 A5가 된다. 홍수처럼 쏟아지는 각종 A4 서류 중에서 꼭 필요한 것만 A5로 복사해 바인더에 보관하고 나머지는 버리면 된다. 업무용이든 개인용이든 모두 A5로 통일해 보관하는 것이 핵심이다.

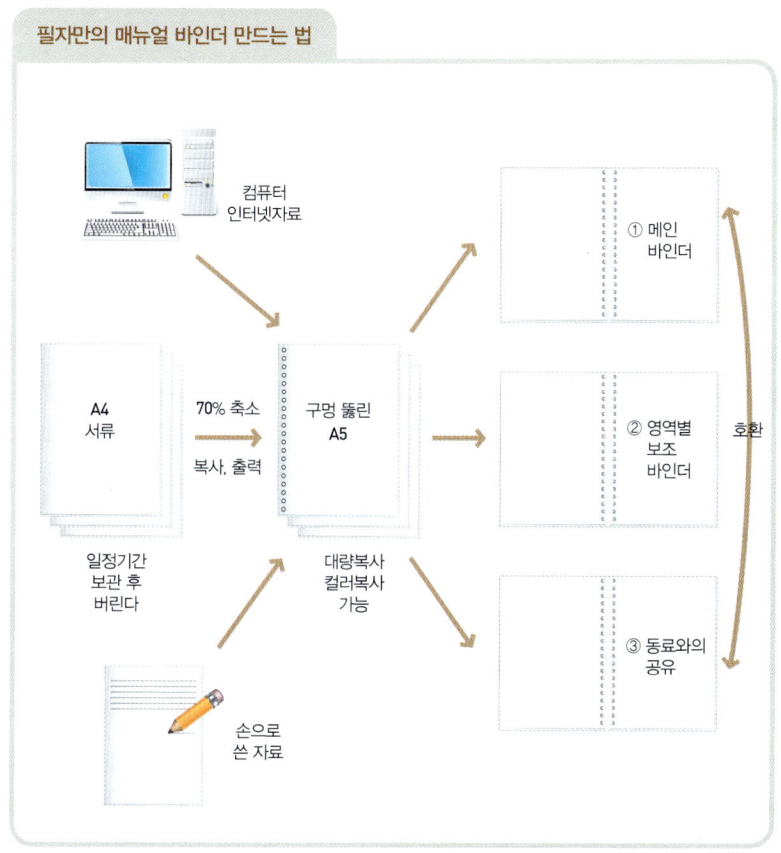

2) 구멍이 뚫린 종이를 사용한다

우리가 쓰는 용지는 대개 구멍hole이 뚫려 있지 않다. 그래서 클리어 파일에 꽂거나 펀칭을 해서 서류철에 꽂는다. 그러나 클리어 파일에 꽂는 일이나 펀칭하는 '귀찮은 일'은 잘 하지 않으려는 것이 인간의 속성이다. 신입사원 때나 마음먹고 몇 주 하다가 포기해 버리기 일쑤이다. 당연하다.

그러나 보관의 필요가 있는 자료들은 처음부터 이미 구멍이 뚫린

A5 용지를 사용하면 매우 편리하다. 그러면 자료의 분류와 편집, 보관이 용이해진다.

앞에서 언급한 코뚜레나 단춧구멍 외에도 콘센트, 플러그, 나사, 볼트와 너트, 각종 부품 등은 암수 형태가 매우 많다. 왜 그럴까? 편리함과 관리의 용이함 때문이다. 구멍 뚫린 종이를 사용하면 편집과 보관이 용이해 자연스럽게 분야별 매뉴얼이 완성되며 주변 동료들과도 정보와 지식을 공유할 수 있다. 구슬이 서 말이어도 꿰어야 보배가 되는 것이다.

3) 서브바인더를 무한 확장한다

일반적인 수첩은 분리하거나 편지할 수 없을뿐더러 링 타입의 다이어리 형태라 하더라도 1권으로 끝나는 경우가 대부분이다. 그러나 필자가 20년 전부터 써 왔던 서브바인더는 분야별로 다양한 매뉴얼이 되었다. 때문에 지식의 확장이 무한대로 이루어져 지식과 노하우의 공유가 가능해진다.

4) 1년짜리 수첩·다이어리·플래너 VS 평생짜리 바인더

비즈니스맨들이 대개 사용하는 수첩이나 다이어리는 안 쓰는 것보다는 쓰는 것이 낫다. 그러나 1년 단위로 제한되어 연말이 되면 고민하기 시작한다. 중요한 기록이나 메모, 전화번호를 신년 수첩 옮겨 적을 것인지, 복사해 오려 붙일 것인지. 그렇게 고민하다가 2~3권을 동시에 쓰는 경우도 허다하다. 로열티를 주어야 하는 외국의 라이선스 수첩의 경우에도 결국 1년 단위로 내용물 전체를 바꿔 끼우는 형태이기 때문에 기존의 수첩보다 기능상 약간 나은 정도지만 가격을 비교하면 대동소이하다.

최근에 보험조차도 종신보험이 시장을 거의 석권했다. 기존의 보험이 10년, 길어야 20년을 보장하던 보장기간이 종신으로 바뀌며 그야말로 보험시장의 블루오션을 창출했다. 기록과 지식의 관리도 마찬가지다. 기존의 1년 단위인 근시안적 관리로는 한계가 있을 뿐 아니라 지식경영은 꿈도 꿀 수 없다.

자기관리와 업무관리를 1년 단위로 하는 것은 개인과 회사, 국가를 위해서도 매우 큰 낭비며 소모다. 자신의 몸값을 올리려면 1년짜리 관리가 아닌 평생짜리 관리로 전환해야 한다.

5) 자기관리의 블루오션: 메인바인더의 비밀

필자의 자기관리 시스템은 메인바인더와 서브바인더로 구분된다. 서브바인더는 사무실이나 집에 보관하고 메인바인더는 항상 휴대한다. 이 메인바인더를 열면 크게 2가지 섹션으로 나누어진다.

프리섹션=비즈니스 영역

기존의 수첩, 다이어리, 플래너에는 개인관리나 메모 기능은 있지만 비즈니스를 관리하는 방법이 별로 없다. 그러나 3P 바인더는 8가지 영역의 업무를 원하는 분야별로 만들 수 있다. 부서마다 회사마다 분야가 다르고 같은 부서라 해도 개인 업무가 다르기 때문이다. 거래처와 상담을 하거나 영업, 프리젠테이션을 할 때 꼭 필요한 각종 자료와 홍보자료, 사업자등록증, 제품사진, 거래처 리스트, 원가자료, 가격 리스트, 회사소개, 목표관리, 중장기계획, 마케팅계획, 자금계획, 인원현황 등을 정할 수 있다. 8가지 영역이 정해지면 각 영역에 필요한 자료들을 컬러나 흑백으로 축소 복사 또는 프린트해서 끼우면 된다. 필요에 따라 수시로 추가하거나 뺄 수 있어 편리하다.

강의나 세미나 때 프리섹션의 원리와 사례에 대해 열변을 토하며 알려주고, 돌아가서 해보라고 해도 실천하는 사람은 생각보다 많지 않았다. 어떻게 하면 잘 쓰게 할 수 있을까 고민하던 중에 연구소 연구원들(팀장 박상배)이 해결책을 제시했다. 프리섹션은 자유롭게 쓸 수 있는 인덱스지만, 고정섹션처럼 가이드를 주어서 강의 중에 만들도록 하는 것이 해결책이었다. 그 자리에서 바로 하는 것이 실행력을 높이는 방법인 것이다.

나의 8가지 비즈니스 인덱스 정하기

EXAMPLE
학 생 : 학교, 전공, 취업, 스펙, 자기계발, Free, 스크랩, 학습
직장인 : 회사, 직무, 프로젝트, 성과, R&D, Free, 스크랩, 업무일지

No	영 역(섹션 구분)			자료명
	주제	상세내용	본인의 내용	
①	회 사	회사 또는 학교 소개 관련 자료		
②	직 무	명함에 적혀 있는 직무(전공) 관련 자료		
③	프로젝트	1주일~3년 안에 진행되는 프로젝트		
④	성 과	달성한 성과 (100일 프로젝트 등)의 결과물		
⑤	R & D	자신의 능력을 높이는데 관련된 자료		
⑥	Free	개인이 마음대로 활용할 수 있는 섹션		
⑦	스크랩	자료를 분류하기 전 임시 보관 섹션		
⑧	업무일지	업무일지 또는 학습일지 보관		

3P자기경영연구소

나의 8가지 프리섹션 인덱스 정하기

EXAMPLE
학 생 : 학교, 전공, 취업, 스펙, 자기계발, Free, 스크랩, 학습
직장인 : 회사, 직무, 프로젝트, 성과, R&D, Free, 스크랩, 업무일지

No	영 역(섹션 구분)			자료명
	주제	상세내용	본인의 내용	
①	학 교	학교 또는 학사일정		
②	전 공	전공 관련 자료		
③	취 업	취업 또는 희망 직업, 회사에 관련된 자료		
④	스 펙	자격증, 수상경력 봉사활동, 연수 등의 자료		
⑤	자기계발	독서, 학원, 여행, 동아리 등의 자기계발 관련 자료		
⑥	Free	개인이 마음대로 활용할 수 있는 섹션		
⑦	스크랩	자료를 분류하기 전 임시 보관 섹션		
⑧	학 습	학습관련 자료		

3P자기경영연구소

각 8개의 인덱스를 다음과 같이 정하면 가장 효과적으로 사용할 수 있다.

고정섹션=자기관리 영역

필자는 20년의 현장 검증을 거쳐 고정섹션을 8가지 영역으로 나누어 직접 디자인했다. 아울러 철학이 녹아 있는 여러 양식을 통해 시간관리, 목표관리, 지식관리 등 자기관리의 최적 시스템을 구축했다.

자세한 사항은 뒷부분 지식관리에서 다루겠지만 프리섹션은 물론이고 고정섹션이라 하더라도 개인의 취향에 맞게 얼마든지 양식을 수정하거나 자체적으로 만들어 사용할 수 있다. 그야말로 맞춤형 바인

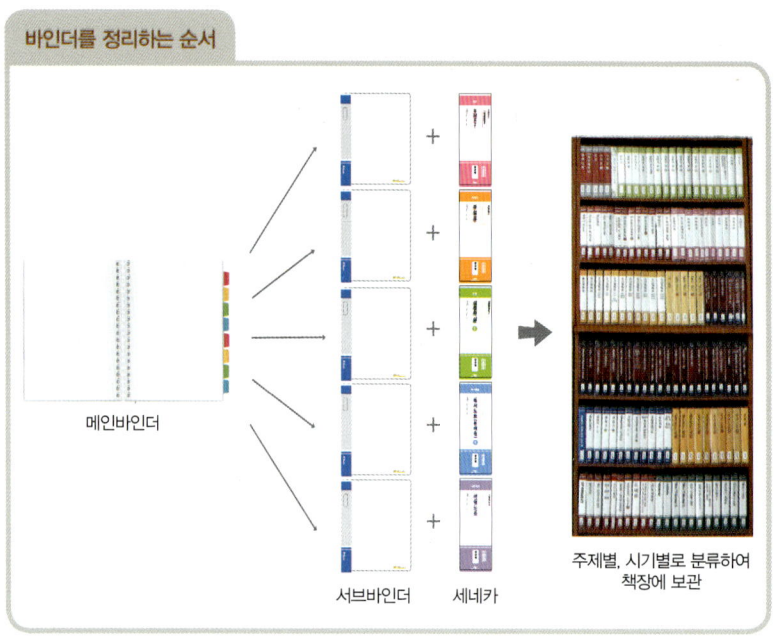

더인 셈이다. 필자도 업무의 변경에 따라 다양한 양식을 개발해 사용하고 있다.

아울러 메인바인더와 서브바인더는 각자 독립적으로 사용하거나 또는 상호 호환이 가능하도록 했다.

06
Dream of Miracle Binder

왜 자기경영인가?

미국 백만장자들의 성공요인

『백만장자 마인드 1·2』라는 책이 있다. 단순한 실용서가 아니라 미국 조지아 대학교의 토머스 스탠리 Thomas J. Stanley 박사가 미국의 성공한 사람들, 즉 백만장자들을 인구통계학적으로 분석한 책이다. 이 책에는 백만장자들의 성공비결을 우선순위 30가지로 열거한 대목이 있다. 백만장자들의 성공비결 중에 '부동산 투기를 잘했다'거나 '부모로부터 물려받았다'가 1~2위를 차지할 것이라고 생각했던 필자의 예상은 상당히 빗나갔다.

백만장자들의 성공요인(N=733)

백만장자들의 성공요인	백분율	순위
모든 사람에게 정직하다	57(33)	1
자기 관리가 철저하다	57(38)	1
사람들과 잘 어울린다	56(38)	3
내조/외조를 잘해 주는 배우자가 있다	49(32)	4
다른 사람보다 더 열심히 일한다	47(41)	5
자신의 일과 직업을 사랑한다	46(40)	6
통솔력이 강하다	41(43)	7
남보다 더 뛰어나고자 하는 마음과 성격이 다르다	38(43)	8
조직력이 있다	36(49)	9
자기의 아이디어나 상품을 팔 수 있는 능력이 있다	35(47)	10
현명하게 투자한다	35(41)	10
남들이 못 보는 기회를 포착한다	32(40)	12
자기가 직접 운영한다	29(36)	13
대가가 예상된다면 금전적 위험을 감수한다	29(45)	13
좋은 조언을 해 주는 사람이 있다	27(46)	15
제대로 인정받고 싶어하는 마음이 강렬하다	27(42)	15
자신의 사업에 투자한다	26(28)	17
이윤이 남을 만한 곳을 찾아낼 줄 안다	23(46)	18
활력이 넘친다	23(48)	18
신체적으로 건강하다	21(44)	20
지능지수가 높다	20(47)	21
전문성이 있다	17(36)	22
좋은 대학을 나온다	15(33)	23
남 얘기 좋아하는 사람들의 비난에 신경쓰지 않는다	14(37)	24
자기 분수에 맞게 생활한다	14(29)	24
신앙심이 두텁다	13(20)	26
운이 따라준다	12(35)	27
일반법인에 투자한다	12(30)	27
좋은 투자 자문가를 둔다	11(28)	29
우등으로 졸업한다	11(22)	30

우선순위 30가지 중에 상위 5가지를 보면 미국의 건강한 백만장자들이 존경스러워진다. 미국의 백만장자들은 부동산 투기를 하거나 부모님의 재산을 물려받지 않고 학벌 또한 핵심이 아니다. 가장 바탕이 되는 것은 밑바닥부터 성실히 일하고 가정을 소중히 여기며 사람들과 잘 어울리고 정직했다는 것이다. 무엇보다도 '자기관리가 철저했다'는 항목이 '정직'과 함께 공동 1위를 차지했다. 우리는 매일 신문을 보든 9시 뉴스를 보든 자기관리에 실패해 날개도 없이 추락하는 수많은 사람을 볼 수 있다. 정치인, 경제인, 대학총장, 문화, 예술, 종교 등 분야를 막론하고 수많은 사람이 낙마한다. 매일 어떤 목표에 도달하기 위해서도 철저한 자기관리(경영)가 필요하지만 달성한 목표와 위치를 유지하기 위해서도 역시 철저한 자기관리가 절대적이다.

3가지
경영

서울대학교 송병락 교수의 『싸우고 지는 사람, 싸우지도 않고 이기는 사람』에서도 자기경영의 중요성을 다음과 같이 설파한다.

> 후진국의 사람들은 전투만 아는 경우가 많다. 그러나 선진국의 사람들은 전투는 물론이고 전략에 대해서도 잘 알고 있다. 기업이 많고 잘 사는 선진국에는 특히 세계적인 기업전략가들이 많다.
> 그런데 세계 500대 기업 중 192개가 미국의 기업이라는 사실은 미국인들이 큰 회사를 운영할 수 있는 능력이 있음을 시사해 주는 것이다.

미국인들은 CNN 같은 방송사를 통해 24시간 전 세계로 뉴스를 송출하고 있다. 또한 아이스크림, 커피, 도넛, 햄버거 같은 단일 품목으로도 세계 시장을 돌며 장사를 하는 사람들이다. 반면 한국인들은 좋은 조건이 많음에도 불구하고 왜 이런 것을 잘하지 못하는 것일까?

그 이유 중 하나는 경영 능력과 전략이 부족해서다. 일반적으로 한국인들은 '경영'이 무엇인지에 대한 개념 정립이 잘되어 있지 못한 경우가 많다. 그렇기 때문에 경영능력 역시 갖추지 못한 것이다. 경영능력이란 '경영'에 대한 개념이 올바로 서야만 갖출 수 있다. '경영'에 대한 개념이 약하기 때문에 당연히 경영의 고수가 되기 어려운 것이다.

보통사람들은 경영이라고 하면 '기업경영'이나 '조직경영'을 떠올린다. 그리고 그것이 경영의 모든 것이라고 생각하는 경향이 있다. 그러나 이에 못지 않게 중요한 경영은 다름 아닌 '자신경영'이다. 기업 등 조직을 잘 경영하기 위해서는 무엇보다 먼저 자기 자신을 잘 경영해야 한다. 자신경영이란 지식 기반 시대의 수신(修身), 곧 신수신(新修身)이다. 이런 자신경영을 잘해야만 조직경영도 잘할 수 있고, 나아가 사회경영도 잘할 수 있다.

한편 어떤 기업가들은 자기 회사의 경영만 잘하면 된다고 생각하기도 한다. 그러나 사회가 무너지면 아무리 뛰어난 경영자라고 해도 기업경영이 잘될 수 없다. 남미 국가들이나 아프리카 대륙의 나라에서 기업경영이 잘 안 되는 이유가 바로 이런 사회적 불안 때문이다. 즉, 자신경영이 조직경영에 영향을 미치고, 사회경영에 영향을 미치는 것처럼 사회경영이 다시 조직경영에 영향을 미치고, 조직경영이 자신경영에 영향을 줄 수 있다.

> 자신경영 ⇔ 조직경영 ⇔ 사회경영

 자신경영을 잘한 다음 조직경영을 하고 조직경영에서 경륜을 쌓은 사람이 사회경영에 나서야만 한다. 조직경영에 대한 그 어떤 경험도 없는 사람이 정치적인 이유로 사회적으로 높은 자리를 차지하고 사회경영을 하는 일은 없어야 한다. 자신경영도 할 줄 모르고 조직경영의 경륜도 쌓지 않은 사람들이 앞장서서 사회경영을 하는 나라는 그야말로 후진국이다. 수많은 후진국이 예나 지금이나 소득 100달러나 200달러 수준을 벗어나지 못하는 것도 바로 이런 이유 때문이다.

자신경영, 조직경영, 사회경영은 결코 떨어뜨려 생각할 수 없다는 것을 꼭 명심하기 바란다.

세상에서 가장
강력한 단어 '나'

『피플 스킬People Skill』의 저자 레스 기블린Les Giblin은 대화를 시작할 때 첫 단어를 '나는~', '제가~'가 아니라 '당신이~', '선생님께서~'로 시작하라고 조언한다. 모든 사람은 '나 자신self'에 유일한 관심이 있기 때문에 상대방 중심의 단어로 시작해야 상대방을 설득할 수 있고, 나아가 원하는 것을 얻을 수 있다.

최근 해병대 입대 경쟁률이 3:1~9:1 정도로 인기가 높다고 한다. 군대는 통상 끌려간다고 표현하는데 해병대는 스스로 선택해 지원해서 가는 '자발성'의 차이 때문에 제대 후 큰 격차가 난다. 평범하고 유약하기까지 한 젊은이들이 해병대에 다녀오면 단단한 차돌처럼 불가능을 모르는 강한 젊은이로 다시 태어난다고 한다. 자기중심적인 젊은 세대들이 해병대를 자발적으로 지원하는 이유 중의 하나는 조국에 충성하기 위해서라기보다 '익스트림 스포츠'를 하기 위해서라고 한다. 밥 먹여 주고 재워 주고 월급 받아 가며 암벽등반에 낙하산에 보트에 인명구조 수영까지……. 그것이 100% 입대 동기라고 말할 수는 없겠지만 '나self'에 대한 건강한 관심과 몰입임에는 분명하다. 최근 기업들의 직원교육도 이런 변화를 반영해 방향이 바뀌고 있다. 교육의 목적이 '회사에 충성을 다하기 위해서'가 아니라 각자 '직원 자신을 위해서'로 바뀌고 있다. 사실 그것은 다른 개념이 아니라 개인의 약점은 조직의 약점이 되고 개인의 강점은 역시 조직의 강점이 된다는 발상에서 기반한 것이다. 이러한 이유로 기업은 10만 명을 먹여 살릴 능력 있는 인재를 찾기 위해 전 세계를 돌며 '인재 유치 경쟁'을 하고 있다.

하버드만의
생존비법

현재 조선일보 논설위원인 강인선 기자가 직장생활 10년 만에 일을 내려놓고 하버드 대학원인 케네디 스쿨에 입학했다. 서울대학교 대학원까지 나와 조선일보 워싱턴 특파원까지 할 정도로 대한민국 최고의 지성이자 엘리트임에도 불구하고 이전의 경력과 경험, 모든 생존비법이 하버드에서는 쓸모가 없었음을 『하버드 스타일』의 프롤로그에서 고백하고 있다. 도전과 자기관리의 중요성을 일깨워 주는 책이므로 필히 일독을 권한다.

지나간 학생 시절 나를 살려 준 모든 생존비법이 하버드에서는 별로 쓸모가 없었다. 이런 시행착오를 거치면서 나는 하버드에서는 '하버드 스타일'로 승부해야 한다는 것을 배웠다.

하버드 학생들에게는 무엇인가가 있었다. 하루에 12~13시간을 한결같은 집중력으로 공부하고, 똑같은 일을 해도 남보다 멋지게 해내는 습관이 몸에 배어 있었다. 새로운 것, 무시무시하게 양이 많은 공부, 엄청난 잠재력을 가진 친구들과의 경쟁, 온갖 실패의 가능성을 더 이상 두려워하지 않고 맞설 수 있는 기질을 가지고 있었다. 그들은 자기 자신이 '스타'이면서 동시에 '매니저'가 되는 법을 스스로 알아내도록 교육받았다.

하버드가 제공하는 최고의 교육은 머리로 하는 공부가 아니라 자신을 매섭게 단련할 수 있는 기회다. 단순히 똑똑한 것만 가지고는 안 된다. 강인하고 끈질긴 기질, 여러 가지 일을 동시에 잘 해낼 수 있는 자기관리 능력, 치열하게 경쟁하면서도 남을 배려할 줄 아는 여유까지도 갖춰야 한다. 하버드에서 성공하고 살아남으려면 이 '하버드 스타일'이 몸과 마음과 머릿속에 깊이 스며들어야 한다. 그러면 이 스타일이 평생 자신의 경쟁력을 유지해 주는 최고의 재산이 된다.

chapter 2

쓰면 이루어지는
꿈과
비전

종이 위에 쓰면 이루어지는 꿈 리스트

위대한 방향키 — 사명, 비전

꿈을 이루어 주는 사다리 전략 —
목표 세우기

1년 동안 성공하는 습관 —
연간계획, 월간계획

성과를 지배하는 바인더의 힘

01
Dream of Miracle Binder

종이 위에 쓰면
이루어지는 꿈 리스트

**짐 캐리의
수표**

짐 캐리 Jim Carrey는 캐나다 출신으로 영화 배우가 되고 싶어 미국으로 건너왔지만, 가끔 단역이나 주어지는 무명 배우 신세였다. 집도 없이 고물 자동차에서 자야 했고, 빵 몇 조각으로 끼니를 때우는 일이 허다했다. 그러던 어느 날, 그는 이렇게 살아갈 수는 없다고 생각했다. 그래서 할리우드의 가장 높은 언덕으로 올라

출처: 「예스맨」

가서 수표책과 펜을 꺼내 들었다. 그는 수표책에 1,000만 달러라고 적었다. 이 어마어마한 금액을 앞으로 5년 후인 1995년 추수감사절까지 자신이 자기 스스로에게 지급하겠다고 쓴 후 그것을 5년 동안 지갑에 넣고 다녔다. 정확히 5년 후인 1995년 짐 캐리는 자신이 적었던 것보다 훨씬 많은 금액을 출연료로 받게 된다. 그는 〈덤 앤 더머〉로 700만 달러, 〈배트맨〉으로 1,000만 달러를 받아 총 1,700만 달러를 벌었다고 한다. 꿈을 종이 위에 쓰면 기적같이 이루어진다. 짐 캐리와 같은 이러한 사례는 전 세계적으로 셀 수 없이 많다.

여대생 고 이승영의 14가지 소원

 심지어는 종이 위에 쓰면 죽은 사람의 꿈도 이루어진다. 다음은 성수대교 붕괴 10주년이 되던 2004년 10월 19일자 「조선일보」에 게재된 기사로, 사고 당시 사망했던 여대생 승영이의 꿈에 관한 이야기이다. 여대생 승영이에게는 14가지 꿈이 있었다. 그러나 뜻하지 않은 사고로 그 꿈을 이루지 못하고 세상을 떠나게 되었다. 승영이 어머니는 승영이의 꿈이 적힌 일기장을 발견하고 딸의 꿈을 이루어 주기로 결심했다. 보상금 전액을 기부해 승영장학회를 만들고, 그 장학생 출신은 승영이의 뜻에 따라 복지마을을 만들었으며, 군부대에 차량을 기증해 이동도서관을 세우는 등 10년 만에 7가지 소원을 이루었다. 결혼한 동생이 입양을 약속하는 등 나머지 꿈도 모두 이루어 주기로 했음은 물론이다.

성수대교 붕괴 10년 — 승영이는 갔지만…

女大生 딸이 일기장에 남긴 14가지 소원
"엄마가 모두 이루어주마"

1994년 10월 21일 아침. 서울교대 국어교육과 3학년 이승영(여·당시 21세)씨는 성수대교 상판과 함께 20여m 아래로 떨어진 16번 시내버스 안에서 목숨을 잃었다. 교생 실습을 위해 강북에 있는 초등학교에 버스로 출퇴근한 지 닷새만의 일이었다.

'장학금을 만든다. 이동도서관을 강원도에 만든다. 복지마을을 만든다. 한 명 이상을 입양한다. 시각장애인을 위해 무언가를 한다…,' 11개월 전 군인이던 남편을 과로사로 잃고 흔들리던 어머니였다. "승영아, 네 소원을 이 엄마가 모두 이루어주마." 어머니는 흐르는 눈물을 닦아냈다.

어머니는 딸이 입버릇처럼 말하던 "죽으면 장기(臟器)를 남에게 주겠다"는 약속을 생각했다. 하지만 딸 시신이 제대로 수습된 것은 장기 기증을 위한 시한(時限)인 '사망 후 6시간'을 넘긴 뒤였다. 어머니는 대신 고려대 의과대학에

성수대교 붕괴로 이날 숨진 사람은 32명. 사고 직후 오열 속에 딸의 유품을 챙기던 어머니 김영순(56)씨는 승영씨가 남긴 일기장을 읽어내려갔다. '내가 일생동안 하고 싶은 일'이란 구절 밑에 빽빽이 적어놓은 것은 '14가지 소원'.

■ 엄마가 이룬 승영이의 소원들

시각장애인 봉사	→	호스피스 … 점자책 보급
장학금을 만든다	→	보상금 2억5천만원 기부
이동도서관 세운다	→	인제 軍부대에 차량기증
1명이상 입양한다	→	결혼한 동생이 입양 약속
:		

피스(죽음을 앞둔 사람을 돌보는 봉사자)에 뛰어들었다. 그후 10년….

청각장애인이면서 같은 처지의 장애인을 모아 공동체를 꾸리는 사람, 암(癌)을 이겨낸 뒤 말기 환자 병동

생전의 승영씨 모습 성수대교 붕괴 사고 직전인 1994년 이승영씨의 모습. 가족들은 "승영씨가 두 달 동안 교환학생으로 미국에 갔을 때 어느 해변가에서 찍은 사진"이라고 기억했다.

출처: 『조선일보』(2004. 10. 19)

존 고다드의
종이 위의 꿈

비 내리는 어느 날 오후, 열일곱 살 소년 존 고다드 John Goddard는 로스앤젤레스에 있는 자기 집 식탁에 앉아 하나의 계획을 떠올렸다. 존은 노란색 종이 한 장을 가져다가 맨 위에 '나의 인생 목표'라고 썼다. 제목 아래에는 127가지의 인생목표를 적어 내려갔다. 그 이후 현재까지 존 고다

드는 그중에서 114가지 목표를 이루었다. '존 고다드의 꿈 리스트'는 존 고다드의 인생 목표 목록이다. 이것들은 결코 쉽거나 간단한 목표들이 아니다. 이 속에는 세계의 주요 고산지대 등반과 큰 강 탐사 등을 비롯해 1마일을 5분에 주파하기, 셰익스피어 전집 읽기와 브리태니커 백과사전 전 권 읽기까지 포함되어 있다(브리태니커 백과사전은 약 100권이다). 존 고다드는 아직도 남아 있는 19가지의 목표에 하나씩 표시를 해 나가고 있는 중이다.

13년 만에
이룬 꿈

필자의 꿈 중에는 세계일주(100개국 1,000개 도시 방문하기)가 있다. 지금까지 약 40여 개국을 다녀왔다. 이미 방문한 나라는 덜 가려고 했고 가 보지 않은 나라는 더 가려고 애쓴 까닭이다. 왜 그랬을까? 나의 꿈 노트에 기록되어 있기 때문이다. 앞으로 100개국 방문의 꿈은 이루어질 가능성이 높을 것이라고 확신한다.

   필자의 꿈 리스트 중에는 캐나다 휘슬러와 알프스 산맥에서 스키를 타는 꿈이 있다. 2007년 2월, 이탈리아 밀라노에 강의 초청을 받게 되었다. 밀라노에 가기 전에, 초청한 분이 강의 후 하고 싶은 것이 있는지 이메일로 물어왔다. 알프스에서 스키를 타고 싶다고 보냈지만, 지구 온난화 영향으로 스키장들이 일찍 문을 닫아 어려울 것이라는 답신을 받았다. 좀 실망을 했지만 어쩔 수 없이 포기를 하고 이탈리아로 떠났다. 밀라노 거주 교포 CEO를 대상으로 강의를 하고 밀

존 고다드의 꿈 리스트(※ ★ 표시는 이미 이루어진 것이다.)

▶ 탐험할 장소
1. 이집트 나일 강 ★
2. 남미 아마존 강 ★
3. 아프리카 중부의 콩고 강 ★
4. 미국 서부 콜로라도 강 ★
5. 중국 양쯔 강
6. 서아프리카 니제르 강
7. 베네수엘라 오리노코 강
8. 니카라과 리오코코 강 ★

▶ 원시 문화 답사
9. 중앙 아프리카 콩고
10. 뉴기니 섬 ★
11. 브라질
12. 인도네시아 보르네오 섬 ★
13. 북아프리카 수단(존 고다드는 이곳에서 모래 폭풍을 만나 산 채로 매장당할 뻔했다.) ★
14. 호주 원주민들의 문화 ★
15. 아프리카 케냐 ★
16. 필리핀 ★
17. 탕가니카(현재의 탄자니아) ★
18. 에티오피아 ★
19. 서아프리카 나이지리아 ★
20. 알래스카 ★

▶ 등반할 산
21. 에베레스트 산
22. 아르헨티나 아콩카과 산 (안데스 산맥 중의 최고봉)
23. 매킨리 봉(알래스카에 있는 북미 대륙 최고봉)
24. 페루의 후아스카란 봉
25. 킬리만자로 산 ★
26. 터키 아라라트 산 (노아의 방주가 닿은 곳이라고 알려짐) ★
27. 케냐 산 ★
28. 뉴질랜드의 쿡 산
29. 멕시코의 포프카테페틀 산 ★
30. 마터호른 산 ★
31. 라이너 산 ★
32. 후지 산 ★
33. 베수비오스 산 ★
34. 자바 섬의 브로모 산 ★
35. 그랜드 테튼 산 ★
36. 캘리포니아의 볼디 마운틴 ★

▶ 배워야 할 것들
37. 의료활동과 탐험 분야에서 많은 경력을 쌓을 것(원시부족 것까지) ★
38. 나바오족과 호비족 인디언에 대해 배울 것
39. 비행기 조종술 배우기
40. 로즈 퍼레이드(캘리포니아 축제)에서 말 타기

▶ 사진 촬영
41. 브라질 이과수 폭포 ★
42. 로데시아의 빅토리아 폭포 ★
43. 뉴질랜드 서덜랜드 폭포 ★
44. 미국 서부 요세미티 폭포 ★
45. 나이아가라 폭포 ★
46. 마르코 폴로와 알렉산드로스 대왕의 원정길 되짚어 가기

▶ 수중 탐험
47. 미국 남부 플로리다의 산호 암초 지대 ★
48. 호주의 그레이트 배리어 대암초 지대(이곳에서 존은 135kg짜리 대합조개 촬영에 성공) ★
49. 홍해
50. 피지 군도 ★
51. 바하마 군도 ★
52. 오케페노키 늪지대와 에버글레이즈 ★

▶ 여행할 장소
53. 북극과 남극
54. 중국 만리장성
55. 파나마 운하와 수에즈 운하 ★
56. 이스터 섬 ★
57. 바티칸 시(이때 존 고다드는 교황을 만났음) ★
58. 갈라파고스 군도 (태평양 상의 적도 바로 아래의 화산섬) ★
59. 인도 타지마할 묘
60. 피사의 사탑 ★
61. 프랑스 에펠탑 ★
62. 블루 그로토 ★
63. 런던탑 ★
64. 호주의 아이어 암벽 등반 ★

65. 멕시코 치첸이차의 성스러운 우물 ★
66. 요르단 강을 따라 갈릴리 해에서 사해로 건너가기

▶ 수영해 볼 장소
67. 중미의 나카라과 호수 ★
68. 빅토리아 호수(세계에서 두 번째로 큰 호수) ★
69. 슈피리어 호수 ★
70. 탕카니카 호수 ★
71. 남미의 티티카카 호수 ★

▶ 해낼 일
72. 독수리 스카우트 단원 되기 ★
73. 잠수함 타기 ★
74. 항공모함에서 비행기를 조종해서 이착륙하기 ★
75. 전 세계의 모든 국가 한 번씩 방문할 것
    (현재 30개국 남음) ★
76. 소형 비행선, 열기구, 글라이더 타기 ★
78. 4.5kg의 바닷가재와 25cm의 전복 채취하기 ★
79. 스킨 다이빙으로 12m 해저로 내려가서
    2분 30초 동안 숨 참기 ★
80. 1분에 50타자 하기 ★
81. 플루트와 바이올린 연주 ★
82. 낙하산 타고 뛰어내리기 ★
83. 스키와 수상 스키 배우기 ★
84. 복음 전도 사업 참여
85. 탐험가 존 뮤어의 탐험길을 따라 여행하기 ★
86. 원시 부족의 의약품을 공부해 유용한 것들
    가져오기 ★
87. 코끼리, 사자, 코뿔소, 케이프 버펄로
    (남아프리카 들소), 고래 촬영하기 ★
88. 검도 배우기 ★
89. 동양의 지압술 배우기 ★
90. 대학교에서 강의하기 ★
91. 해저세계 탐험하기 ★
92. 타잔 영화에 출연하기
    (이것은 소년시절의 꿈이었다.)
93. 말, 침팬지, 치타, 오셀롯, 코요테 키워 보기 ★
    (침팬지와 치타가 남았다.)
94. 발리 섬의 장례 의식 참관 ★
95. 아마추어 햄 무선국의 회원되기 ★
96. 자기 소유의 천체 망원경 세우기 ★
97. 저서 한 권 갖기(나일 강에 관한 책 출판) ★
98. 내셔널지오그래픽 지에 기사 싣기 ★

99. 몸무게 80kg 유지
    (현재까지 잘 유지하고 있음) ★
100. 윗몸일으키기 200회,
    턱걸이 20회 유지 ★
101. 프랑스어, 스페인어, 아랍어 배우기 ★
102. 코모도 섬에 가서 날아 다니는 도마뱀
    생태 연구하기
103. 높이뛰기 1m 50cm
104. 넓이뛰기 4m 50cm
105. 1마일을 5분에 주파하기 ★
106. 덴마크에 있는 소렌슨 외할아버지의
    출생지 방문 ★
107. 영국에 있는 고다드 할아버지의 출생지 방문 ★
108. 선원 자격으로 화물선에 승선하기 ★
109. 브리태니커 백과사전 전권 읽기
110. 성경을 앞장에서 뒷장까지 통독하기 ★
111. 셰익스피어, 플라톤, 아리스토텔레스, 찰스 디
    킨스, 헨리 데이비드 소로, 에드가 앨런 포, 루
    소, 베이컨, 헤밍웨이, 마크 트웨인, 버로즈, 조
    셉 콘래드, 탈메이지, 톨스토이, 롱펠로, 존 키
    츠, 휘트먼, 에머슨 등의 작품 읽기 ★
112. 바흐, 베토벤, 드뷔시, 이베르, 멘델스존, 랄
    로, 림스키코르사코프, 레스피기, 리스트, 라
    흐마니노프, 스트라빈스키, 토흐, 차이코프스
    키, 베르디의 음악 작품들과 친숙해지기 ★
113. 비행기, 오토바이, 트랙터, 윈드서핑, 권총, 엽
    총, 카누, 현미경, 축구, 농구, 활, 부메랑 등
    을 다루는 데 있어서 우수한 실력 갖추기 ★
114. 음악 작곡
115. 피아노로 베토벤의「월광곡」연주 ★
116. 불 위를 걷는 것 구경하기 ★
117. 독사에게서 독 빼내기 ★
118. 영화 스튜디오 구경
119. 폴로 경기하는 법 배우기 ★
120. 22구경 권총으로 성냥불 켜기 ★
121. 쿠푸의 피라미드 오르기 ★
122. 탐험가 클럽과 모험가 클럽 회원 가입하기 ★
123. 걷거나 배를 타고 그랜드캐니언 일주 ★
124. 배를 타고 지구를 일주할 것
    (현재까지 네 차례의 일주를 마쳤다.)
125. 달 여행
126. 결혼해서 아이들 갖기 ★
127. 21세기에 살아 볼 것
    (존 고다드 나이 일흔다섯 살) ★

라노에서 액세서리를 유통하는 회사에서 2박 3일간 세미나를 진행했다. 강의 일정이 끝나자 좋은 곳에 골프를 치러 가자는 제안을 받았지만 나는 알프스에서 스키를 타는 꿈이 있다고 말했고, 결국 알프스 몽블랑의 제일 가까운 스키장 'MT Bianco Courmayeur'에서 스키를 탈 수 있었다. 꿈 하나가 또 이루어진 것이다.

필자는 결혼 후 13년간 간절히 기도한 꿈이 있었다. 때로는 지치고 힘들 때도 있었지만 한순간도 그 꿈을 포기해 본 적이 없었다. 바로 자녀를 갖는 꿈이다. 결혼 후 13년 동안 아이가 생기지 않았지만 아버지가 되는 꿈을 포기하지 않았다. 아버지가 아닐 때에도 필자의 평생계획표, 사명선언서에는 아버지의 역할이 이렇게 적혀 있었다.

"하나님과 이웃을 사랑하며 사랑받고 항상 정직하고 건강하며 올바른 생각과 감사하는 마음으로 꿈과 비전을 가진 가치 있는 인생을 살아가도록 돕겠다. 무엇보다도 자녀가 나의 소유가 아님을 인정하며 청지기의 사명을 다하며 기도를 쉬지 않겠다."

꿈을 포기하지 않았고 주변의 수많은 기도 덕분에 2007년 6월 12일 오후 9시 16분에 건강하고 예쁜 딸을 얻었다. 필자 나이 45세 때였다.

나의 꿈

이제 여러분 차례이다. 열일곱 살의 존 고다드처럼 여러분의 꿈을 다음의 '꿈 리스트' 서식에 적어 보기 바란다. 다만 꿈을 적을 때 주의

할 점이 있다.

첫째, 될까 안 될까를 절대로 고민하지 말라. 절대 이루어지지 않을 것 같은 것들이 좋다. 말도 안 되는 것도 좋다. '독사에게서 독 빼내기' 같은 황당한 것일수록 좋다. 되고 안 되고는 신의 영역이다. 내가 바라는 것만 쓰면 된다.

둘째, 되도록 구체적일수록 좋다. '좋은 차 갖기'는 이루어지지 않을 가능성이 높다. 좋은 차가 어떤 차인지 신도 모른다. 차라리 페라리나 람보르기니라고 써라.

셋째, 처음부터 빈 칸을 다 메우지 않아도 된다. 살아가면서 새로운 것들을 추가해 나가도 좋다.

넷째, 가족끼리 혹은 친구들끼리 아니면 동아리에서 함께하면 더욱 좋다. 그럴 경우 돌아가며 발표를 하면 된다. 소위 사람들에게 '공표'를 하는 셈이 되고, 주변 사람의 지원을 받게 되면 그 꿈을 이루게 될 가능성이 높아진다.

필자의 꿈 리스트

▶ **하고 싶은 일**

재단 설립(회사+사회복지+교육+선교)
기업도시 설립
세계적인 교육프로그램 운영 · 강의(강사)
전 세계 10억 명 이상 바인더 사용
협동조합 100개
세계적인 건강 센터+휴양지
스쿠버, 스카이다이빙
아내와 크루즈 여행
수상스키
아내에게 색소폰 연주해 주기
책 쓰기 – 10권 이상
영어, 일어, 중국어 의사소통
성경 통독 나이만큼 하기
노벨상 같은 세계적인 상 제정
헤비타트(habitat for Humanity, 사랑의 집짓기) 운동 참여
다보스 포럼 참가, 강연
CBMC 국제 이사로 봉사

▶ **가 보고 싶은 곳**

세계일주(100국 1,000개 도시 이상) 에베레스트 산, 북극, 남극, 알래스카, 킬리만자로, 태평양의 무인도, 세렝게티 초원, 희망봉, 이집트 나일 강, 아프리카 콩고 강, 사하라 사막, 케냐, 브라질, 베네수엘라, 오리노코 강, 알래스카, 후지 산, 이과수 폭포, 몰디브, 나이아가라 폭포, 캐나다 휘슬러 스키 타기, 알프스 스키 타기

▶ **갖고 싶은 것**

전문도서관 설립 – 자기관리, 건강
Group 사옥 (회사 200–300개)
Self-Leadership 대학 설립
독서모임(국내 1천개, 세계 1만개)
인격(지 · 정 · 의)
통일자금(400조 원)
자가용 비행기, 요트
할리데이비슨 오토바이
80세까지 30대 건강 유지
농장
기도원

▶ **되고 싶은 모습**

세계적인 동기부여가, 교수
조 단위 이상 기업 경영
한국, 세계에서 존경받는 사람
멋진 남편, 훌륭한 아버지, 좋은 아들
자선사업가, 선교사 또는 파송
수기 치료사, 가정사역자

▶ **기타(나누어 주고 싶은 것 등)**

재단, 헌혈 – 나이 만큼, 인격,
독서모임, 좋은 성품, 책, 도서관
노인 전문 요양 센터(중풍, 치매)
학교 설립 및 기증
교회 3개 세우기
해외 선교지에 지속 후원
유산의 사회환원

필자의 이루어진 꿈

▶ **하고 싶은 일**

해외 강의하기(19회)
대학에서 강의하기(약 60개 대학)
교육 프로그램 만들고 운영(2002년 3P SLE과정, 대학, 중고(비바), 초등 보물찾기)
스쿠버 다이빙(속초, 하와이, 괌, 스리랑카, 발리……)
성경 통독(5회)
알프스, 몽블랑에서 스키 타기(2007년 몬테비앙코 쿠르마우르 스키장)
인도 다르질링 차 밭 방문
미국 대륙 횡단하기(1994년 LA → NY)
유럽 고성지대 드라이브(1994년 독일 로맨틱 가도)
독일 아우토반 무제한 속도(200km/h) 드라이브(1994년)
하와이에서 무스탕 오픈카 드라이브(2000년)
세계적 대학 방문 (프린스턴, 시카고, 캠브리지, 옥스포드)
인도 타지마할
나이아가라 폭포
100층 이상 빌딩 올라가기(시카고 존 행콕)
라스베가스에서 100달러 잃기
인도 배낭여행(20일), 유럽코치투어(15일), 중국 배낭여행(14일)
유람선 타기(핀란드 헬싱키 → 스웨덴 스톡홀름, 5만t, 15시간)
세계 대박물관 관람하기(대영박물관, 루브르 박물관, 바티칸 박물관, 시카고 자연사 박물관, 옥스포드 대학 자연사 박물관)

▶ **가 보고 싶은 곳**

일본(가고시마, 미야자키, 동경)
미국(LA, 시카고, 라스베가스, 워싱턴, 뉴욕, 괌, 대륙 횡단)
하와이(오아후섬, 마우이섬), 캐나다(토론토, 나이아가라 폭포)
인도(마두라스, 봄베이, 델리, 캘커타, 방갈로드, 아그라, 마두라이, 다르질링, 칸첸중가, 실리구리)
스리랑카(콜롬보, 캔디, 벤토타)
홍콩, 베트남(호치민), 인도네시아(발리), 바탐섬), 말레이시아(코타키나발루), 싱가폴, 두바이
중국 (북경, 상해, 성도, 서안, 광주, 심천, 계림, 항주, 소흥, 청도, 이우, 동관, 단동, 심양, 대련, 위해)
독일(프랑크푸르트, 쾰른, 하이델베르그, 뉴렌베르그, 뮌헨, 메츠), 네덜란드(암스테르담), 벨기에(브뤼셀), 스위스(취리히, 루체른, 필라투스, 리히텐슈타인, 오스트리아(인스브루크, 잘츠부르크, 비엔나), 프랑스(파리, 니스, 낭시, 몬세랏, 아비뇽, 샤체스, 생폴, 피게라스, 가르, 레보, 아들), 모나코, 영국(런던, 케임브리지, 옥스포드), 스페인(바르셀로나), 이탈리아(로마, 베네치아, 피렌체, 밀라노, 나폴리, 폼페이, 소렌토, 피사, 꼬모, 파도바), 바티칸, 핀란드(헬싱키), 스웨덴(스톡홀름), 덴마크(코펜하겐), 헝가리(부다페스트), 슬로바키아(브라티스라바), 체코(프라하, 체스키크롬로프), 호주(브리즈번, 골드코스트)

▶ **갖고 싶은 것**

최우수 직원상(브렌따노 최우수 직원상, 이랜드그룹 제1회 이랜드인상, 푸르덴셜 역삼지점 챔피언)
최우수 강사상(이랜드그룹)
회사 설립(마인드에이스, 3P자기경영연구소, 비바앤포포)

▶ **되고 싶은 모습**

CEO(3P자기경영연구소 대표이사), 억대 연봉자(푸르덴셜 3~4억)
아버지(결혼 13년만에 이룸), 강사(이랜드 사내강사, 교육회사)
최고 세일즈맨(MDRT 3회, 슈퍼골드 수상), 교수(대학 겸임교수, KMA 주임교수)

▶ **기타(나누어 주고 싶은 것 등)**

후원 3곳 이상(월드비전, 밀알복지재단)
독서포럼 운영(나비 100여 개)
헌혈 30여 회

02
Dream of Miracle Binder

위대한 방향키 –
사명, 비전

원형
방황

수년 전 알프스 산에서 길을 잃은 사람이 13일간 방황하다가 극적으로 구출되었다. 이 사람은 매일 12시간씩 걸었는데도 불구하고 길을 찾지 못했다. 나중에 알고 보니 길을 잃은 중심에서 불과 6km 안에서 빙빙 돌았다는 것이다. 사람은 눈을 가리면 똑바로 걷지 못한다. 20m를 걸으면 4m의 간격이 생기고 100m를 가면 결국 원을 그리며 돌게 된다. 길을 잃었다고 해도 밤에 별자리를 보고 한쪽 방향으로만 간다면 하루 이틀이면 나올 수 있는 거리지만 방향이 없다면 방황할 수밖에 없다.

얼마 전 지방에 강의를 하러 가기 위해 네비게이션을 켰다. '무주리조트'을 누르자 화면 끄트머리에 무주리조트가 떴고 차량을 출발시켰다. 한참 운전을 하는데 방향감각상 좀 이상한 느낌이 들었다. 네비게이션이 자꾸 유턴을 하라고 했기 때문이다. 차를 갓길에 세우고 네비게이션을 다시 한 번 확인해 보고 쓴웃음을 지었다. 네비게이션에 무주리조트가 10군데가 넘는 게 아닌가. 나는 엉뚱한 지방의 무주리조트를 가고 있었다. 다른 지방에도 무주리조트라는 이름을 가진 곳이 있을 줄은 상상도 못했다. 목적지를 잘못 입력시키면 헤맬 수밖에 없다. 그나마 목적지를 입력조차 하지 않으면 작동조차 하지 않는다. 안내받을 수 없는 것이다.

사명선언서와 비전은 네비게이션과 같다. 우리 인생이라는 항로에서 방향과 목적지가 없거나 잘못됐다면 시간과 에너지만 낭비할 뿐이다. 그렇기 때문에 성공에 관한 어떤 책을 보더라도 사명과 비전을 중요시하며, 사명과 비전 없이 인생에서 성공한 사람은 없다는 것을 깨달을 수 있다.

사람들은 일생 동안 사다리를 타고 빠르게 올라가는 것에 관심이 많다. 빨리 승진하고, 빨리 기반을 잡고, 빨리 돈을 벌고, 빨리 사업을 확장하고……. 그렇게 빨리 무엇인가를 얻고 쟁취했지만, 그 대가로 건강을 잃거나, 가정이 해체되거나, 자녀들이 가출을 하는 등의 어려움이 생긴다면 그 성취는 과연 의미가 있을까? 때문에 사다리를 빠르게 오르기보다는 올바른 사다리를 오르는 것이 훨씬 중요하고 현명하다. 잘못된 사다리에 빨리 올라갔지만 그것이 아닌 경우 다시 내려와야만 한다. 네비게이션에 목적지를 잘못 누르고 빠르게 도착하더라도 원하는 목적지가 아니라면 아무 소용이 없다. 해적선이나 무역선이나 바쁘기는 마찬가지다. 그렇다면 무엇이 다른가? 바로 목적이 다르다.

정북향(正北向)이란 말이 있다. 영어로는 'true north'라고 표현한다. '올바른 방향'의 대명사이다. 강의나 세미나 중에 모두 일어나 눈을 감은 채 북쪽을 가리키게 한 후 눈을 뜨게 하면 정말 가관이다. 동서남북, 사방팔방이 모두 나온다. 서로를 보고 웃음을 터뜨리면서도, 자기가 옳다고 우기며 작은 실랑이를 하는 경우도 있다. 국가의 지도자가 방향을 잘못 가리키면 국민이 고생을 하는 것은 모두가 절감하는 바이다. 회사의 대표가 방향 제시를 잘못하면 결국 직원들이 힘들고 어렵다. 아버지의 고집 때문에 어머니가 한평생 고생한다. 자녀들의 고통은 말할 것도 없다. 그렇다면 나 자신은 인생의 방향을 잘 가리키고 있는지 생각해 보아야 한다. 주변을 비판만 하고 살았는데 조만간 우리들도 어른이 되고 부모가 될 터이다. 올바른 방향을 결정해야만 비로소 속도가 의미 있다.

미국에 '필립스 아카데미'라는 학교가 있다. 오늘날 고등학교의 효시라고 할 수 있는 미국 최고의 명문 고등학교이다. 미국이 영국에서 독립한 지 2년 후인 1778년에 '필립스 아카데미 앤도버'가 세워졌고 3년 후인 1781년에는 '필립스 엑서터 아카데미'가 설립되었다. 부시 가문과 케네디 가문이 모두 필립스 출신이다. 필립스 출신 35명 중 1명 꼴로 미국 명사 인명사전에 올라 있고, 백만장자 비율뿐 아니라 초일류대학 진학률이 가장 높은 명문 중의 명문이다. 그런데 양교의 건학

이념이 라틴어로 'Non Sibi'이다. 영어로 번역하면 'Not for Self' 즉 '나 자신을 위해서가 아닌'이다. 충격적이다. 미국을 이끄는 지도자를 배출하는 학교의 공부시키는 목적이 나 자신을 위해서가 아니라 지역사회와 국가와 세계를 위한 봉사인 것이다. 우리나라 학생들이 공부하는 목적과 사뭇 다르다. 우리는 어려서부터 이렇게 듣고 자랐다. "공부해서 남 주냐? 너 위해서 공부하라는 것 아니니?" 나만 위해 공부했던 엘리트들이 국가와 사회 각 분야의 리더가 되어 내 주머니만 채우기 급급한 현실은 어쩌면 당연한 결과일지 모르겠다.

　목적의 차이가 결과의 차이를 만든다. 미국의 1등 부자인 빌 게이츠Bill Gates와 2등 부자인 워런 버핏Warren Buffett이 각각 290억 달러와 310억 달러, 합쳐서 우리 돈으로 약 60조 원을 기부해서 지구 상 어느 국가와 단체도 해결하지 못한 아프리카 기아문제를 해결하고 있다. 목적의 수준이 다르다. 목적의 품질이 다르다.

사명선언서와 비전선언서

흔히 사명mission과 비전vision을 구분하지 않고 쓰는 경우가 많다. 경우에 따라 겹치는 부분이 있으므로 그리 큰 문제가 되지는 않지만, 이번 기회에 개념을 정리해 보자.

　사명은 비전보다 상위개념이다.

　사명은 '내가 ~해서(또는 ~로서) 기여(또는 제공)하겠습니다'로 표현할 수 있으며, 사명을 수행하기 위한 나의 역할별 기술을 덧붙일 수도 있다. 즉 삶의 큰 밑그림이며 방향키이다.

비전은 '내가 ~되겠습니다'라는 의미이다. 우리가 어려서부터 많이 말해온 '훌륭한 ~이 되겠습니다'의 표현이다.

사명선언서나 비전선언서를 쓰라고 하면 대개 시작을 하지 못하거나 어려워하는 경우가 많다. 그래서 사명선언서를 쓰기 위한 가이드, 즉 다리 놓기bridge를 하면 훨씬 수월하다. 미션 브리지는 연습장이다. 잘못 쓴 단어나 표현은 지우고 다시 쓰면 된다. 숙제검사를 받는 것도 아니니 가장 편한 낙서장으로 생각하자.

다음에 제시한 사례를 활용하여 연습해 보고, 실제로 작성해 보자.

미션 브리지를 활용한 사명선언문 작성사례

1 STEP 당신의 일생에서 꼭 이루고 싶은 것

- 성공한 커리어 우먼
- 존경받는 엄마
- 신실한 크리스천 - 이웃에 선한 영향력
- 60세에도 내 직업이 있는 여자

2 STEP 당신이 평소 닮고 싶은 인물과 그 이유

인물	닮고 싶은 인물, 존경하는 이유, 특징
전혜성 박사	아이들을 성공적으로 양육, 저명한 학자, 끝까지 자기 일을 놓지 않고 부지런함
부모님	정직한 삶에 대한 모범을 몸소 보여주심
이순신 장군	탁월한 전략과 리더십, 창의적 문제해결, 충성심, 청렴, 솔선수범

3 STEP 당신이 인생에서 중요하다고 생각하는 대상, 단어, 문구, 문장, 좌우명, 인생의 모토로 삼고 있는 글귀

- 하나님, 가족, 이웃…
- 내가 하는 일의 열매는 다른 사람의 나무에서 열린다
- 어둠을 탓하기 보다 한 자루의 촛불을 켜라
- 긍정, 적극, 정직, 성실, 열정

Whom, Where? 당신이 기여·제공하기를 원하는 대상, 영역

- 하나님 이웃(다른 사람)
- 일, 가정

What? 당신이 기여·제공하기를 원하는 것

- 선한 영향력, 전문성
- 사랑, 봉사, 따뜻함

How? 어떻게 기여하고자 하는가?

- 위대한 일을 시도하고 긍정적으로 사고

※ 위의 3가지를 골격으로 하여 1, 2, 3 Step의 중요 단어를 선택하여 당신의 사명을 30자 내외로 작성해 보시오.

위대한 하나님을 위해 위대한 일을 시도하며,
일과 가정을 통해 다른 사람들에게 선한 영향력을 끼치며,
항상 긍정적으로 사고하고, 건강하고 활기찬 삶을 살아간다.

조직의 사명(미션)선언문 사례

개인의 사명(미션)선언문 사례(미션 브리지를 활용해 완성한 사명선언문)

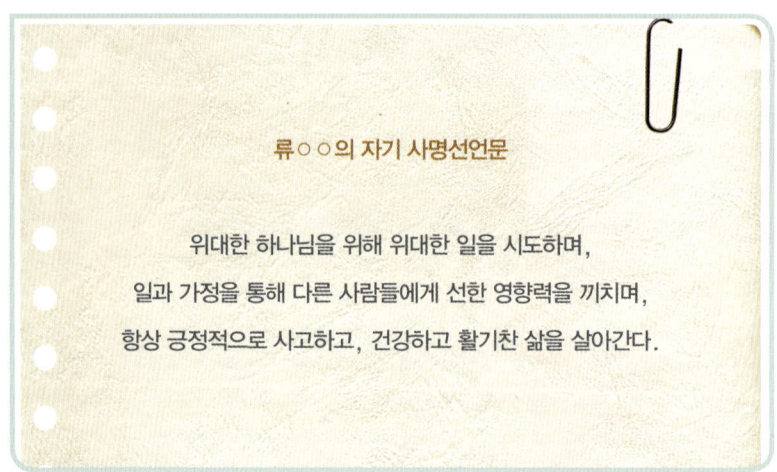

개인의 사명(미션)선언문 사례(미션 브리지를 활용해 완성한 사명선언문)

강 규 형의 Mission Statement

나의 사명은,

스스로 선함이 가득하고(인격: Beer)
모든 지식이 차서(지식: Doer)
능히 서로 권하는 자(Teller)   —롬 15:14
즉 인격과 지식을 통해 다른 사람의 성공을 돕는 것이다.

이 사명을 수행하기 위해 나는,

건강한 자아상, 건전한 가정관, 건실한 직업관을 갖고
나 자신을 위해서가 아닌(Non Sibi = Not for Self)
하나님을 사랑하고 이웃을 섬기겠다.   —고전 10:31, 눅 6:38

이를 위한 나의 역할은,

1. 제자: 하나님을 내 삶의 주인으로 모시고 기도, 말씀, 교제, 증거의 삶을 살겠다.
2. 남편: 아내를 내 몸과 같이 소중히 여기고, 사랑과 이해, 믿음으로 아내의 행복을 위해 정성을 다하며 동역하겠다.
3. 아버지: 하나님과 이웃을 사랑하며 사랑받고, 항상 정직하고 건강하며 올바른 생각과 감사하는 마음으로 꿈과 비전을 가진 가치 있는 인생을 살아가도록 돕겠다. 무엇보다도 내 소유가 아닌 청지기의 사명을 다하며 기도를 쉬지 않겠다.
4. 아들·사위·형제: 부모님 은혜를 알고 '넘치게, 아낌없이'를 원칙으로 용돈과 생활비를 드리고 성심껏 모시겠다. 형제들(그 자녀까지)과는 진실한 우애로 사심 없이 봉사하겠다.
5. 사장: 건실한 직업관으로 성과(직접, 가치, 인재)에 초점을 맞추고 직장이 선교의 현장이자 나눔과 인생의 학교가 되도록 최선을 다하겠다.
6. 친구·이웃·사회인: 선한 사마리아인처럼 주변을 돕고 건강, 교육, 환경 보호를 통해 아름다운 영향력을 증폭시키겠다.
7. 목자: 가정과 삶의 현장에서, 작은 목회자의 사명으로 영혼을 구원하여 제자 삼는 사역을 통해 목장 공동체를 섬기겠다.
8. 일터 사역자: CBMC, 일터, 킹덤컴퍼니를 통해 지상 사명을 완수하겠다.

03
Dream of Miracle Binder

꿈을 이루어 주는 사다리 전략 – 목표 세우기

장기목표 - 중기목표 - 단기목표

열정만 있고 전략이 없으면 타 죽고 만다. 가슴 뜨거운 꿈과 사명, 비전은 열정이다. 이제 이 열정의 뜨거움에 타 죽지 않고 성취할 냉철한 이마와 부지런한 손과 발이 필요하다. 꿈과 사명과 비전은 때로 너무 멀기 때문에 지치지 않을 중간 포인트가 필요하다.

볼링을 칠 때도 플로어의 중간에 표시된 기준 포인트를 볼링공이 통과하도록 투구했을 때 비로소 스트라이크가 나오는 것이다. 네비게이션도 최종 목표지점을 입력시키면 고속도로로 갈 것인지 일반국

도로 갈 것인지, 아니면 최단거리인지 추천도로로 갈 것인지를 선택하게 할 뿐 아니라, 선택 이후에도 수많은 중간 지점을 예고하고 안내해 준다. 장기목표, 중기목표, 단기목표가 그러한 사다리의 역할을 한다. 기업도 마찬가지이다. 경영목표를 달성하기 위해서 장기, 중기, 단기목표를 설정한다. 경영학에서도 목표의 중요성을 반영하기 위해 MBO management by objective 학습과정을 매우 중요시 여긴다.

일반적으로 한국인은 서구인에 비해 목표관리 능력이 현저히 부족하다. 프로세스를 지향하는 서구인에 비해 사람을 지향하는 국민성의 영향도 있지만 더 중요한 것은 목표관리에 대한 지식과 훈련을 받을 기회가 적었기 때문이다. 서구 선진국을 뛰어넘어 국민소득 3만 달러, 5만 달러로 나아가기 위해서는 반드시 습득해야 할 것이 목표관리 기술이다.

종이 위에서 성공한 3%

1979년 하버드 경영대학원 졸업생들에게 명확한 장래 목표를 설정하고 기록하여 그것을 위한 계획을 세웠는지 질문해 보았더니, 그들 중 3%만이 목표와 계획을 세웠다고 했다. 13%는 목표를 머릿속에만 가지고 있고 기록하지는 않았고, 나머지 84%는 구체적인 목표를 세우지 않았다. 10년 후에 그들을 대상으로 다시 조사했을 때, 목표는 있었으나 기록하지 않았던 13%의 사람들이 목표가 전혀 없었던 84%의 학생들보다 평균 2배의 수입을 올리고 있었다. 목표를 종이에 기록했던 3%는 나머지 97%에 비해 평균 10배가 넘는 수입을 올리고 있었다. 목표를 종이에 기록하면 목표 스스로가 목표를 이룰 힘을 가진다. 과언이 아니다. 시각화되어 눈으로 보이는 목표는 우리의 뇌에 작용하여 이미 상상이 아닌 현실의 세계로 구현되기 시작한다.

목표관리의 핵심은 종이 위에 쓰는 것이고, 종이에 적는다는 것은 늘 휴대하여 가지고 다니며 수시로 눈을 통해 뇌로 전달해서 우리의 손과 발을 목표지향적으로 움직이게 한다는 의미이다. 때문에 짐 캐리는 1,000만 달러라고 쓴 수표를 수첩에 넣고 다녔고 지갑을 열 때마다 수없이 쳐다보았기에 목표를 이룰 수 있었다. 필자도 알프스 산에서 스키를 타겠다는 것을 종이에 적었기에 뇌를 통해 입술을 움직이고 손과 발을 통해 결국 그 목표를 이룰 수 있었다.

목표 세우기의 원칙

미국의 하버드 대학교에는 낙제하면 1년간 정학을 시키는 제도가 있다. 낙제해서 정학을 받으면 1년간 대학 근처에 살아도 안 되고 집에 돌아가도 안 된다. 어디로 가라는 것인가? 제3의 지역에서 독립적으로 살면서 근신해야 한다. 몇 년 전 10명의 학생이 낙제를 했는데 그 중 9명이 한국계 학생이었다. 충격적인 것은 최근에도 이런 현상이 동일하게 일어난다고 한다. 한국 학생이 하버드 대학교에 들어가려면 미국 학생만큼 쉽지 않다. 하버드에서는 1년에 1,600명의 신입생을 뽑는데 고교 수석졸업자, SAT 고득점자, 학생회장, 스포츠 팀 주장 등 미국 내 내로라하는 수재들이 몰려들어 10:1이 넘는 경쟁을 벌인 끝에 입학한다. 미국에서도 '개교 이후 첫 하버드생' 또는 '10년 만에 나온 하버드생'이라고 할 정도로 쉽지 않다. 한국에서도 민사고, 과학고, 외국어고 등에서 상위 1%에 들어도 하버드 입학이 보장되는 것이 아닌데, 그 관문을 통과한 우수한 수재 중의 수재들이 낙제를 하다니 놀라운 일 아닌가?

대학당국이 상담을 목적으로 그 원인을 연구해 보니 공통점이 나왔다. 낙제한 학생들은 인생의 중·장기 목적과 목표가 없었다. 대부분의 미국 학생들은 대학 입학만이 목표가 아니라 대학에서 배우고 졸업한 이후 어떤 일을 하며 장차 사회에 공헌하고 봉사할 것이라는 중·장기 목표를 가지고 있다. 반면 낙제를 했던 학생들의 유일한 목표는 '세계 최고 대학 하버드에 합격'하는 것까지였다.

몇 년 전 고3 여학생이 수능 1교시를 망치자 옥상으로 올라가 투신자살을 했다. 너무도 안타깝지만, 이 여학생은 '수능을 잘 보는 것'까지가 목표였던 것 같다. 그해 초등학교 여학생이 자기 집 아파트 20층 옥상으로 올라가 투신자살을 했다. 집에서 속 한 번 썩이지 않았던 착실한 아이였고 전교 2·3등을 유지할 정도로 모범적인 학생이었다. 그런데 기말고사를 망친 것이 문제였다. 이 아이의 유일한 목표는 '기말고사 잘 보기'였던 것이다. 더욱 안타까운 것은 이렇게 투신하는 학생들이 매년 1,700명이 넘는다는 것이다.

인생의 중·장기 목표가 있어야 경쟁에서 패배하여 상처를 입더라도 다시 벌떡 일어나 뛰어갈 수 있다. 학창시절 100m 달리기를 할 때 중간에 넘어져 무릎이 깨지는 경우가 종종 있다. 피를 철철 흘리더라도, 다리를 절뚝거리며 울며 걷더라도 100m 결승선까지는 도달한다. 왜냐하면 목표가 있기 때문이다. 목적이 이끄는 힘이다.

목표를 세우기 전에 먼저 목표의 큰 그림과 위치를 이해해야 한다.

그림에서 보듯이 목표는 목적보다 하위개념이다. 무엇보다 장기목표 → 중기목표 → 단기목표 순서로 한 방향으로 정렬alignment하는 것이 중요하다.

목적에 해당하는 꿈·사명·비전은 앞에서 다루었고 이번에는 목표 중에 장기·중기 목표를 말하겠다. 필자의 바인더에는 누렇게 빛 바랜 종이 한 장이 꽂혀 있다. 인생을 바꾼 너무도 소중한 종이이기 때문에 20년 이상을 한결같이 가지고 다닌다.

1993년 9월 18일 필자가 대리 교육에 입소해 교육을 받던 중에 교육을 진행하는 교관이 평생계획을 짜 보라며 달랑 빈 종이 한 장을

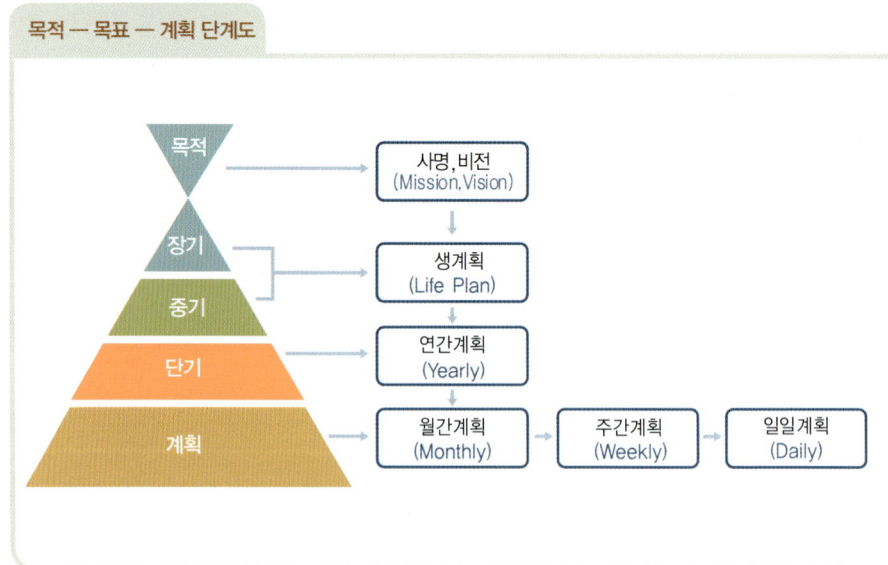

나누어 주었다. (교육 수료 1년 후인 1994년 10월 22일 그 교관은 필자의 아내가 되었다.) 특별한 양식이 주어진 것도 아니어서 연간계획 세우던 것을 응용해 양식을 만들었다. 세로축에는 35세, 40세, 50세, 60세, 70세까지 10년 단위로 자를 대고 선을 그었다. 가로축에는 목표 및 비전, 영적인 면, 회사(업무), 지적인 면, 성품계발, 가정으로 나누어 빈칸을 채워 나갔다. 그중 놀랍게 이루어진 목표 한두 가지만 소개한다.

35세가 되기 전에 '부서장 또는 본부장'이 되겠다는 목표를 종이에 적었다. 종이에 적으며 가볍게 손이 떨렸다. 본부장은 그 당시 경영자이며 CEO였다. 입사 동기가 352명인데 내가 과연 경영자가 될 수 있을까? 두려움과 망설임을 가슴이 먼저 알고 콩닥콩닥 뛰기 시작했다. 그러나 그냥 썼다. 될까 안 될까 하는 것은 나의 영역이 아니라 하늘의 영역이다. 그저 원하는 것을 썼다.

그런데 놀라운 일이 벌어졌다. 정확히 35세(1998년 1월)에 이랜드 그룹 푸마사업부 본부장에 취임한 것이다. 당시 동기들 중에 경영자가 된 사람은 2~3명 정도였던 것으로 기억된다. 특별한 장점도, 학벌도, 학점도 유리한 것이 없었다. 지금도 그 이유를 모르겠다. 다만 목표를 종이에 썼고 그것이 이루어진 것이다.

이제 여러분 차례이다. 사명은 방향이다. 평생계획은 사명을 이루기 위한 사다리이다. 10년 단위로 평생계획을 세워보자. 평생계획은 20대부터 90대까지 10년 단위인데, 이것이 장기·중기목표가 되는 것이다.

필자의 평생계획 작성 사례

⟨ Vision (My Life Plan) ⟩
업무·인격·신앙을 갖춘 명실공히 직장의 주역화

강규형

롬 15:14 ― 인격
           ― 지식
           ― 권하는자

NO.
DATE 93. 9. 18

연령/시기	목표 및 Vision	영성의 멋	일(업무) 최고(업무)	자기계발 지식인 멋	입출계발	가정(기타)
35세	- 내부에는 실무능력 향상 (부사장 or 부부장) - 균형있는 업체 - 사회참여에 본격참여 - 장기 안주 등 기능	- Basic 확립 (기도·말씀·교제·훈련) - 온가족 신급훈련	- MD 실무의 완벽 영업부 (영업·마케팅) - 지점 관리과장 - 학원 (윤리·운영) - 수준의 전문가	- 영어·회화·중국어 의사소통 - 주중회화상 (교류) - 독서생활 및 업무 - 영어·조화 등 공부	- 멤버쉽 : 순효 두레 - 경영 - 주역 - 증권정보, 재무관리 open mind	- 결혼 (동역자에게) - 가계 2 - 가정에 책임 - 가정경제 실력
40세	- 해외 지사장 근무 : 중국 or 미국 (배역내 리고) / 지점장 - 부사장	- 렘브란트에게 주옵 - 절제·균형 및 절제 - 다 문화전달 (MBA에 대한 공부)	- 해외 생활 (인맥화 통한 경력누수)로 경영관리에 배우다	- 수 중 - 시장 관찰 - 문학적 개발 - 인간관, 예술학 유학, 고전	- 상승 - 인간의 운동 흥분	- 자녀교육, 교통(소규모x) - 대세한 풍수
50세	- 회계분야의 (스페셜리스트) + 인심리 품안 - 시간 관리 (20년도 중도 중진)	- 상약 집중	- 사장 축보 - 대체형 지원 - 월세 훈련·배출	- 주제 부탁 - 상위자	- 상승 - 배수탑을 집어라	- 결혼 준비 - 재무
60세	- 상국립의 집역 (상+신+새내기움)	- 남경과탄 적정 상징지도 수용	- 경영 고문	- 라우임 or 가정 시간 배본	- 소유 (to Having Mode) → 안유 (to Being Mode) - 저항의 삶	
70세	- 대체지 재세적 중에 자유	- 기록 집필활동			- 각장 - 바래다	- 자서전에 대한 준비 (수독x)

평생계획 작성사례

LIFE PLAN

2004년 4월 14일 한○○

Vision	Mission	Strategy
▶삶의 모든 영역에서 하나님 사랑과 이웃 사랑을 실천하는 믿음의 딸 ▶주 너의 하나님을 사랑하라. 네 이웃을 네 몸과 같이 사랑하라.(마 22:37~39)	▶하나님 사랑하는 믿음의 딸 ▶사람들이 자신의 가치를 알며, 어떻게 살아야 하는지를 알도록 돕는 최고의 Self-Management 전문가 ▶깨어진 가정의 가치를 재창조하며, 회복하여 세우는 Home Counselor	▶평신도, 직장인, 사역자 ▶Self Management Program, Home Management Program 개발 및 운영 ▶그리스도 안에서 모델이 되는 가정

	20대 2004~2006년	30대 2007~2016년	40대 2017~2026년	50대 2027~2036년	60대 2037 이후~
일/직업	*Self Management 역할모델 되기(바인더 활용, 시간, 목표, 성과, 재정, 건강 외) *Self Management 강사 되기	*Self Management 최고의 강사 되기(사회에 선한 영향을 끼쳐 변화시킬 수 있는 전문가로 성장) *Self Management 후배 강사 양성	*Self Management & Home Management Company 설립 & 운영	*Seminar House 설립 & 운영	*Company와 Seminar House 고문으로서 후배 양성과 발전에 밑거름이 되는 역할로 헌신
자기계발	*지식습득 – 상식백과 *언어습득 – 영어 *필독서 연간 50권 이상, 콘셉트 정리 25권 *건강관리 – 수영	*상담학 관련 도서, 경영 도서 연 40권 이상 읽기 *상담대학원 진학 – 석사 & 박사학위 취득 *건강관리 – 테니스 *언어습득 – 일어 & 중국어	*독서 연 40권 이상 읽기 *가정을 축복하며 선한 영향력을 끼치는 책 발간 *신학공부 – 제자 양육 중심 *건강관리 – 골프	*우리 가정을 모델로 한 책 발간 *건강관리 – 등산(우리나라 유명 산 등산하기)	*성공한 여성으로서 후배들에게 주는 조언에 관련된 책 발간(자서전) *건강유지
가정	*결혼예비학교 수료 *예비된 가정 이루기 *감사 외 기쁨이 넘치는 가정문화 만들기 *우리 가정 LIFE PLAN 세우기 *가족구원	*자녀 2~3명 – 하나님을 사랑하고 부모를 존중하는 아이로 성장하도록 돕기 *가정예배 드리기 *아버지 & 어머니학교 수료 *선교여행 – 연 1회	*선교여행 – 연 1회 *세계여행 – 연 1회 *가정 세우기 – 연 1가정 *자녀양육 – 사람을 돕는 자녀로 성장하도록 돕기	*선교여행 – 연 1회 *세계여행 – 연 1회 *자녀결혼 – 준비 & 축복	*자녀들이 주님의 도구로 쓰임 받기 합당한 자들로서도록 기도로 후원 *손주에게 사랑을 쏟고 존경받는 조부모 *모델이 되는 고부관계 *멋스러운 노년 보내기
사회적	*돕는 사람 10명 만들기 (Self Management 또는 counselor로서) *인맥관리방법 세우고 실천하기(기념일, 편지, 선물 외)	*돕는 사람 100명 만들기 (Self Management 또는 counselor로서) *인맥관리 – 바인더를 통해 인맥관리 철저히 하기	*인맥관리 – 사람들을 돕는 데 사용(연결고리) *사회환원 – 10% 이상	*인맥관리지도 만들기 *사회환원 – 20~30% 이상(하나님 나라확장)	*사회환원 – 40% 이상 (하나님 나라확장)
신앙/사회봉사	*결혼 전까지 청년부 열심으로 섬기기(임원&리더) *베이직 라이프 충실하기 – 성경일독(연 1회), 매일 큐티, 새벽기도(주 2회 이상), 전도	*베이직 라이프 충실하기 – 성경일독(연 1회), 매일 큐티, 새벽기도(주 3회 이상), 전도(연 1명씩 – 거듭난 삶을 살아가도록) *선교사님 후원(2명)	*베이직 라이프 충실하기 – 성경일독(연 1회), 매일 큐티, 새벽기도(주 3회 이상), 전도(연 2명씩 – 거듭난 삶을 살아가도록) *선교사님 후원(10명)	*베이직 라이프 충실하기 – 성경일독(연 1회), 매일 큐티, 새벽기도(주 3회 이상), 전도(연 3명씩 – 거듭난 삶) *가족이 참석할 수 있는 Mission Conference (연 1회)	*큐티노트 책으로 만들어 자녀들에게 물려주기 *뜻을 함께하는 가정과 함께 봉사와 섬김의 공동체에서 사역

목표관리의
역방향 스케줄링

어느 95세 할아버지의 회고

나는 젊었을 때 정말 열심히 일했습니다.
그 결과 나는 실력을 인정받았고 존경받았습니다.
그 덕에 65세 때 당당한 은퇴를 할 수 있었죠.
그런 내가 30년 후인 95살 생일 때
얼마나 후회의 눈물을 흘렸는지 모릅니다.

내 65년의 생애는 자랑스럽고 떳떳했지만,
이후 30년의 삶은 부끄럽고 후회되고 비통한 삶이었습니다.

나는 퇴직 후 "이제 다 살았다,
남은 인생은 그냥 덤"이라는 생각으로
그저 고통 없이 죽기만을 기다렸습니다.
덧없고 희망이 없는 삶
그런 삶을 무려 30년이나 살았습니다.

30년의 시간은
지금 내 나이 95세로 보면
3분의 1에 해당하는 기나긴 시간입니다.

만일 내가 퇴직할 때
앞으로 30년을 더 살 수 있다고 생각했다면
난 정말 그렇게 살지는 않았을 것입니다.

그때 나 스스로가 늙었다고,
뭔가를 시작하기엔 늦었다고
생각했던 것이 큰 잘못이었습니다.

나는 지금 95살이지만 정신이 또렷합니다.
앞으로 10년, 20년을 더 살지 모릅니다.

이제 나는 하고 싶었던 어학공부를
시작하려 합니다.
그 이유는 단 한 가지
10년 후 맞이하게 될 105번째 생일 날
95살 때 왜 아무것도 시작하지 않았는지
후회하지 않기 위해서입니다.

『시작하라 그들처럼』(서광원, 흐름출판) 중에서

 습관성 지각, 가난, 성인병, 알코올중독, 마약중독, 스크린중독(게임, 스마트 폰, 음란물), 학습부진 등의 공통점은 무엇일까? 얼핏 관계가 없어 보이지만 공통점이 있다. 미래는 안중에도 없이 현재를 그냥 살아간다는 것이다. 그러다 대책 없는 미래를 만나면 당황하며 후회한다. 장기전망은 없고 단기전망만 가지고 있다. 어렵게 막노동을 해도 일 끝나기가 무섭게 술을 먹는다. 10년 후 건강을 생각지도 않고 정크푸드 등 나쁜 음식을 먹는다. 당장의 만족을 위해 게임에 몰두한다.

영국의 귀족이나 명문 가문들은 자녀나 손자가 태어나면 즉시 캠브리지대학, 옥스포드대학 등 명문 대학에 미리 입학을 예약한다고 한다. 성공하는 사람들은 대개 역산 스케줄링이 습관화되어 있다. 앞에서도 이야기했듯이 미래를 기준으로 장기목표, 중기목표, 단기목표 순서로 역산하여 정렬하는 것이다.

약속을 잘 지키는 사람은 예외 없이 약속 10분 전을 목표로 역산한다. 가난한 사람은 먼저 쓰고 남은 돈을 저축하지만 부자들은 먼저 저축, 투자하고 남은 돈을 쓴다. 성인병 환자들은 몸을 망치고 돈을 벌어서 병원에 갖다 준다. 건강한 사람들은 미리 운동과 건강관리로 질병을 예방하여 행복한 노후를 보낸다.

판매에 어려움을 겪는 상품은 원가+판관비+마진=판매가로 결정하지만 잘 팔리는 상품은 먼저 소비자가 원하는 판매가를 정하고 원가와 판관비를 역산해서 맞추어 낸다. 납기도 동일하다.

회사 경영의 경우에도 매출을 먼저 정하는 것보다 이익을 먼저 정하는 것은 수준과 차원이 다르다. 이렇듯 작은 약속에서부터 인생 전반과 회사 경영에 이르기까지 역방향 스케줄링은 매우 중요한 성공 습관이다.

04
Dream of Miracle Binder

1년 동안 성공하는 습관 –
연간계획, 월간계획

연간계획, 단기목표를
세우는 과정

1년 계획 또는 연간계획은 단기목표를 세우는 과정이다. 필자는 1992년도부터 지금까지 매년 연간계획을 세우고 있다. 처음에는 나열식으로 서술하다가 점차 양식을 개발하기 시작했고 몇 년 전부터는 마인드맵을 활용하기도 한다. 어떤 형식이든 관계없다. 본인에게 익숙하고 편리한 양식을 선택하면 된다. 그러나 최소한의 원칙을 알면 훨씬 도움이 된다.

일반적으로 연말이나 연초에 계획을 세우는데 막연히 머릿속으로

만 세우고 종이에 쓰지 않는 경우가 많다. 그런 경우 이루어질 확률이 희박하다. 연간계획 역시 핵심은 반드시 종이에 적어야 한다는 것이다. 필자는 가족끼리 조용한 펜션이나 기도원에 가서 한 해를 평가하고, 새해 계획을 세운다. 부서나 회사 단위로는 반드시 연간계획을 세우기 위해 1박 2일 MT를 떠난다. 한나절은 회사의 1년간 업무 목표를 평가하고 신년 목표를 수립하고 발표하여 목표를 공유한다. 또 한나절은 부서 단위, 팀 단위로 개인 목표를 평가하고 신년 목표를 세우고 발표하는 시간을 갖는다. 그리고 이 방식을 거래처나 고객 등 주변에 알려 주고 전파해 왔다.

하프 타임

출처:『해럴드 경제』(2009. 12. 8)

그러나 목표를 세우는 작업은 그리 쉽지만은 않다. 때문에 성공한 사람은 늘 3%이다. 그래서 계획을 세우기 위한 '하프타임'을 갖기를 권한다. 우리 국민들이 열광하는 축구에는 전반전과 후반전 사이에 하프타임이 있다. 하프타임은 단지 쉬는 시간이 아니다. 후반전을 이기기 위한 작전타임이다.

잠시 다음 글을 읽어 보자.

당신은 인생 전반전에 어떤 능력과 열정을 발휘하며 살았습니까?
성공한 편입니까? 실패한 편입니까?
한때 실패했어도 만회할 기회는 있습니다.
전반전에 히딩크 감독의 별명은 '오대빵(5:0)'이었습니다.
그러나 후반전에는 대한민국의 영웅이 되었습니다.
게임의 승패는 후반전에 결정됩니다.
그런데 전반전과 후반전 사이에는 하프타임이 있습니다.
하프타임은 단지 쉬는 시간이 아닙니다.
후반전을 위한 작전타임입니다.
인생의 목표와 전략을 새롭게 짜게 하는 강력한 도전!
여러분 마음 깊은 곳에서 울리는 호루라기 소리를 듣고 멈추십시오.
지금 여러분에게는 작전타임이 필요합니다.
후반전의 목표는 무엇입니까?

　　인생 전체를 보더라도 하프타임이 필요하다. 1년 중에도 반기 정도에 상반기를 평가하고 하반기 목표를 수정하는 하프타임 MT를 가져도 좋다. 하루 중에도 점심식사 후 조용한 방이나 찻집을 찾아 목표를 점검하는 하프타임을 가질 것을 권한다. 너무 지쳤는가, 몸과 마음이 만신창이가 되지는 않았는가 반문해 본다. 그때 더 잘하려고 애쓰지 말고 일단 마음속의 호루라기 소리를 듣고 멈추는 것이 중요하다. 나만이 아는 비밀장소로 가라. 목표를 확인하고 재점검하라! 전반전에서 졌어도 상관없다. 전반전을 바보처럼 살았어도 괜찮다. 후반전의 역전 가능성이 있기 때문이다. 내밀한 마음의 공간을 찾아서 지금 떠나라!

연간목표 세우기 노하우 1 -
가로전략

연간목표는 OAT방식으로 세우는 것이 바람직하다. 목표, 실천내용, 시간계획, 평가까지 구체화되기 때문에 세우기 쉽고 달성하기도 쉽다. 특별한 양식 없이 어떤 계획을 세우더라도 OAT방식은 매우 유용하니 활용하기 바란다.

OAT 가로영역

영역	Objective(목표)	Activities(실천내용)	Time Schedule(시간계획)	평가
내용	단위기간 내에 도달하고자 하는 상태	목표를 이루기 위한 실행계획 및 활동들	활동을 시간에 배치	
예 1	연말까지 TOEIC 850점	1. OO영어학원 등록 2. △△영어 테이프 2회 청취 3. 모의시험 4회	새벽 6:30~7:30 등·하교 시 전철 1월, 4월, 7월, 9월 셋째 주	
예 2	유럽 8개국 배낭여행 가기	1. 경비 500만 원 모으기 위한 아르바이트 2. 8개국 관련 서적 최소 2권씩 16권 읽고 리포트 정리하기 3. 팀 구성 및 스터디 그룹 운영	1월부터 6월까지 6개월 매월 2권 * 8개월 2월까지 팀 구성 격주로 스터디 그룹 운영	

목표는 기간 내에 도달하고자 하는 결과치를 말한다. 숫자로 표현하는 '정량적 목표'가 있고 숫자로 표현하기 어려운 '정성적 목표'가 있다. 좋은 목표는 스마트smart한 목표이다.

- Specific: 구체적이어야 한다. 추상적이거나 실제적이지 않은 목표는 좋지 않다.
- Measurable: 달성도를 측정할 수 있으면 좋다. 목표를 수치화하면 좋다.
- Achievable: 실현 가능해야 한다. 지나치게 어렵거나 쉬워도 좋지 않다.
- Result-Oriented: 과정보다는 결과 지향적으로 표현하는 것이 좋다.
- Time-Bounded 또는 Time-Scheduled: 마감일을 정하거나 시간배치를 한다.

연간목표 세우기 노하우 2 -
세로전략

한국 여학생이 영국 대입자격고사에서 A를 6개나 받고도 영국 명문대인 케임브리지에 지원했다가 불합격 통보를 받았다. 학생과 학부모가 따지기 위해 학교를 방문했다. 그러나 학교측의 대답은 의외였다. "우리 학교는 오로지 시험만 잘 본 학생을 원치 않습니다. 다른 사람을 위한 봉사 경력도 없고, 조직을 이끈 리더십 경험도 없고, 운동이나 악기를 잘 다루는 특기도 없고……, 학생은 오직 자기 자신만을 위해 공부만 했습니다."

몇 년 전 코카콜라의 회장 대프트 Douglas Daft가 전 세계 직원들에게 신년 메시지를 보냈는데 우리의 삶을 저글링 게임 juggling game에 비유했다. 저글링은 서커스에서 여러 개의 공을 돌려 차례차례 받아내는 것을 반복하는 묘기이다. 그는 유독 '일'이라는 공은 고무공이고, 나머지는 유리공에 비유한다. '일'이라는 공은 받지 못하고 떨어진다 해도 다시 튀어 오르지만 건강, 가족, 친구, 자기 자신은 유리공이라서 떨어뜨리면 긁히고 깨져 다시는 전과 같이 될 수 없다. 균형을 유지하는 것이 결국 성공적인 삶을 사는 것이라는 교훈이다.

필자가 코카콜라라는 거대 다국적기업의 회장이라면 직원들에게 결코 그런 글을 쓰지는 않았을 것 같다. 경영 실적과 그에 따른 주가의 등락에 따라 자리가 왔다 갔다 하는 CEO가 '일만 죽어라고 해라'라고 해도 모자랄 판인데, 일보다는 건강과 가족 등을 챙기라고 주문하니 말이다. 그러나 다시 한 번 생각하면 그는 정말 지혜로운 사람이다. 우리가 늘 경험하듯이 건강이나 가정에 문제가 생기면 일에도 당연히 차질이 생기기 때문이다. 그래서 목표와 계획을 세울 때에는 일과 직업에 관한 목표만 세우는 것이 아니라 건강, 가정, 자기계발의 영역에서도 목표를 세워 실천하려고 노력해야 한다. 이것이 OAT의 세로영역이다.

OAT 세로영역

영역	목표	실천내용	시간계획
일 · 직업 / 학업			
자기계발			
가정 · 인간관계			
신체 · 건강			
사회봉사			

연간계획을 세우라고 하면 공부나 업무 목표 정도는 머릿속으로 세운다. 그러나 동일하게 중요한 여타의 영역도 균형 있게 목표를 세우고 종이에 기록해야 한다.

① 일·직업(공부·학업): 업무(학업) 목표, 매출, 수익, 서비스, 급여, 연봉, 승진 등
② 자기계발: 독서, 학습, 어학, 스포츠, 취미활동, 여행 등
③ 가정·재정·인간관계: 배우자, 자녀, 저축, 투자, 보험, 친구, 이성교제 등
④ 신체·건강: 운동, 생활습관, 수영, 식사, 술, 담배, 건강(체중, 혈압)
⑤ 신앙·사회봉사: 종교생활, 자원봉사, 사회참여, 후원 등

저글링 게임

삶이란 공중에서 다섯 개의 공을 돌리는 저글링 게임입니다. 각 다섯 개의 공에 일, 가족, 건강, 친구, 자기 자신(영혼)이라고 붙여 봅시다. 조만간 일이라는 공은 고무공이라서 떨어뜨리더라도 바로 튀어 오른다는 것을 알게 됩니다. 그러나 다른 네 개의 공은 유리공이라서 하나라도 떨어뜨리면 닳고 긁히고 깨져 다시는 전과 같이 될 수 없습니다. 중요한 것은 다섯 개의 공의 균형을 어떻게 유지하느냐 하는 것입니다. 우선 자신을 다른 사람과 비교·평가하지 마십시오. 우리들은 각자 다르고 특별한 존재입니다. 인생의 목표를 다른 사람들이 중요하다고 생각하는 것들에 두지 말고 '나'에게 가장 최선인 것에 두십시오.

가까이 있는 것들을 당연하다고 생각하지 마십시오. 당신의 삶처럼 그것들에 충실하십시오. 그것들이 없는 삶은 무의미합니다.

과거나 미래에 집착해 삶이 손가락 사이로 빠져나가게 하지 마십시오. 당신의 삶이 하루에 한 번인 것처럼 삶으로써 인생의 모든 날들을 살게 되는 것입니다.

아직 줄 수 있는 것들이 남아 있다면 결코 포기하지 마십시오.

노력을 인정하기를 두려워 마십시오. 우리를 구속하는 것은 바로 이 덧없는 두려움입니다.

위험에 부딪히기를 두려워 마십시오.

찾을 수 없다고 말함으로써 인생에서 사랑의 문을 닫지 마세요. 사랑을 얻는 가장 빠른 길은 주는 것이고, 사랑을 유지하는 최선의 길은 그 사랑에 날개를 달아주는 일입니다.

지금 어디에 있는지 어디를 향해 가고 있는지도 모를 정도로 바쁘게 살지는 마십시오.

인생은 경주가 아니라 한 걸음 한 걸음 음미하는 여행입니다.

어제는 역사이고 내일은 미스터리이며 오늘은 선물입니다.

그렇기에 우리는 현재present를 선물present이라고 부르는 것입니다.

- 코카콜라 회장 더글라스 대프트의 신년 메시지 중에서

마인드맵으로 그린 필자의 연간계획 작성사례

연간계획 작성사례

20○○ YEARLY PLAN

20○○년 ○월 ○일

Business	Private	Key Words
▶회사 업무의 경영, 재고, 자료 등등 습득 (이사님 업무 위임) ▶홈페이지 관리 능력, 성과 능력 개발 습득 ▶바인더에 대한 애정과 열정을 품고 소개하는 삶	▶성장을 위한 투자(책 사기, 세미나 듣기) ▶질병 치료, 체력 키우기 ▶결혼을 위한 준비(마음, 경제)	우리가 다 하나님의 아들을 믿는 것과 아는 일에 하나가 되어 온전한 사람을 이루어 그리스도의 장성한 분량이 충만한 데까지 이르리니(엡 4:13)

	Objective (목표)	Activities (실천내용)	Time Schedule (시간계획)	Evaluation (평가)
일/직업	*매뉴얼 2개 만들기 *홈페이지 관리능력 습득 *성과 능력 개발 *업무 관련 office, 일러스트 습득 *경영학 개론(마케팅) 배우기 *바인더 1,000권 판매	*주간 · 월간 매출, 전화상담 *홈페이지 관련 서적 5권 읽기, 요약 *목표달성, 성과 피드백 *엑셀, 파워포인트, 일러스트 공부 *경영학 개론 5권 읽기(마케팅 강의) *주위 사람들 소개, 마케팅	*틈틈이 *매주 월 · 목요일 저녁 *매월, 매주 *매주 목요일 저녁 동영상 강의 *매주 수 · 토요일 저녁 *틈틈이	
자기계발	*독서 50권 *스피치 능력 키우기 *바인더 내용 90% 이상 채우기 *생활영어 기초 세우기	*매주 1권(필독서, 사장님 추천도서) *크리스토퍼 강의 듣기 *월간, 주간, 꼼꼼히 기록하기 *생활영어 테이프, MP3 듣기	*지하철 안에서 *2/4분기에 강의듣기(4월) *매주일 저녁 10시, 퇴근 전 *버스 안 운전, 도보 시	
가정	*듬직한 아들 *결혼준비 *나누어 주는 삶 *재정관리 *검소한 삶	*말씀 순종, 청소 *기도목록 작성, 관련 책 5권 읽기 *선교, 구제(수입의 5%) *가계부 작성 *도시락, 자전거, 수입의 50% 저축	*매주 2회 이상 *틈틈이 *매월 15일 *매주 3회 *매일(출퇴근), 매월 15일	
사회적	*아침형 인간 되기 *인후염 치료, 비염 치료 *60kg 만들기 *체력 키우기	*취침 11시, 기상 6시 *생강차 복용, 스키리쿤 사용 *식사 거르지 않기, 조금 더 먹기 *조깅, 사이클	*매일 아침 *틈틈이 *매 식사마다 *매주 밤 4회 이상	
신앙/ 사회봉사	*Basic Life 충실하기 *섬김의 삶	*성경읽기 1독 *QT *기도 *고등부 교사 *J-CORE	*매일 8:30~8:50 *매일 8:00~8:30 *매일 22:30~23:00 *매주 주일 *매주 금요일 20:00~22:00	

월간목표 세우기
노하우

연초에 목표를 세워 발표하고 그 이후는 목표와 관계없는 삶을 사는 경우가 많다. 연간목표는 연초행사나 공식행위로 전락하고 만다. 이제 그 단계를 벗어나 선진국 사람들이 일하는 방식을 배워야 한다. 사명과 비전이 평생목표(장기·중기목표), 연간목표까지 한 방향으로 정렬되어야 하고 연간목표는 다시 월간목표에 분할되어 전달되어야 한다. 큰 고래를 먹는 방법이 무엇일까? 의외로 간단하다. 구워 먹든 삶아 먹든 관계없이 잘게 조각을 내야 한다. 연간 50권의 책을 읽기로 했다면 월 4~5권으로 목표를 나누어 적고 다시 주간계획상에 1권이라는 분할된 더 작은 목표를 할당하면 된다. 이것이 글로벌 스탠더드이다. 분명 쉽지 않지만 선진국이 되고 프로가 되기 위해서는 반드시 훈련하고 습득해야 할 전략이자 노하우이다. 이런 목표관리를 학생 때부터 의도적으로 훈련한다면 장차 직장과 사회, 어느 곳에서나 환영받는 인재가 될 것이다.

필자가 만든 월간계획표는 다른 점이 몇 가지 있다. 아래 그림을 참고하면서 살펴보자.

① Don't forget: 이번 달에 반드시 잊지 말아야 할 일을 적는다. 예를 들면 여권 갱신, 예비군 훈련, 반드시 챙겨야 할 생일, 결혼을 한 사람은 '아내의 생일'을 반드시 적어 둔다.
  * ①번 칸 위쪽의 'MONTH' 앞에는 해당 월의 숫자를 기입한다.

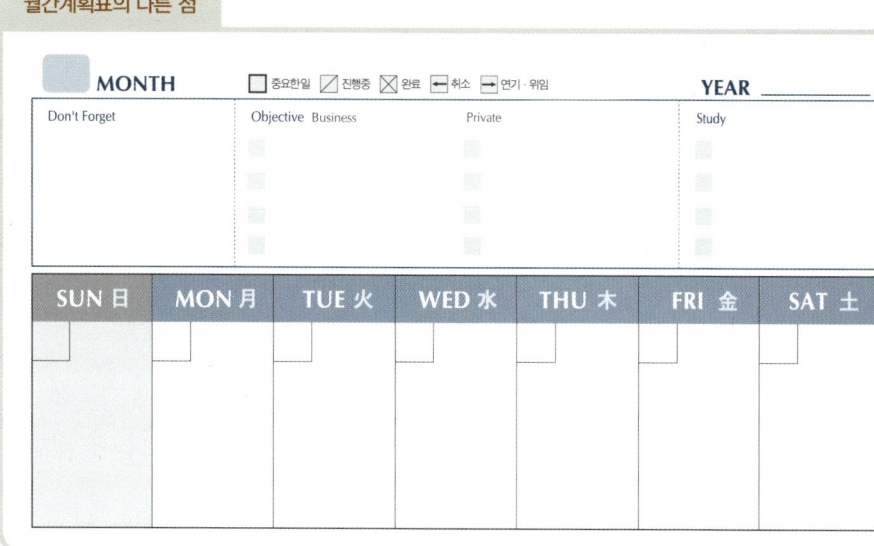

② Objective Business: 일에 관한 목표를 되도록 3~4가지 정도 쓴다.

③ Objective Private: 개인적인 목표를 3~4가지 넘지 않게 쓴다.

④ Study: 개인공부나 자기계발 목표를 적는다. 예를 들어 책 5권 읽기나 시간관리 세미나 참석하기, 중국어 학원 다니기 등. 이 칸이 비어 있으면 나의 머리도 비어 간다고 생각하여 '거룩한 부담'을 갖고 채우도록 노력하자.

  * ④번 칸 위쪽의 'YEAR' 뒤에는 해당 연도를 기입한다.

⑤ 나머지 달력 칸에는 일반 수첩과 동일하게 각종 행사나 미팅, 약속, 계획 등을 자유롭게 쓴다.

이러한 목표들에는 우선순위와 진행과정을 다음의 요령으로 표시하면 일목요연해진다.

① 우선순위 표시법: 우선순위가 A급일 경우 ■ 위에 테두리를 ▣ 와 같이 표시한다. 20년 경험상 심플하고 단순한 것이 가장 효과적이었다. 문자보다 그림은 100배의 기억효과가 있을 뿐 아니라 눈에 확 띈다.
② feed-back: B급 목표였든 A급 목표였든 피드백은 아주 강력한 일 처리 노하우이다. 20년 사용 노하우니 의심하지 말고 활용하라. 성공과 승리는 디테일에서 판가름이 난다.

5 May 2013

필자의 월간계획표

Don't Forget
* 페스티발 준비
  └ 총장님 축사

Objective Business
- ☒ 3P pro 43기 (8h)
- ☒ 조선大, 고신大 수업
- ☒ KMA change-up (8h)
- / KMA 강사인증 과정

Private
- ☒ 나비 독서 M.T (단무지)
- ← 목자 수련회
- ☒ 개업식 (신선영 내과)

Study
- / 독서 10권
- ☒ 강사인증 세미나

SUN 日	MON 月	TUE 火	WED 水	THU 木	FRI 金	SAT 土
			1 근로자의 날 조선大 수업 A·B·C 반 (독서) 나주 북초등학교	**2** 아주대 대학원 특강 (2h)	**3** KMA 강사인증 16~20시 김영원 교수님	**4** 강사인증 특강 KMA 인증 09~19시 손수홍 대표님 (나비 초청)
			신선영 내과 진료	목장 / 이발		
5 어린이날, 입하	**6**	**7**	**8** 어버이날	**9**	**10** 4.1	**11** KMA 체인지업 (8h)
	영타<축구> 인터뷰	한성역 시장님 따주·소개	엔허스 m/t			독서8권 나비
운동용품(9웨진)C └ 土	장면님·취남목사 (청계산 온데)		父: 휴식 청계산	목장		신선영 내과 개업 (타분)
12	**13** BMRT	**14** 아주대 대학원 이랜드 명단 (spirit)	**15** 스승의 날 KMA 로찬 조선大 분무장님	**16**	**17** 석탄일 ← 단무지 독서 M.T (양근·교마요연수원) 이대리 목사님	**18**
교보문고			CHMC 대학원	목장 / 교정	← 목자 수련회	
19 →	**20** 성년의 날 가르친	**21** 소만 KMA 장학생 특강 (2h)	**22** 고신大 수업 14~16, 190名 이(영문 처장님) (식사) 고신大 나비 (회식)	**23** 고신大 페스티반 벽점고 400名 └ 강사10名 목장	**24** 4.15 장책호 교수님 (연세大)	**25** Pro 43기 (8h) 독서모임 나비
26	**27**	**28** 나주 북초등학교 · 조선大 회식	**29** 조선大 페스티반	**30** 스타리치 m/t	**31** 전북大 특강 150名	
총목자 목녀모임				목장	가족여행 →	

chapter 3

하버드를 뛰어넘는
시간
관리

．．．．．．．．

하버드 수재들의 시간관리법
피터 드러커의 충고 – 시간을 기록하라
아이젠하워의 원리 – 우선순위
하루를 이틀처럼 – 숨겨진 플러스 3시간
주간계획표 – 그 디테일의 힘
시간관리 습관 만들기 – 매일, 주말, 휴일
3%의 습관

성과를 지배하는 바인더의 힘

01
Dream of Miracle Binder

하버드 수재들의
시간관리법

시간관리의
중요성

하버드 교육대학원 리처드 라이트 Richard Wright 교수는 『하버드 수재 1,600명의 공부법 Making the most of college: students speak their minds』에서 성공적인 대학생활을 한 하버드생의 핵심 노하우를 아래와 같이 열거했다.

① 시간관리를 철저히 하라.
② 교수와 친해져라.
③ 다양한 강의를 골고루 들어라.

④ 과제물과 시험이 많은 강의를 택하라.
⑤ 스터디 그룹을 짜라.
⑥ 글쓰기에 주력하라.
⑦ 외국어를 공부하라.
⑧ 공부와는 무관한 과외활동에 몰두하라.
⑨ 문제가 생기면 말하라.

9가지 권면 중에 가장 중요한 것은 역시 '시간관리'였다. 라이트는 '시간관리를 철저히 하라'는 항목에서 다음과 같이 이야기한다.

공부도 잘하고 과외활동도 열심히 하는 등 모든 면에서 성공적인 학생과 그렇지 못한 학생을 두 그룹으로 나누어 조사했다. 가장 큰 차이는 시간관리 능력의 차이였다. 성취도가 높은 학생일수록 대화할 때 '시간'이라는 단어를 자주 쓴다. 그렇지 못한 학생들은 아예 시간 개념이 없다. 공부 방법보다 더 시급하게 익혀야 할 것은 효과적인 시간관리법이다.
고등학교 시절의 시간 감각으로 공부하면 실패할 수밖에 없다. 자투리 시간을 긁어 모아 공부하겠다는 알뜰한 전략도 좋은 전략은 아니다. 아무에게도 방해받지 않는 몇 시간을 통째로 확보하는 것이 효율적인 공부의 첫걸음이다. 먼저 자신이 1주일 단위로 시간을 어떻게 사용하는지 분석해 본 후 개선방안을 찾아라.

시간관리법을 습득하지 못하고 대학을 졸업하면 심각한 문제가 야

> **인사담당자 99% 면접 때 지각하면 탈락**
>
> 대졸 구직자인 김 모씨(28)는 갑작스런 교통 정체 때문에 면접시간에 지각을 했다. 김씨는 면접관에게 어쩔 수 없는 교통 상황을 얘기하면 될 것으로 생각했지만 면접 결과는 탈락이었다.
>
> 기업 인사담당자들은 제 시간에 면접장소에 나타나는 등 최소한의 에티켓을 중시하고 있으며 이에 어긋나면 대부분 탈락시킨 것으로 나타났다. 취업포털 커리어에 따르면 5일 인사담당자 265명에게 '지원자의 면접 에티켓이 탈락에 영향을 미치는가'를 설문
>
> **감점 요인 되는 면접 에티켓**
> - 면접시간에 지각
> - 연봉 등 조건에 큰 관심
> - 단정하지 못한 옷차림
> - 심각하고 어두운 표정
> - 답변보다 더 많은 질문
>
> 조사한 결과 98.9%가 '그렇다'고 답했다. 특히 이들 중 80.9%는 면접 에티켓이 좋지 않은 지원자를 불합격시켰다고 말했다.
>
> 인사담당자들이 가장 큰 감점 요인으로 꼽은 행동(복수응답)은 '면접시간 지각'(55.7%)이었
>
> 다. 이어 '연봉 등 조건에 관심을 더 보임'(53.4%), '단정하지 못한 옷차림'(50.4%), '심각하고 어두운 표정으로 일관'(38.9%), '답변보다 더 많은 질문'(26.0%) 등 순이었다.
>
> 전체 면접 점수를 100점이라고 할 때 에티켓 비중은 평균 47.7점으로 집계됐다. 에티켓을 평가에 반영하는 이유에 대해서는 '에티켓은 사회생활의 기본이기 때문'(51.4%), '업무능력보다 성격·인성이 더 중요하기 때문'(44.3%)이라고 답했다. 김병호기자
>
> 출처: 『매일경제신문』(2007. 12. 6)

기된다. 일을 잘한다는 말은 제시간에 주어진 일을 해낸다는 의미인데, 갓 대학을 졸업한 신입사원들은 시간관리 능력이 현저히 떨어지는 것이 현실이다. 아예 시간 개념조차 없는 경우도 허다하다. 때문에 2~3년 정도를 재교육시켜야 비로소 자기 역할을 간신히 수행할 수 있게 된다.

크로노스의 시간
카이로스의 시간

세계 제2의 부자이자 투자의 귀재인 워런 버핏과 점심식사를 하는 경매가 수년째 이어지고 있다. 경매에 낙찰되면 뉴욕 맨해튼 49번가 스미스 & 워런스키 식당에서 자신과 친구 7명을 초대할 수 있는 권한이 주어진다. 매년 낙찰되는 금액에 세계의 관심이 모아지는데,

2006년에는 65만 달러에 낙찰되었다. 우리 돈 5억 원이 넘는 돈이다. 당신은 점심식사 한 끼를 워런 버핏과 먹자고 두어 시간에 5억 원을 지불할 용의가 있는가?

헬라어로 시간을 의미하는 두 개의 단어가 있다. 크로노스^{chromos}는 1시, 2시, 3시⋯⋯, 10월, 11월, 12월⋯⋯, 겨울이 가면 봄이 오듯이 자연스러운 시간의 흐름을 의미한다. 달력이나 시계로 잴 수 있는 개념이다. 반면 카이로스^{kairos}는 어느 특정한 시기, 기회나 위기, 오늘을 어제의 연속이라고 생각하지 않고 특정한 의미나 우선순위를 부여한 시간을 의미한다.

> **파블로 피카소의 시간**
>
> 아름다운 한 여인이 파리의 카페에 앉아 있는 파블로 피카소에게 다가와 자신을 그려 달라고 부탁했다. 물론 적절한 대가를 치르겠다고 말했다. 피카소는 몇 분 만에 여인의 모습을 스케치해 주었다. 그리고 50만 프랑(약 8,000만 원)을 요구했다. 여자는 놀라서 항의했다.
> "아니, 선생님은 그림을 그리는 데 불과 몇 분밖에 걸리지 않았잖아요?"
> 그러자 피카소가 대답했다.
> "천만에요. 나는 당신을 그리는 데 40년이 걸렸습니다."

여인은 크로노스를 이야기하고, 피카소는 카이로스를 주장한다. 단 몇 분만에 스케치를 하기 위해 40년간 찢어낸 화폭의 종이 무게와 처절했던 시간의 무게를 여인은 짐작조차 하지 못할 것이다.

제3장에서 제공되는 주간계획표는 필자 나름대로 20여 년의 시행

착오를 거쳐 현장에서 철저히 사용해 보고 성과와 결과를 만들었던 강력한 도구이다.

하루 86,400초가 입금되는 통장

매일 아침 당신에게 86,400원을 입금해 주는 은행이 있다고 상상해 보자. 그 계좌는 당일이 지나면 잔액이 남지 않는다. 매일 저녁 그 계좌에서 쓰지 못한 잔액은 그냥 없어진다. 물론 찾아서 모아둘 수도 없다. 당신이라면 어떻게 하겠는가? 당연히 그날 모두 인출해서 사용할 것이다.

신이 우리에게 준 시간은 마치 위의 은행과 같다. 매일 아침 눈을 뜨면 우리는 86,400초를 받는다. 매일 밤 우리가 좋은 목적으로 사용하지 못하고 버려진 시간은 그냥 없어진다.

잔액은 없다. 더 많이 사용할 수도 없고, 내일을 위해 아껴 둘 수도 없다.

> **유식한 할아버지**
>
> 어느 시골 한적한 집 쪽문에 '多不有時(다불유시)'라고 적혀 있었다. 지나가던 도사가 '시간은 있지만 많지 않다는 뜻'으로 해석하고 "누가 이렇게 심오한 뜻을 문에 적어 놨을까? 분명 학식이 풍부하고 인격이 고매하신 분일 거야!" 하며 문을 두드렸다. 잠시 후 러닝셔츠 차림의 할아버지가 나왔다.

> "할아버지, 이 한자성어를 적으신 분을 뵈러 왔습니다."
> "내가 썼는데 왜 그러시나?"
> "그러시군요. 이 글의 뜻이 무엇입니까?"
> 그러자 할아버지가 퉁명스럽게 말했다.
> "아! 이거? 다블유시^{WC}야. 변소도 모르시나?"

시간은 누구에게나 공평하다. 하루 1,440분, 86,400초는 남녀노소, 부자이든 가난한 사람이든 누구에게나 동일하게 주어졌다. '多不有時'가 정답이다. 매일 아침 눈만 뜬다면 우리는 86,400초를 부여받지만 낭비할 만큼 충분한 시간 또한 아님을 잘 알고 있다.

02
Dream of Miracle Binder

피터 드러커의 충고 –
시간을 기록하라

**너의 시간을
알라**

서점에 가 보면 시간관리에 대한 책은 수백, 수천 권이 넘는다. 그럼에도 불구하고 원리와 테크닉 차원에 머무는 경우가 허다하다. 경영학의 아버지인 피터 드러커는 『성과를 향한 도전』에서 시간관리의 핵심을 한마디로 표현한다.

"너의 시간을 알라."

그러기 위해 첫째 "시간을 기록하라."라고 주문한다. 대단한 통찰력이다. 내가 사용하는 시간의 현주소를 알지 못하는 이상 시간을 관리할 방법이 없다는 것이다. 초행길에 미팅장소를 찾아가다가 길을 잃거나 찾지 못해 주변을 빙빙 도는 경우가 간혹 있다. 그럴 때 상대에게 전화를 걸어 길을 물으면 상대방이 반드시 되묻는 말이 있다. "지금 있는 곳이 어디입니까? 무슨 간판이나 건물이 보입니까?" 길을 잃어도 지금의 위치를 아는 것이 중요하듯 시간관리도 내가 사용하는 시간의 현주소를 아는 것이 가장 중요하다.

내가 사용하는 시간들이 어떻게 새 나가는지, 낭비되고 있는지를 모르는 상태에서 우선순위나 자투리 시간을 활용하는 일은 큰 의미가 없다.

둘째, "시간을 관리하라."라고 충고한다. 시간 낭비의 원인을 제거하고, 위임할 것은 위임하고, 다른 사람의 시간까지 낭비하는 시간의 비생산적인 요소를 없애라고 말한다.

셋째, "시간을 하나의 묶음으로 모으라."라고 권고한다. 그렇게 해서 얻어진 자유로운 시간을 가능한 큰 단위로 모아 둔다. 급한 일과 중요한 일 중에 중요한 일을 먼저 하는 사람이 최후의 승자가 된다. 중요한 일은 대개 1~2시간에 끝나지 않는다. 5시간, 10시간, 20시간 등 큰 단위로 묶은 시간이 필요하다. 사업계획서나 보고서를 작성하는 데 보통 5시간이 걸린다고 치면 매일 10분씩 30일을 한다고 해도 보고서를 마무리할 수 없는 이치인 것이다. 1주일에 하루를 빼든지, 격일 오전을 빼든지, 아무에게도 방해받지 않는 새벽 시간을 확보하든지 간에 시간의 묶음이 중요하다.

시간의 견적서

국제 간의 무역에서 가장 중요한 조건 두 가지는 가격과 납기이다. 상품 주문이나 거래를 할 때는 반드시 이러한 조건이 명시된 견적서를 주고받는다. 그렇듯이 어떤 일을 시작할 때도 시간의 견적을 내는 것이 매우 중요하다. 나의 시간을 알고, 시간을 기록하는 의의를 드러커는 『성과를 향한 도전』에서 다음과 같이 설명한다.

> 경영자에 대한 조언은 보통 "일을 계획하라."로부터 시작한다. 당연한 말처럼 들린다. 그런데 문제는 계획이 잘 진행되지 않는다는 데 있다. 계획은 대개 종이 위에서 끝난다. 좋은 의도를 나타내는 것으로 끝나버린다. 실제로 진행되는 일은 그리 많지 않다.
> 내가 관찰한 바로는, 성과를 올리는 사람은 일에서 출발하지 않는다. 시간으로부터 출발한다. 계획에서 출발하지도 않는다. 시간이 얼마나 걸리는지 명확히 파악하는 것에서 출발한다.

제1장에서 소개했던 『하버드 스타일』에서도 시간의 견적을 내는 것이 얼마나 중요한가를 이야기한다.

> 하버드에는 1,000개가 넘는 강의가 있고 100가지 이상의 과외활동이 있다. 그래서 하버드 1학년생들에게 가장 중요한 일은 시간을 관리하는 법을 익히는 것이다. 꼭 해야 하는 일과 하고 싶은 일을 어떻게 균

형 있게 안배할 것인지를 배워야 한다. 먼저 '고등학교 시절의 성공 습관'을 버려야 한다. ……가장 시급한 과제는 책을 읽고 과제물을 해내는 데 얼마만큼의 시간이 드는가를 알아내서 시간관리 방법을 익히는 것이다. 일단 공부에 필요한 시간의 견적이 나와야 다른 활동들을 거기에 맞춰 조절할 수 있기 때문이다.

필자는 1992년부터 일을 하기 전에 시간의 견적을 내는 것을 습관화했다. 시간의 견적은 숫자보다는 화살표를 통해 가시적으로 표시하는 것이 가장 효과적이다. '3P바인더' 주간계획표를 예로 들자면, 점선은 예측이고 실선은 실제사용(가계부)이므로 시간의 견적은 점선 부분에 기록한다.

시간의
화살표

시간을 화살표로 표시하라고 하면 대부분 의아해한다. 대부분 초등학생 때 방학 때만 되면 그랬지만 그 다음날부터 지키지 못했던 생활계획표가 떠오른다. 6년간 12번이나 되는 방학 동안 반복했던 좌절의 기억 아니었던가? 축구나 야구, 농구 등 운동 경기에서 라이벌 간의 초박빙의 숨막히는 순간에 관중이든 선수든 대개 "승리"에 집중한다. 그러나 '승리'보다는 '공'에 집중하는 팀이 이긴다. 보이지 않는 '승리'보다 보이는 '공'에 집중하는 것이 실천하기 쉽기 때문이다.

도요타 자동차가 세계 최고의 자동차 회사의 반열에 오른 비결 중 하나가 JIT Just in time 방식이고 JIT의 핵심 전략 중의 하나가 '간판 방식 Signage system'(看板方式)이라는 관리법이다. 볼 수 없는 것들을 가시적으로 볼 수 있도록 만드는 방식이다. 예를 들면 위험 지역을 말로 주의를 주는 것보다 노랑색 페인트로 주의를 주는 것이다. 공

구정리를 잘 하라는 백 마디 말보다 공구판을 만들어 공구 모양을 표시한 곳에 정리하도록 하는 것이다.

시간관리도 동일하다. 보이지 않는 시간을 가시적으로 볼 수 있게 표시하는 것은 굉장한 노하우이자 지혜로운 전략이다. 4차원(시간) → 3차원(시계) → 2차원(주간계획표) → 1차원(시간의 화살표)으로 차원을 낮출수록 실천이 쉬워지고 관리가 가능해진다.

시간의 화살표로 일의 시작과 끝나는 시간을 예상하여 표시한다. 예측 능력이 높아질수록 일을 잘하게 된다. 늦지 않고 일 처리를 하기 때문이다. 또한 시간을 예약하면 시간의 주도권을 갖게 된다. 신입사원이라 해도 시간을 예약해 놓으면 상사도 함부로 침해할 수 없다. 역으로 아무리 상사라 해도 시간을 예약해 놓지 않으면 다른 사람이 그 시간을 빼앗아 간다. 영업실적이 탁월하거나 성과가 높은 사람은

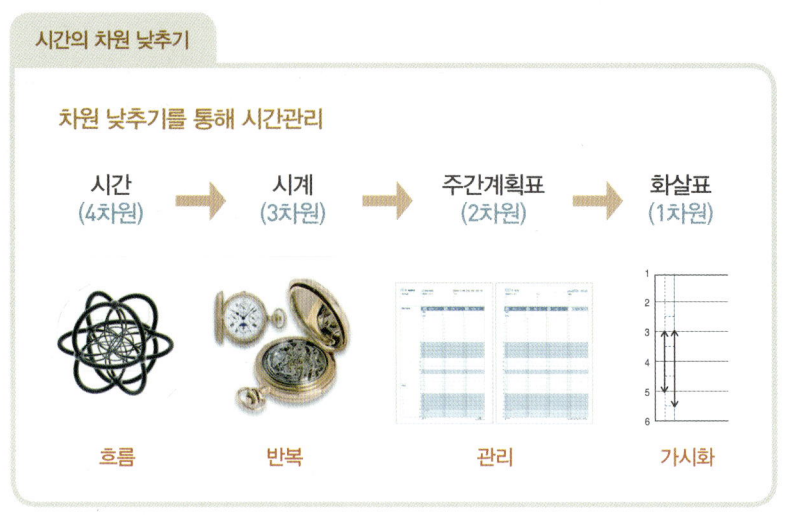

항상 다음 주에 할 일이나 미팅 예약이 30~50%는 잡혀 있다.

다음을 보면 보고서를 작성하는 데 3시부터 5시까지 2시간을 예상해서 시간의 견적을 기록했지만 실제로는 3시에 시작해서 5시 30분에 마쳐서 2시간 30분이 소요되었다. 이렇게 표시하면 늦어진 이유도 반성할 뿐 아니라, 다음 번에 비슷한 보고서를 작성할 때 2시간이 아니라 2시간 30분을 예정할 것이다.

시간의 가계부

돈과 시간 중에 어느 것이 소중한가를 질문하면 대부분 시간이라고 대답한다. 아무리 돈이 많은 백만장자라 하더라도 시간을 살 수는 없기 때문이다. 그런데 시간보다 덜 중요한 돈에 대해서는 별 것을 다

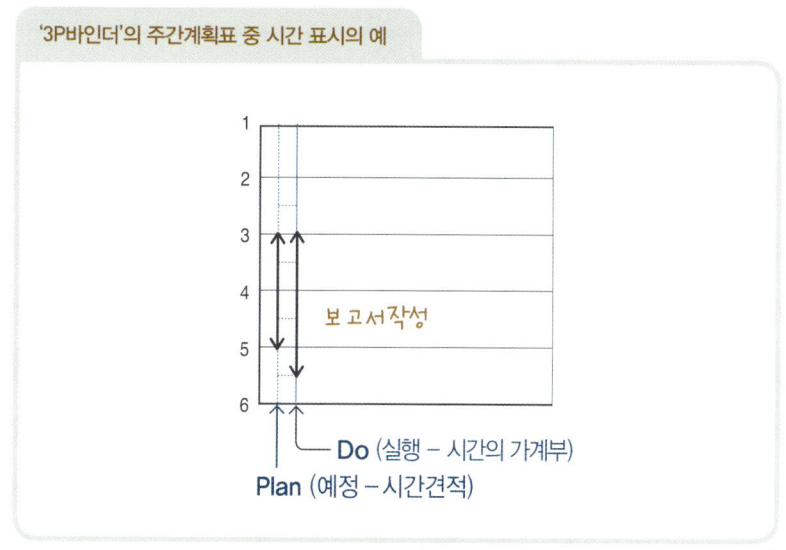

만든다. 예산서, 결산서, 금전출납부, 가계부, 대차대조표, 손익계산서, 현금흐름표……. 그런데 시간에 대해서는 어떤가? 시간의 가계부를 써 본 적은 있는가?

필자는 입사 2~3년차까지는 시간관리의 중요성이나 관리법을 전혀 알지 못했다. 팀장이 되어 업무가 폭주하면서 일 처리 방식 process을 바꾸기로 결심하면서 시간의 가계부를 쓰기 시작했다. 신입사원 때 선배에게 받았던 A4 크기의 주간계획표는 한동안 서랍 속에 있었으나, 1992년 바인더라는 훌륭한 도구를 만난 뒤 A5 크기로 축소 복사해 바인딩해서 주간계획을 기록하기 시작했다. 그 표를 업무와 현실에 맞게 수없이 고치고 다듬어 개선될 때마다 주변에 나누어 주었다.

그렇게 20여 년을 기록하다 보니 시간에 대해 칼 같은 사람, 정해

진 시간 내에 일 잘하는 사람, 항상 바인더를 분신처럼 끼고 다니는 사람, 성과를 내는 사람으로 명성이 쌓이게 되었다.

끊임없이 개선되어 온 필자의 주간계획표들

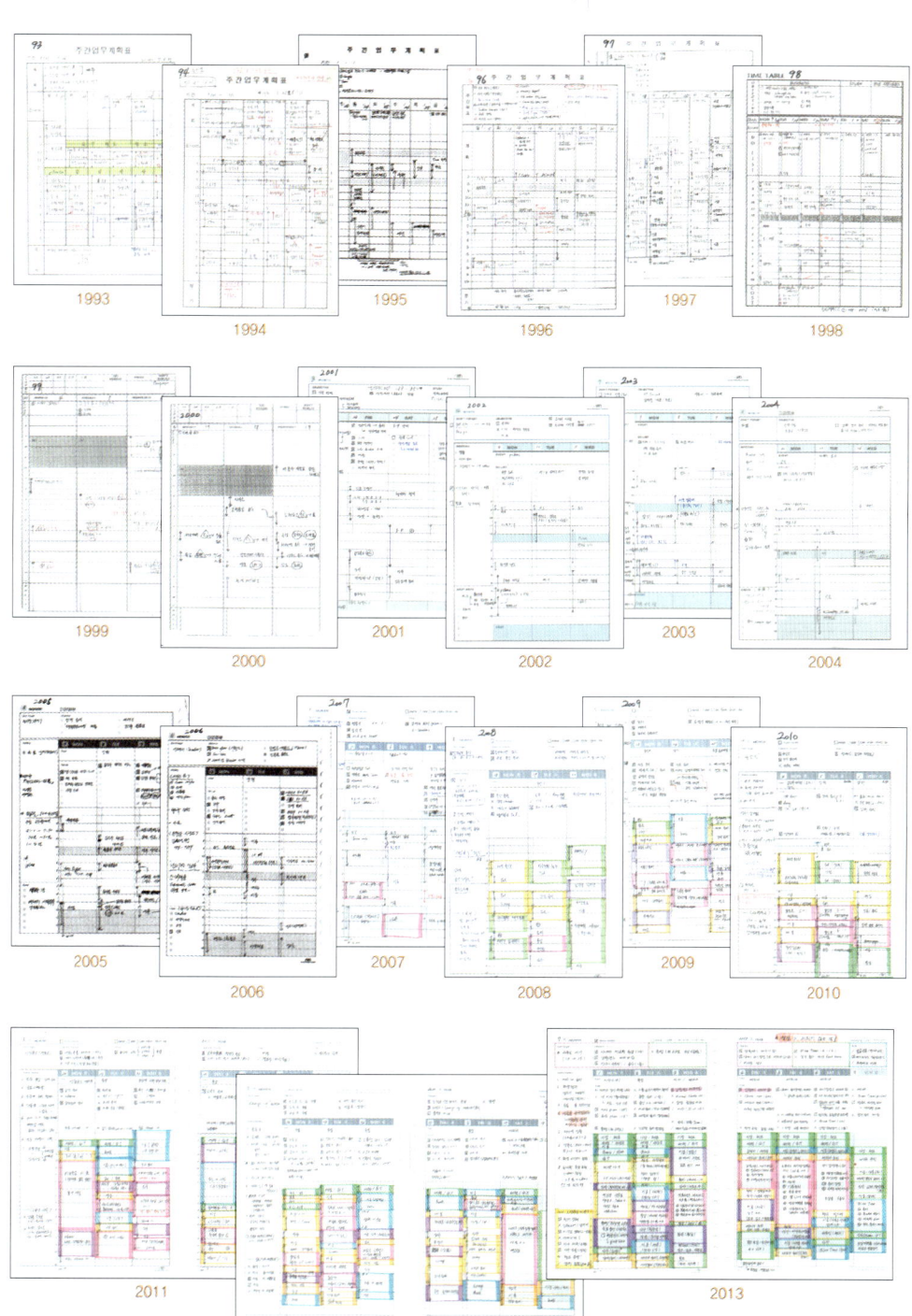

자기주도 EMS
데드라인 전략

데드라인Dead line 의 사전적 의미는 '더 이상은 넘어갈 수 없는 최종적인 한계'이다. 전시에 포로나 죄수가 넘으면 총살당하는 죽음의 선(死線)을 말하기도 한다. 또한 신문이나 잡지에서 원고 마감시간으로 사용된다. 버스가 떠난 다음 손들어 봐야 소용 없다는 말처럼 우리 일상의 시간들도 마감 시간에 지배되고 있다.

　방학숙제, 일기 쓰기, 레포트 제출, 보고서 제출, 프로젝트 기한, 공사기간, 첫차, 막차 등 우리 삶의 모든 영역은 데드라인 혹은 마감시간으로 이루어진다.

　아침 기상에서 취침까지의 하루, 월요일에서 일요일까지의 한 주, 월초에서 월말의 한 달, 연초에서 연말까지 일 년, 심지어 인간의 일생도 죽음이란 마감 시간이 존재한다. 인간의 일생이 마감시간과 떼려야 뗄 수 없는 불가분의 관계라면 이를 잘 관리하는 것이 성공적인 삶의 핵심인 것이다.

　데드라인은 정하는 주체에 따라 타인 부여 데드라인과 another deadline과 자기 주도 데드라인 self deadline 으로 나눌 수 있다. 타인 부여 데드라인은 예를 들면 상사가 부하에게, 교수님이 학생에게 리포트 마감시간을 정해 주는 것과 같다. 그런 경우 대개 미루고 미루다가 발등에 불이 떨어 지는 것처럼 대충 순발력으로 처리하는 경우가 많다. 그러다 보면 매사 급한 일에 쫓기며 허덕거린다. 그러나 지혜로운 사람은 타인이 부여한 수동적인 데드라인을 자기주도 데드라인으로 재설정하는 적극성을 갖는다. 리포트 제출이 금요일일 경우 목요일 혹은 수요일로 스스로의 자기주도 데드라인을 설정하면 보다 적극적이며 능동적으로 반응하게 된다. 2~3개월 프로젝트라면 스스로 2~3주 앞당긴 자기주도 데드라인을 설정하는 것이다.

또 데드라인은 시기에 따라 종료 데드라인Ending deadline, 중간데드라인Middle Deadline, 시작 데드라인Start Deadline으로 나눌 수 있다. 일주일 단위의 주간계획표를 써야 하는 이유가 이 때문이다. 종료 → 중간 → 시작 데드라인의 순서로 역산 스케줄링이 습관화된 사람이 탁월한 성과를 내는 것이다. 하이퍼포머, 프로페셔널들은 거의 예외 없이 역산 데드라인의 달인들이다. 국가대표선수는 올림픽 시합날을 데드라인으로 설정하고 최고의 기량과 컨디션을 유지하기 위해 4년간의 역산 스케줄을 가지고 있다. 성적이 좋은 학생들은 대개 자기주도 역산 스케줄로 시험날을 데드라인으로 하여 학습 스케줄을 계획한다.

종료 데드라인을 잡고 나면 중간 데드라인을 정하고 할 일과 진도를 정한다. 그리고 시작 데드라인을 분명히 기록하여 미룸, 막판, 급함, 졸속, 대충의 폐해를 방지한다.

> **EMS Self Deadline 전략**
> ① 종료 데드라인End Deadline ➔ ② 중간 데드라인Middle Deadline ➔
> ③ 시작 데드라인Start Deadline

어떤 일을 계획하거나 시작할 때, 항상 EMS Deadline 3단계를 주간계획표에 화살표로 표시하여 가시화하고, 그대로 실행하는 것을 습관화 한다면 어떤 업무나 조직에서도 성과를 내며 환영받을 것이다.

EMS_{Express Mail international Service}가 국제 빠른 우편을 뜻하듯이, EMS 셀프 데드라인(Ending D.L → Middle D.L → Starting D.L)은 빠르고 정확하며 신뢰를 주는 시간관리(우선순위) 전략이다.

03
Dream of Miracle Binder

아이젠하워의 원리 – 우선순위

중요한 일과 급한 일

아이젠하워는 시간 사용 방법을 관찰한 결과 사람들이 하는 활동을 중요한 일과 긴급한 일로 나누어 분석하는 새로운 관점을 제시했다.

아이젠하워의 시간 매트릭스

	긴급함	긴급하지 않음
중요함	I	II
중요하지 않음	III	IV

Ⅰ사분면은 중요하고 긴급한 일이다. 생명을 다루는 외과 수술이나 물에 빠진 사람 구출하기, 내일까지 제출해야 하는 리포트 등을 말한다.

Ⅲ사분면은 긴급하나 중요하지 않은 일이다. 벨 소리에 놀라 급하게 전화를 받아 보면 '대출'이나 '폰팅' 등의 스팸성 메시지가 온 경우이다. 긴급하나 중요하지 않은 일은 대개 시끄럽다. 빈 수레가 요란한 법이다.

Ⅳ사분면은 긴급하지도 않고 중요하지도 않은 일이다. 아무 생각 없이 휴대폰 고스톱에 빠져 있거나, 새벽 1~2시까지 누워서 TV채널을 돌리다 홈쇼핑까지 두루 둘러보고 자는 경우이다.

Ⅱ사분면은 긴급하지는 않은데 중요한 일이다. 그러나 중요하다. 장래를 위해 영어, 중국어, 일본어를 공부하는 것은 급하지 않다. 건강을 위해 조깅을 하는 것보다 급한 일은 너무도 많다. 그러나 중요하다. Ⅱ사분면은 소리가 나지 않는다. 해달라고 아우성치지도 않는다. 그러나 이 조용한 침묵의 소리에 귀를 기울여야 한다.

아이젠하워는 "긴급한 일중에 중요한 일은 없고, 중요한 일 중에는 긴급한 일은 없다."는 유명한 말을 남겼다. 올바른 우선순위란 지금 당장 긴급한 일 보다는 급하지는 않지만 중요한 일을 먼저 하는 것이다. 지금 당장 성적을 올리기 위해 암기과목 위주로 공부를 하지만 결국 중요과목을 꾸준히 공부한 학생을 넘어서기는 어렵다. 당장 급한 토익 점수를 올리기 보다 진짜 영어 의사소통 능력을 기른 사람이 직장에서 환영받고 성공한다.

아이젠하워의 시간 매트릭스

	긴급함	긴급하지 않음
중요함	I 즉석에서 처리	II 전략적 계획과 기한 설정
중요하지 않음	III 축소 or 위임	IV 버리기

→

	긴급함	긴급하지 않음
중요함	I	II
중요하지 않음	III	IV

확장

시간관리의 진짜 노하우는 II영역의 일에 집중하는 것이다. 그렇게 하면 제일 중요한 것으로 착각했던 I영역이 줄어 들면서 리포트나 시험공부를 미리 해 놓은 학생처럼 쫓기지 않는 삶을 살 수 있게 된다.

네모 칸 속의 암호 -
체크박스의 비밀

우선순위를 표시하는 대표적인 방법이 ABC법이다. 즉 우선순위별로 A-1, A-2, A-3, B-1, B-2, B-3, C-1, C-2, C-3으로 구분하는 방법이다. 그러나 눈에 띄지도 않고, 구분하는 것 자체에 시간이 걸려 필자의 경우 몇 번 시도하다가 포기했다. 어렵거나 잘 사용할 수 없다면 시스템이 아니거나 완성도가 떨어진다는 의미이다. A-3과 B-1을 구분하기가 어려운 정도를 넘어 매번 스트레스를 받는다.

필자는 십 수년 전부터 '3P 바인더'에 네모 칸(체크박스)을 만들어 우선 순위를 표시해 왔고, 피드백까지 기록해 왔다. 그래서 디테일에

강하게 되었고, 상사의 지시나 고객과의 A/S나 약속 등을 잊어서 낭패 본 경우가 거의 없다.

어떤 형태의 메모나 기록이라도 우선순위 A급, 즉 목숨을 걸고 해야 하는 일에는 ■위에 테두리를 ■와 같이 그린다. 단순하고 파워풀하다. 그림은 문자에 비해 100배의 기억효과가 있다. 더구나 눈에 확연히 띈다. 체크박스가 나에게 메시지를 보낸다.

"■가 중요합니다. 나부터 우선해서 처리해 주세요." 그때마다 필자는 '반응'했고 일 처리를 잘하는 사람으로 소문이 났다. 일을 잘하는 것은 큰 일이 맡겨지면 잘하는 사람이 아니라 작은 일을 완벽하게 잘 처리하는 사람이다. 큰 일과 위대한 일은 디테일에서부터 시작한다. 디테일에 강한 자가 승리한다.

그리고 ■는 반드시 피드백을 한다. "업무성과를 위한 가장 강력한 도구 중의 하나는 피드백"이라고 드러커 교수는 설파했다. 드러커는 중요한 의사결정을 하기 전에 9개월 혹은 12개월 후에 예상되는 결과를 기록하고 그 결과를 평가하는 단순한 습관을 50년 동안 시행했다고 한다.

매니지먼트 사이클의 기본은 다음의 도표와 같다.

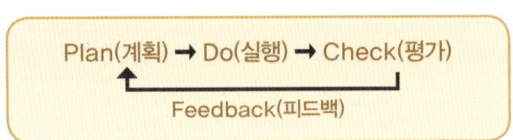

피드백을 위한 체크박스

☐ 중요한일 ◪ 진행중 ☒ 완료 ← 취소 → 연기·위임

☐ 모든 일들 앞에 네모 칸을 만들어 중요한 일에 테두리를 만든다. 네모 칸을 그리면, 다른 것보다 그 일을 먼저 처리하게 되어 빠뜨리는 경우가 없다.

◪ 그 일이 일부 진행된 경우 사선을 그어 진행 중임을 표시한다. 예를 들어 중요한 미팅을 해야 하는 경우, 미팅 약속을 잡으면, 사선 하나를 그어 준다.

☒ 완료된 경우에는 다른 쪽 사선을 그어 마감된 것을 표시한다. 미팅을 완료한 후 다른 쪽 사선을 긋는다.

← 취소된 것은 역방향 화살표로 표시한다.

→ 연기되거나 다른 사람에게 위임한 것은 화살표로 구분하여 표시할 수 있도록 했다.

이 방법은 간단하면서도 중요한 일을 빠뜨리지 않는 훌륭한 암호가 된다.

04
Dream of Miracle Binder

하루를 이틀처럼 –
숨겨진 플러스 3시간

3시간
3배의 효과

시간관리에서 가장 중요한 것은, 첫 번째는 시간을 기록하는 것(견적서와 가계부)이고, 두 번째는 우선순위를 정하는 것이다. 세 번째는 새벽시간을 활용해 2~3시간을 확보하는 것이다.

  필자는 CBMC(한국기독실업인회)라는 단체에서 활동한다. 7,500여 명의 경영자·전문인으로 구성되어 있는데 매주 1회 조찬 모임을 가진다. 이들은 새벽 7시부터 9시까지 호텔에서 모인다. 수많은 강의와 세미나 등이 전국에 걸쳐 55년의 유구한 세월 동안 이어져 왔다. 조찬 모임의 시초라 할 만한데 이제는 다른 조찬 모임도 꽤 많아졌다. 시간 여력이 된다면 새벽7시에 가까운 호텔을 방문해 보라. 빈 방이 없을 정도로 각종 강의, 세미나, 워크숍 등이 진행되고 있을 것이다.

특이한 점은 그곳에 모인 사람들 대부분이 경영자, 전문인, 리더 그룹이라는 점이다. 리더이기 때문에 새벽을 깨우고 그 배움의 장소에 있는지, 새벽을 깨웠기 때문에 리더가 되었는지는 잘 모르겠다. 중요한 것은 그 새벽의 현장에는 수많은 성공자가 공부하고 있다는 것이다.

몇 년 전 사이쇼 히로시(稅所弘)의 『아침형 인간』이 히트를 쳤다. 일본에서는 큰 반응이 없었는데 한국에서는 뜨거운 반응을 일으켜 저자조차 의아해 했다고 한다.

저자에 의하면 오후 11시에 취침해서 새벽 5시에 일어나는 것이 외부 환경과 인체 리듬을 고려해 최적이라고 한다.

9시까지 출근하는데 1시간을 고려하더라도 아침에 3시간을 확보할 수 있다는 계산이다.

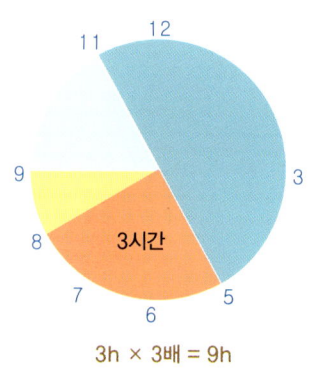

아침의 1시간은 오후의 3배의 효율이 있다고 한다. 9시간의 효율이라면 또 다른 하루를 버는 셈이다. 더구나 아무에게도 방해 받지 않는 알토란 같은 9시간이다.

3시간 × 3배 효과 = 9시간(건강과 성공 획득)

필자의 전 직장에서는 모든 교육을 새벽 6시 정각에 시작했다. 1분이라도 늦으면 교육에 참가할 수가 없다. 평소에도 7시까지 출근하기를 요청받는다. 그러나 그 시간에 일을 하지는 않는다. 독서나 독서토론, 영어·중국어·일본어 등의 어학, 경건의 시간 등 자기계발의 시간을 갖는다.

하루 2시간을 매일 공부하는 사람과 출근 시간 9시에 헐레벌떡 들이닥쳐 숨가쁘게 하루를 시작하는 사람과는 차이가 생긴다. 그것이 한 달, 두 달, 3년, 4년이 쌓이면 도저히 뛰어넘을 수 없는 격차가 발생한다.

여기 그와 내가 다른 점이 있다.

내가 자명종을 누르고 이불 속으로 기어들어갈 때,
그는 공원을 산책하며 하루를 설계한다.
내가 두 번째 자명종을 누르며 지겨워할 때,
그는 아내와 아침식사를 한다.
내가 겨우 일어나 치약을 짜고 있을 때
그는 아내의 웃음 띤 인사를 받으며 출근한다.
내가 허겁지겁 집을 나서 콩나물 전철 속에서 땀 흘릴 때,
그는 한산한 전철에서 책을 읽고 회사에서 스케줄을 챙긴다.
누가 인생의 승자일지는 뻔하다.

아침시간을 활용하기 위해 아래 5가지를 꼭 실천해 보자.

① 아침과 싸우면 백전백패이다. 아침에 기를 쓰고 일어나려 하기 전에 저녁과 싸워 일찍 잠들어라. 처음에는 저녁 스케줄을 모두 포기하는 것부터 시작하는 것이 좋다. 취침이 늦어지면, 새벽 기상을 그 다음날로 미루는 유혹에 넘어가 버린다.
② 새벽 스케줄을 채워라. 아침에 꼭 일어나지 않으면 안 되는 프로그램으로 시작하라. 스스로 되지 않거든 돈을 들이는 것도 좋은 방법이다. 수영과 같은 새벽운동 시작, 학원수강, 회사 내 새벽 강좌 등을 활용하는 것이 좋다.
③ 다른 사람의 도움을 받아라. 일찍 일어나기로 한 사람과의 릴레이 모닝콜이나 새벽시간의 카풀도 좋은 방법이다.
④ 무엇보다도 새벽시간을 이용해 이루고자 하는 큰 덩어리의 목표를 정하는 것이 큰 동기 부여가 된다. 어학의 레벨업, 한 가지 운동의 마스터, 독서의 목표량 등을 목표로 삼으면 좋다.
⑤ 출근이나 등교시간 보다 30분 일찍 도착하는 것부터 시작하는 것이 좋다.

05
Dream of Miracle Binder

주간계획표 –
그 디테일의 힘

주간계획표 vs
일일계획표

시간관리 도구 중에 주간계획표가 가장 중요하다. 필자는 1989년 12월에 입사해 2~3년간은 거래처에서 얻은 수첩을 썼다. 1992년도에 400억(판매가 기준)이 넘는 의류 생산관리 팀장이 되면서부터 주간계획표를 만들어 쓰기 시작했다. 20여 년을 현장에서 써 보고 검증한 것이 지금의 주간계획표이다.

보통 하루 일이 많으면 일일계획표, 기록할 일의 양이 적으면 주간계획표를 쓰라고 하는데 매우 잘못된 견해이다. 결론적으로 필자는 주간계획의 신봉자이다. 1주일을 한눈에 볼 수 있는 것이 가장 효과적일 뿐 아니라 글로벌 표준이다. 전 세계의 모든 시간의 단위는 1주일로 표현하는 것이 일반적이다. 주간계획표상에는 업무내용을 적는 데 한계가 있다는 사람들이 있다. 그러나 주간계획표는 그야말로 계획표이지 업무일지가 아니다. 만약 업무 기록량이 많다면 따로 업무일지를 만들어 바인더에 끼워 사용하면 된다.

대부분 일반 수첩에 길들어져 있다. 일반 수첩이나 다이어리, 플래너 등은 모든 것을 한곳에 모아 기록한다. 각종 업무 사항, 면담 내용, 거래처 상담, 강의, 세미나, 주간회의 전달사항, 오늘의 할일, 비용 사용 내역, 출장……, 그렇게 뒤죽박죽으로 기록을 하면 1~2년, 5년, 10년 후에 중요한 기록 사항을 찾을 방법이 없다.

때로는 색인표나 인덱스를 만드는 경우가 있지만 거의 청교도적인 삶을 살거나 수첩의 노예가 되기 쉽다. 주간계획표는 목표관리(주간목표·실행계획), 시간관리(시간의 견적과 시간가계부) 외에 그 이상도 이하도 아니다.

인생의 헤드라이트
"위클리라이트"

서울에서 부산까지 야간 운전을 해야 한다고 가정해 보자. 깜깜한 밤, 헤드라이트를 켜면 부산까지 416Km를 비출 수 있을까?

 그것은 불가능 하다. 헤드라이트는 고작 40~50m 밖에 비추지 못하지만 우리는 부산까지 운전해 갈 수 있다.

 전방 50m를 비추는 헤드라이트로 조금씩 앞으로 나가면 결국 목적지에 도달한다.

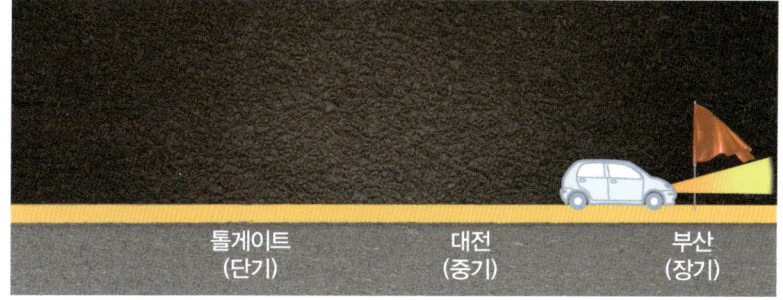

부산은 장기목표 또는 비전이고 대전은 중기목표, 서울 톨게이트는 단기목표가 될 것이다. 결국 꿈과 비전 혹은 장기목표까지 도달하게 해주는 것은 작은 헤드라이트 불빛이다.

꿈과 비전은 구름 속의 궁전이다. 이루어진 것이 아니다. 때문에 지금 당장 궁전을 만들기 위한 벽돌 한 장을 쌓는 것이 중요하다. 그 작은 벽돌 한 장이 바로 주간계획표이다.

꿈과 비전은 가슴 뜀이고 뜨거움이며 불덩이이다. 그래서 뜨거움만 있고 실행 전략이 없으면 타 죽고 만다. 그 실행 전략이 주간계획표이다. 우리 인생이 불덩이로 시작해 숯덩이로 끝나는 비극을 피하려면 위클리라이트 전략으로 실행과 실천을 누적시켜야 한다.

주간계획표를 활용한
작심삼일 전략

일반적으로 목표관리는 1개월을 기준으로 하는 경우가 많다. 그러나 월말 평가를 하면 이미 늦은 것을 되돌리거나 조정하기 불가능하다. 그래서 관리력이 뛰어나다는 조직이나 개인은 1주일 단위로 목표관리를 한다.

그러나 미국이나 유럽 등 100~150년 이상된 금융 그룹들은 3일 단위의 목표관리를 한다. 미국 최대 금융 그룹인 AIG나 푸르덴셜, 메트라이프, ING 그룹 등이 그렇다. 매주 월요일과 목요일 오전에 미팅을 갖고 목표를 평가하고 시상하는 시간을 반드시 갖는다. 목요일 오전에는 월·화·수요일에 대한 목표달성 여부를 평가하고, 월요일 오전에는 그전 주 목·금·토요일(혹은 지난주 전체)에 대한 실적을 평가한다. 그러한 3일 단위의 목표관리로 국내사에 비해 몇 배의 영업실적을 올리고 있다. 영업사원의 연봉 격차가 그것을 뒷받침한다.

필자가 푸르덴셜생명에 근무할 때 우리 팀에서 누군가가 건설적(?)인 제안을 했다. "영업시간도 부족한데 무슨 미팅을 월요일에도 하고 목요일에도 합니까? 우리 모두 월요일 미팅에만 참가하고, 목요일 오전 미팅은 빼서 그 시간에 영업 실적을 올립시다." 꽤 일리 있는 제안이라 한 달 동안 이 핑계 저 핑계를 대면서 목요일 오전 미팅에 나가지 않았다. 그 결과 어떻게 되었을까? 영업실적이 오르기는커녕 팀원 전체의 실적이 거의 반 토막이 났다. 다시 목요일 미팅에 참여하자 평균실적으로 회복이 되었다.

필자가 만든 주간계획표도 그 전에는 일주일 단위로 목표관리를 했다가 1999년부터 3일 단위로 전환하면서 큰 성과를 거두며 수 억대 연봉을 받게 되었다. 목표를 월·화·수, 목·금·토로 나누어 관리하되 업무목표business와 개인목표private를 나누어 기록하는 것이 효율적이다. 너무 목표를 세분하면 복잡해서 지키기 어렵다.

예를 들어 회사에서 이번 주 매출 목표로 1억 원이 할당되었다면 즉시 3일 단위의 자기 목표화를 시켜야 한다. 즉 목표를 월~수요일에

5,000만 원, 목~토요일에 5,000만 원으로 나눈다. 그 순간 타율목표에서 자율목표 혹은 자기주도 목표로 바뀌어 자발성과 적극성이 생긴다.

그런데 수요일 저녁에 평가를 해보니 4,000만 원 밖에 달성하지 못했다면 목~토요일 목표는 5,000만 원에서 6,000만 원으로 수정된다. 한 번 더 기회가 생긴 것이다.

회사에서 이번 주 고객 확보를 목표로 100명이 할당되었다고 하자. 즉시 월~수요일에 60명, 목~토요일에 40명으로 수정해 자기목표화를 하였다. 그런데 수요일 저녁에 평가해 보니 목표 60명을 초과해 80명을 달성했다. 그렇다면 목~토요일의 목표는 몇 명으로 수정될까? 20명? 60명? 아니다. 정답은 40명 그대로이다.

달성하지 못한 것은 추가로 달성하려 노력하는 것이 당연하지만, 목표를 초과했다고 다음 목표를 또 초과하면 그 다음 목표를 또 초과 달성하여야 한다. 결국 무리수를 두고 과로를 하게 되어 장기적으로 롱런할 수 없다. 초과 달성은 그대로 인정하고 계획된 목표를 꾸준히 달성한다면 무리하지 않으면서도 연말에 120%~140%의 목표 초과 달성의 기쁨을 누릴 수 있다. 그 사람이 조직에서 챔피언이 될 것이고, 팀 전체가 그렇게 한다면 챔피언 팀이 될 것이다.

목표 기록 중에 우선순위와 피드백은 체크박스를 통해 기록한다.

옛말에 작심삼일이란 말이 있다. 대개는 부정적으로 쓰이지만, 조금만 응용하면 굉장히 합리적이고 좋은 전략이다. 작심삼일은 인간의 본성상 기억력과 나태함의 한계를 3일로 간파한 것이다. 호기심의 한계도 3일이다. 책을 읽으려고 집어들 때는 호기심 때문인데, 그때 다 못 읽으면 중간에 접힌 채 1년이 지나도 읽지 못한다. 호기심이 사라졌기 때문이다.

정신과 의사이자 최고의 베스트셀러 저자인 이시형 박사의 『공부하는 독종이 살아남는다』에는 부신피질방어 호르몬에 관한 이야기가 나온다. 우리가 아무리 싫어하는 일을 한다 하여도 3일간은 부신피질방어호르몬이 분비되어 견딜 수 있다. 그런데 이 부신피질방어호르몬은 3일이 지나면 딱 멈춘다. 작심삼일은 뇌과학인 것이다. 메가스터디 엠베스트의 김성오 대표이사는 오히려 이 작심삼일을 잘 활용해 목표를 이루었다. 그는 자신의 저서 『육일 약국 갑시다』에서 본인의 공부 비결을 소개한다. 아버지가 가난한 목사였기 때문에 스스로 벌어서 공부해야 했던 그는 서울대 약대를 목표로 작심삼일 전략을 세웠고 3일 목표에만 집중하여 목표를 이루었다.

3일간 계획하고 실천하고 또 3일간 목표를 잡고 실행하면서 작심삼일을 반복하는 사람이 승리한다.

영어에도 'Manageable Piece(관리 가능한 조각)'라는 말이 있지 않은가?

1년 52주 작심삼일 104번을 반복하면 1년이 가는 것이다. 구기종목 경기에서 승리의 비결은 '승리'에 집중하는 것이 아니라 '공'에 집중해야 하는 것처럼 작심삼일을 반복해라! 작심삼일에 목숨을 걸라!

앎과 실천
사이의 갭

12세기 중국 남송시대 주자는 선지후행(先知後行)을 말했고, 양명학의 창시자 왕양명 (1472~1528)은 지행합일(知行合一)을 주장했다. 서양에서는 아리스토텔레스(B.C. 384 ~ B.C. 322)가 지행합일을 주장했다.

성경의 야고보서 2:14~18 에도 행함이 없는 믿음은 그 자체가 죽은 것이라고 했다. 동서 고금을 막론하고 아는 것과 실천 사이의 차이 (Knowing - Doing - Gap)에 대해 고민했다.

오늘날 교육 및 인재개발 분야는 위기를 맞고 있다. 과도한 지식과 정보로 교육, 학습은 넘쳐나는데 대부분 실천되고 있지 않기 때문이다. 리더십 분야의 대가 켄블랜차드도『춤추는 고래의 실천』에서 '아는 것과 실천 사이의 틈'을 말한다.

그는 아는데도 실천하지 못하는 세 가지 이유를 1.정보의 과부하 2.부정적 필터링 3.의지의 부족으로 진단한다.

그 해결방안으로 '좀 더 적은 것을 좀 더 자주, 일정한 간격을 두고 주기적인 반복을 하라'라고 한다. 그리고 ①알려주고 ②보여주고 ③시켜보고 ④고쳐주고 하는 과정을 끊임없이 반복해야 한다고 말한다.

이렇듯 '알보시고'(알려주고 → 보여주고 → 시켜보고 → 지켜보고) 를 지속하고 좀 더 자주 반복하려면 반드시 그렇게 기획된 도구가 필요하다. 다음 샘플로 제시한 주간 계획표가 그것이다. 목표 Objective 를 적는 칸 바로 밑에 실행(To-Do)칸을 만들어 기록할 수 있도록 했다. 결국 그날 할 일의 체크 리스트를 만들고 실행 여부를 체크하는 것이 가장 실행력을 크게 높일 수 있다.

실행에
집중하라

앞에서 강조한 것처럼 아무리 목표를 근사하게 잡았다고 해도 실천하지 않으면 소용이 없다. 오히려 목표를 소극적으로 잡았다고 해도 100% 실천해서 달성하는 것이 훨씬 낫다. 때문에 To-do는 실행 내지는 그날의 할 일을 의미한다. To-do의 경우에도 우선순위 시 체크박스를 활용하고 피드백한다.

베들레헴 철강의 사장인 찰스 스왑은 아이비 리 라는 경영컨설턴트의 자문을 받아 큰 효과를 보았다. 덕분에 베들레헴 철강은 세계 최고의 철강 회사가 되었고 스왑도 큰 부자가 되었다. 아이비 리도 그 대가로 2만 5,000달러(당시 포드 10대를 구입할 수 있는 금액)을 받았다.

리는 스왑에게 어떻게 조언했을까?

"내일 해야 할 일 여섯 가지를 기록하십시오. 다음에 어떤 일부터 할 것인지 우선순위를 매기십시오. 그리고 1번부터 일을 시작하고, 반드시 다 마친 후에 2번으로 넘어가시오. 이것을 매일 계속 하십시오."

목적 → 목표 → (전략) → 실행

'메리케이 애시 화장품'의 책임자 메리케이 애시도 이러한 한 방향 정렬로 큰 효과를 보았다.

자, 이제 다음에 정리된 작성방법을 다시 한 번 숙지하고, 실제 주간계획표 서식을 활용하여 자신의 계획을 수립해 보자.

'3P바인더'를 활용한 주간계획표 작성방법

- **주간계획표는 딱 3개월분만 휴대한다**

  과거, 현재, 미래처럼 지금이 5월이면 지난 4월과 다가올 6월까지 3개월분을 휴대한다. 그 이상은 볼 일이 거의 없다.
  지나간 달과 빈 주간계획 양식을 보조바인더에 따로 모아 보관한다.

- **주간계획표 VS 일일계획표**

  하루 업무량이 많으면 일일계획표, 기록할 양이 적으면 주간계획표를 사용하라고 하는 것은 매우 잘못된 견해이다. 주 4회 운동하기를 일일계획에 표현할 방법이 없다. 1주일을 한눈에 볼 수 있는 것이 가장 효율적일 뿐 아니라 글로벌 표준이다.

- **주간계획표 VS 업무일지**

  주간계획표는 업무일지가 아니다.
  대부분의 수첩, 다이어리, 플래너 등 모든 것을 일일계획표에 모아 기록한다. 각종 업무, 열람, 거래처 상담, 강의, 세미나, 주간 회의, 출장……. 이렇게 잡탕식으로 기록하면 당장은 괜찮지만 1년, 5년, 10년 후에 중요한 기록 사항을 찾을 방법이 없다. 주간계획표는 주간목표, 실행계획, 시간관리 외에 그 이상도 이하도 아니다. 업무일지는 따로 만들어 사용하면 된다.

- **목표관리 단위 VS 작심삼일 전략**

연간 단위	월간 단위	주간 단위	3일 단위	일일 단위
관리가 느슨한 조직과 개인	가장 일반적이다. 그러나 목표 미달 시 수정이 어렵다.	대기업 등 관리력이 높은 조직과 개인이 사용한다.	가장 진보적이고 효율적이다. 해외의 선진 금융그룹 등에서 시행한다.	지나치게 세밀하다. 시스템이 뒷받침된 일본의 회사에서 시행한다.

주간계획표 작성법

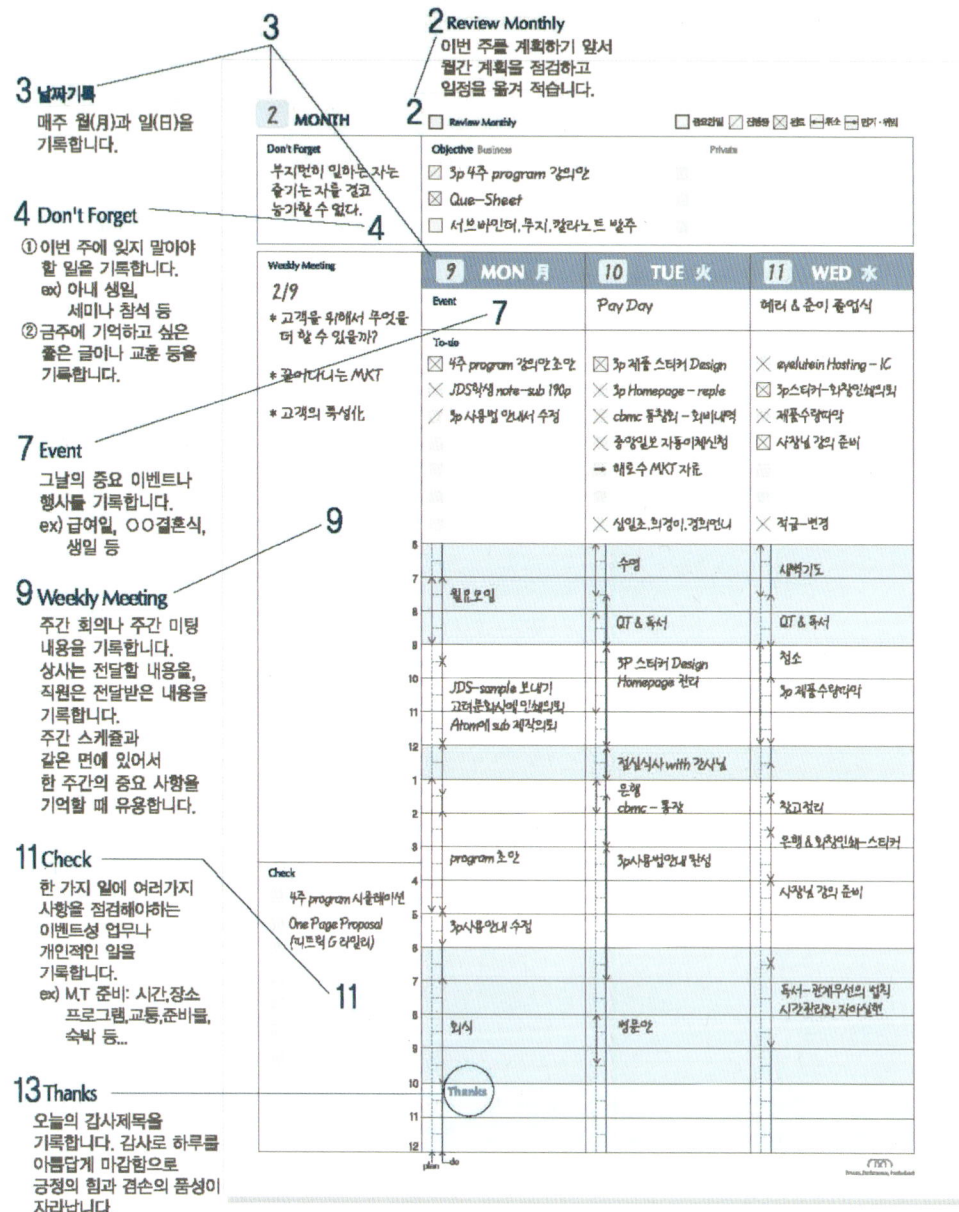

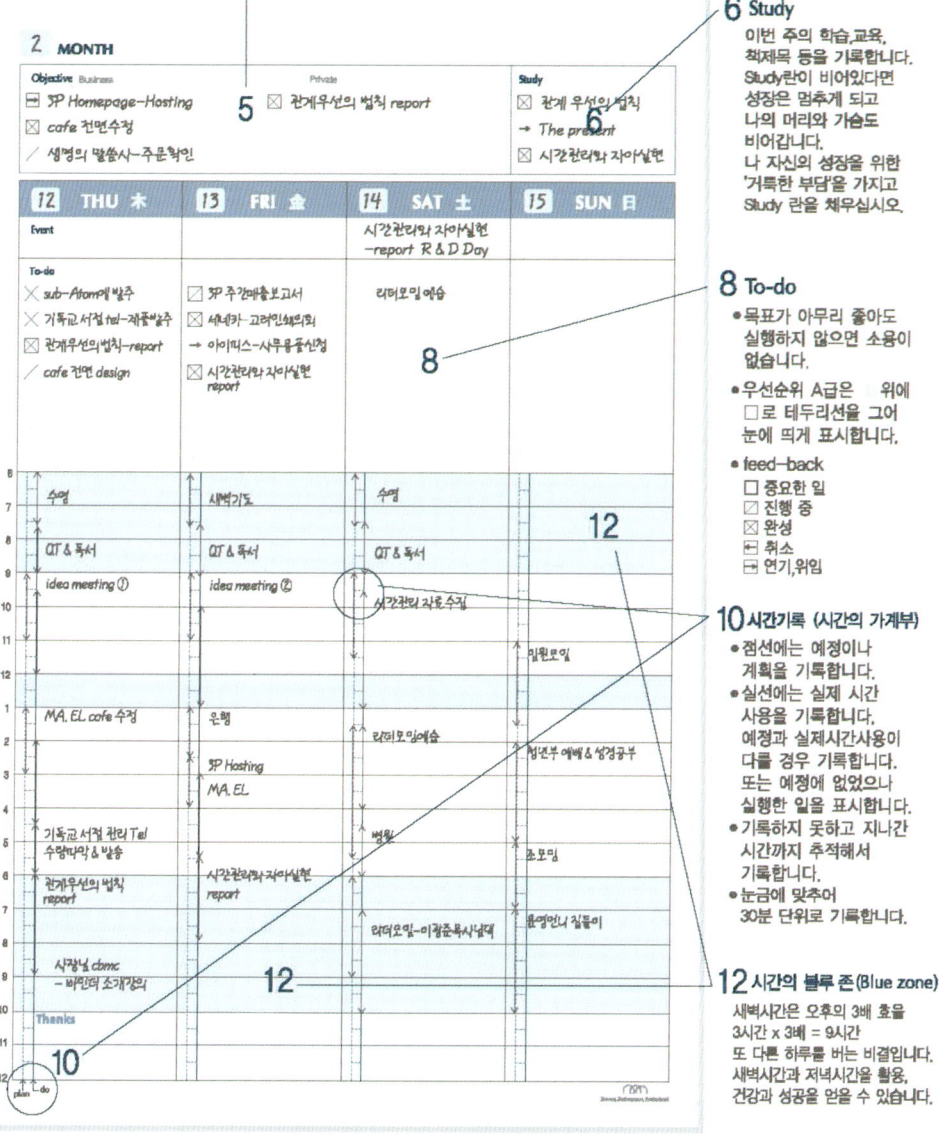

저자의 주간계획표

7월 MONTH ☒ Review Monthly   ☐ 중요한일 ☐ 진행중 ☒ 완료 ← 취소 ← 연기·위임

Don't Forget	Objective Business	Private
* 사무실 이사 (1F → 2F)	☒ 바나바 선교원 특강 (2h) ☒ 강원랜드 세미나 ① ☒ 이사(사무실) / 공사(1층)	× 문병 (최 교수님, 국립의료원)

Weekly Meeting

1. 이사 ㄴ 공사
2. 위생 청소.
  정수기, 제습기
  에어컨 (퇴근) …
3. 운동 : 윤 마스터님
4. 성공을 바인딩하라
  ㄴ 개정판 준비
  → 70%, 권당
5. 대구시 입찰
  (30음 × 14) × 2
6. 경북大 (840~960)
  8/5~7 8/8~10
7. 취업 바인더 점검
8. 띠러된 특강 초청
  · ycbmc 창립
  · 25음 + cbmc
  ☐ 1st 피드백

Check : 〈사무실 이사〉

☒ 철거 업체.
× 인테리어 / 칸막이
☒ 이삿짐 업체 (6~8음)
× 사다리차 ?
☐ 가구 배치 (오면)
☐ 가구 주문 (견적)
← 청소 용역 ?
/ 난시 점검 (plan B)

	1 MON 月	2 TUE 火	3 WED 水
Event	이사 (2F)	특강	이사 / 세미나
To-do	← KMA 강사 과정 (4h) × 2F 이사 (황사광님) ㄴ A/C, 가구 인수 ☒ 이사 plan (2F) ☒ 공사 plan (1F) ☒ 문병 (최 교수님)	× 2층 공사 (칸막이 철거) / 출장 준비 (1박) ☒ 특강 2h (바나바) × 이사준비 (가구·장배치) / 세미나 준비 (강원랜드) × 가르텐 독서 컨설팅	☒ 강원랜드 세미나 ① × Hotel check-in × 담당·팀장님 m/t / 이사 (1F → 2F) × 회식 (강원 Team) / 메라 떵크 → 카세 반 까페
5	기상·체조	기상·체조	기상·체조
6	세면 / 과일식 이동	세면 / 과일식 이동	세면 / Q.T
7	Book / plan	Book	이동 (강릉)
8	Q.T	Q.T	라카이 리조트
9	전략 M·T	청소·이사준비	김B. 장T. me
10		1층 청소 (마구단별)	
11	2F 이사 (A/C 인수)	정리·집싸기 (책상·장)	준비·check-in
12	식사 (황사광님 外 2)	식사	식사 (리조트 內)
1	역삼동 사무실	이동 (대전) (강의 CD)	강원랜드 세미나 ① 45음 (책임리더)
2	책상 5, Table 2. 책장, 행거, 나무 Box		① 기록관리 ② 시간관리 ③ 목록관리 ④ 꿈 List ⑤ 연간 plan ⑥ 자기관리
3		면담 / 책 싸인회	
4		특강 (바나바 선교원)	
5	문병 (최상렬 교수님) 국립 중앙 의료원	대학생 (30음 + α)	숙소 / 정비 / 休
6		식사 (원장님)	
7	☐ 병상인지 바인더 ㄴ good idea	방문 (간사님 사략)	회식 (횟집)
8		이동 (서울) (강의 CD)	after / 커피 임B. 김B. 과장님
9	식사 (김밥)		
10	강의준비 (바나바)	세미나 준비 (교재外)	숙소
11		이사준비 (책장 No)	(정리·피드백)
12			

plan ← do

2013 年 YEAR ※ 열정 = 지치지 않는 것! 3P BINDER Weekly Light

Objective Business
- ☒ 강원랜드 세미나 ②
- ☒ cbmc 자기경영 스쿨 세미나 ①②
- / 이사집 정리

Private
- ☐ Blue Time (4~6h)
- ✗ 민건 문자·메일 feed-back

Study
- / 논어 (양재나비)
- ☒ 내가 하는 일 가슴설레는 일
- / 과학자의 서재

4 THU 木	5 FRI 金	6 SAT 土	7 SUN 日
Event 세미나	세미나	세미나	
To-do			
☒ 강원랜드 세미나 ②	☒ cbmc 자기경영S 세미나 └ 뷰티풀 휴먼(강촌)	☒ 자기경영S 세미나 ②	✗ 예배
✗ Check-out (key)		☒ 3P 마스터 (강좌 3기) 8h	✗ Blue Time (4~6h)
☒ 세미나 준비 (Cbmc)		☒ 인천대 나비 지원·후원 └ 양재나비·3P·me	☐ 성공은 바인딩하라 └ 개정판 plan
/ 사무실 정리 (책·바인더)	✗ 이 대표님 식사 (after)	☐ 튀리된 초청특강 피드백	✗ 민건 문자·메일
	✗ 고운세상 독서 컨설팅	✗ Blue Time (2h)	
✗ 관악구청·점검 (4주)	✗ / 산 교육 제안서	✗ 상담 일정 잡기 (2곳)	
5 기상·체조	기상·체조	기상·체조	
6			
7 세면 / Q.T	세면 / Q.T	세면 / Q.T	
8 집정리/와인식	이동 (승격후)·강의CD	이동 (승격후)·강의CD	기상·체조
9 세미나 준비/PPT	세미나 준비	세미나 준비	with 수진
10 강원랜드 세미나②	CBMC 자기경영학교 7기 (26名+α)	자기경영학교 ②	이동 (다운교회)
11 ⑦ 업무관리 (new 3D) ⑧ 독서경영	① 커뮤니케이션 스킬	⑧ 평생계획표 w/s ⑨ 마인드맵 실습 w/s	예배(목적은 춤리지×)
12 ⑨ 사명선언서 (w/s)	② 성과 ③ 기록관리	⑩ 독서경영 ⑪ 사명선언서 w/s	식사·교제 (향상덮 가족)
1 정리 / 상무님 m/t	④ 복표관리		이동 (양재)
2 식사 (리조트 식당)	⑤ 꿈 List 작성 w/s	소감문·수료식	
3	⑥ 연간계획표 작성 w/s		Blue Time
4 이동 (서울)	⑦ 지식관리 w/s (바인더 사용법)	정리·피드백	① 독서 ② Binder 평가
5 장T.me. (임B·김B→관흥大)		이동 (서초동 연구소) 강의 CD	③ 개정판 plan ④ 민건 문자/메일
6	정리		
7 세미나 준비 교재·일정·트럭크	식사: 이학현 대학 (평양냉면)	사무실 (정리)	식사 (Home. 장T)
8 목장 모임 (식사는 나눔)	이동 (서초동 연구소) 강의 CD	식사	주간계획표 color check 다음주 목표잡기
9 4+ VIP 1		Blue Time (독서)	
10 Thanks	세미나 준비 (트럭크 2개)		
11 좋은 평가에 감사!			
12 plan do → 확장성·언론보도 지시.			

© 3P BINDER (특허 제 10-0979481)

'3P바인더'를 활용한 주간계획표 작성방법

- **실행to-do에 집중하라**

목표를 아무리 잘 잡아도 실행하지 않으면 소용이 없다.
목표-전략-실행은 한 세트로 인식해야 한다.
그래서 목표칸 아래에 'To-Do(실행, 오늘의 할 일)'칸을 만들었다.
다음 날 할 일을 6가지 쓰는 것으로 시작하라.
이 원리를 이용해 수많은 사람이 큰 성과를 보았다.

- **우선순위=체크박스 check box**

목표나 실행에 있어 우선순위가 A급인 경우 체크박스(■→■)를 하면 우선순위를 놓치지 않게 된다. 우선순위 A급인 것을 먼저 하고, 끝마치면 우선순위 B급, C급의 일이 자동적으로 해결되는 경우가 대부분이다.

- **피드백feedback의 힘**

경영학의 아버지 피터 드러커 교수는 자기관리의 중요한 도구로 '피드백'을 평생 실행하며 35권의 책 저술을 통해 인류사에 남는 대단한 성과를 거두었다.
'자기관리'의 강렬한 도구 중의 하나가 피드백임을 자각하고 매일 실천해야 한다.

☐ 중요한일 ◫ 진행중 ☒ 완료 ← 취소 → 연기·위임

- **시간의 견적서 · 시간의 가계부**

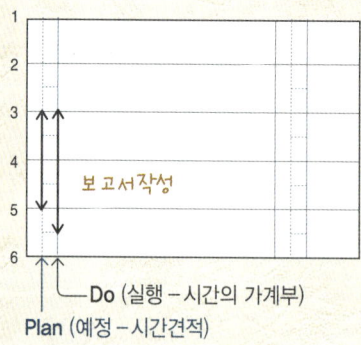

시간관리의 핵심은 '너의 시간을 알라'이다.
시간을 알기 위해서 시간을 기록해야 하며, 시간기록은 '견적서'와 '가계부'가 핵심이다.

위클리
컬러 체크

『시간을 정복한 남자 류비셰프』에 소개되는 류비셰프는 구 소련의 과학자이다. 그는 시간 통계 노트를 활용해 대단한 성과를 이루었다. 예를 들어 수정작업(30분), 생물학 관련 문서(12시간), 도서색인(6시간 55분), 편지쓰기(28분) 등 일상의 모든 시간을 무려 56년간이나 기록했다.

그는 70권의 학술서적과 1만 2,500여 장(단행본 100권 분량)의 연구논문 외에도 방대한 분량의 저작을 남겼다.

1996년 초 류비셰프의 책을 읽고 이에 감동 받은 필자는 류비셰프를 그대로 따라 했다가 1주일도 버티지 못하고 포기했다. 그야말로 초인적인 혹은 수도승적 인내와 끈기를 요구했기에 한계를 절감하며 좌절했다.

이후에도 업무와 업무 외 시간, 내근과 외근시간, 야근시간, 주당 총 근무시간 등의 통계를 내보려 시도했지만 번번히 실패하고 포기했다.

그러던 중 2008년도에 3P자기경영연구소의 강사과정을 이수한 마스터 한 분이 6가지 컬러로 시간을 구분하는 아이디어를 제안하였다. 그러나 지나친 디테일은 실행력을 저하시킨다는 경험 때문에 선뜻 받아들이지 못하다가 부분적으로 시도했다. 형광펜 색깔을 수를 생각하여 우선 6가지를 5가지로 단순화시켜 각 컬러의 영역을 재정의했다.

1) 분홍색 Pink: 정열적인 색. 부가가치 업무와 직접 성과, 즉 돈이 되는 업무 또는 주 업무를 표시했다. 학생의 경우는 실제 의미가 있는 자기주도 학습시간을 말한다.

2) 주황색 Orange: 비 부가가치업무 또는 준비업무 등 간접 성과를 표시한다. 학생의 경우 학교 수업 혹은 학원 수업 등 비자기주도 학습시간을 표시한다.

3) 연두색 Green: 산과 들, 초원의 색. 가정, 봉사, 신앙생활 등 개인적인 시간을 표시한다.

4) 하늘색 Sky Blue: 하늘을 상징하는 희망의 색. 교육, 세미나, 독서, 운동, 취미 등 자기계발 시간을 표시한다.

5) 보라색 Purple: 서양에서 왕과 귀족들이 사용했던 색. 인맥, 미팅, 커뮤니티 등 휴먼 네트워크 활동을 표시한다.

주간계획표를 다 쓴 후에 5가지 컬러로 평가하는 것은 류비셰프의 방식처럼 어렵지 않으면서 자신의 주간 시간 사용을 평가할 수 있는 획기적인 방법이다. 더불어 이 방식은 무척 재미있고 유익하며 지속가능하다. 그리고 무엇보다 자기 자신이 시간의 주체가 되어 스스로 관리하고 평가할 수 있다.

Weekly Color Check

위클리 컬러 체크 영역

- 주간스케줄을 영역별로 컬러링하여 한 주의 업무를 스스로 평가하고 관리
- 형광펜으로 영역 테두리를 컬러링하는 강력한 Feed-back의 효과
- 평가(측정)하지 않으면 관리할 수 없습니다

Color	Sphere	Example
Pink (분홍)	직접성과 / 주 업무 (부가가치업무)	주된 업무로서 직접적인 성과로 이어지는 일 및 활동 ◆ 영업직 : 계약성사 ◆ 관리직 : 기획서 & 제안서 ◆ 디자인 : 개발 및 창작
Orange (주황)	간접성과 / 보조 업무 (비부가가치업무)	주 업무를 위한 보조 업무로 비 부가가치적이나 간접성과를 내는 일 및 타 부서를 돕는 활동 ◆ 영업직 : 고객미팅 자료 준비 ◆ 관리직 : 자료 조사 및 전화 상담 ◆ 디자인 : 타 부서 파견, 시장조사
Green (연두)	개인 (신앙생활, 가정, 봉사활동)	◆ 신앙생활 및 사회봉사 활동 ◆ 생일, 결혼식 등 기념일 및 이벤트 ◆ 여행, 가족과의 여가 및 쇼핑 ◆ 개인의 취미활동
Sky blue (하늘)	자기계발	독서, 교육, 세미나, 운동 등
Purple (보라)	휴먼 네트워크	인맥 관련 미팅이나, 커뮤니티 모임

© 3P BINDER

박상배 강사의 주간계획표

하루일정관리 → 사랑의 변화   W.T.A 답인되자! 박상배

6月 MONTH

Don't Forget (대리변비)
- 어머니의 지혜 (평택중)
  → 5천만원 아버지용서기회로
- 박상배 아버지, 어머니 새로운생활

Objective Business
- ☒ 유성한 경정연 - 320 규직청 드레콜룩슈한
  김리하
- Coach 5명 추가 모집할것 (이성경)

Private
- ☒ 2층문제 (출판등록 문제의로) , 7월이사 문제
- ☒ 전선래영수증 정리한것 (강나들 실장)
- ☒ 묘재변경   (JPC 연계병)

Weekly Meeting

3기 진행쟁!!

☑ KMA 독서경영 강사과정
1. 김지원   ⑰ 송유리
2. 이혜현   ⑱ 진녹식
3. 이재력
4. 임명득
5. 김근욱
6. 류봉주
7. 근세상
8. 근세상
9. 송경희 (☑)
10. 이한응
11. 이희경 (☑)
12. 가르헨비어
13. 가르헨비어
14. 최성모원장
15. 한병택 [180만원]
16. 형형낭

"도 아니면 모"
→ 그릇 6AP
  "돈을 벌었을 때 그 사람의
  기량을 알 수 있는 가장좋은때"
→ 기량 그 사람의 가장 약한 Check 부분에서 모습드러냄

7P ☐ 머리변비
→ 머리에 지식을 쌓아 두기만 하고 실천하지 않는 것을 못함
  리는, 판
☐ 대응 60% 경재적 인정
  → 트래피, 대응 따르러
  → 대응이용 조직문 전략 기업

MON 10
Event 황진영 첫 출근

To-do
- 행복경정 통화업무인수
- 사업자등록증 사본 매일
- ☑ 가르덴리러
  → 리더쉽 workshop
  → 마지막정신 1%
  → 페드백 [40영수입지사로] (3P bmna 로고)
- ☑ 정원 코칭 약속
  보낫 실행계획서
  3 Key-word 두루비 80문집 (경한형대표)

5시40분 기상
<그림>
빗지거거건에 관련 매터리아
홍의지원 <북건선 강사>
- 선경의 맥 1446~450 <강성>
  영예, 씨뱉에있는 로고집
  주간리
- ☑ 병정간 290,100원 입금 (4/1)
  전규칙선에게 병고 (KMA 죄성원)
  <번게선> 개발동증 김영의
  <이호환> 택<순한> 장남
  <하루들> 아이기
  이재력, 김근욱, 임명득
  이혜현, 김지원, 기영가에
  조긴택, 최성모
  선봉수
- 정원회임정 약속 디고리림
  KMA 독서경영 마스터 7기
- 정원회 Coaching <NGO>

- 포레저 인천면접 11명 모집
  KMA 돈사경영 전화CE
- 박상재 5천원는 송공
  영영전력

TUE 火 11
엔허스코리아 독서경영 4차
- ☒ 운선연 10만원 입음
- ☒ 김리하 라인 있음
- ☑ 학약찬 (엄이샀 임음
- ☒ 이희경 Coach <양주건대대표
  이렴 선사서 컬럭
- ☒ 본제란(기호 양동 요한 8GB
  → 40명 추가지급 논의
  → 신바명 내는 사람-박상배
- ✗ 그곳 책임기 - 마음정리
- ✗ 류봉수 자료 보낼것 (경한선)
  사택 3:40기수

그곳 (서로부리)
사원의 크기는 무엇으로 결정되는가?
그러면 묵어떼!

엔허스코리아 독서경영 4차
- 품성정성 Top-secret
- 이희정권학 철장과 인계
  → 양원업대   → 피드백

1% 리킬업 준비
 가르헨인재성
 영상 안쓰사

[류경진이사 미팅]
행복경정 김학연행의
현건업무
1% 미지막전선

[녁 재거법에 양되임비
[SK] 취미유재뷔리즘에 225에

가마를원정작 6,000원 사아
 원김당평종님 원진CAll
 KMA 독서경영 Master
 [리더]

예약안설치 '김연아'
천숙기술 @ 9000만원

이동 OfReS 모니터
관객사임

* 청 소대에서
  지원는 먼어낸 대기

WED 水 12
김영연대표이사 010-2896-2896
한상진실장 010-9964-5015

강의현대폭 - 동기부여강의
→ PPT의존안고 (강선천)

Coach9기교재 제작
→ 이성경과장

☒ 곡산소영리휴지

출판시미팅 (신)

기말고사

SBS 전보여지 인쇄 (체크)↓
지배적   [선경의 맥 점이와
       what's off school 준비
       <강성천> 457~ 404p
       [의시, 지식, 교통]

체럼감동시장
< 7Team 8 마리 >

5천 전실생신
→ 김진명 (커벽)
[교육사례] 이혜루
          Stir Rich
          이해독 살장
          010-7635-1349
대형점 ISSUE
빈점 GAP

스테리칭 인공비아지 컨벤팅 3층
이혜루
 강 이러경 이러칭 활순
 견한 Hoeting (리)

환건의 사진 danger
[OD 마케팅 d.iflcuto
청군처①   일자인
학선지 독서점

122p 사랑의 기량이란?
자신의 기분을 스스로 다스리지 못하면 기량은 커지지 않는다.

2013 年 YEAR

Objective
X 3P Coach 과정 13명 모집 → 김봉목

Private
병점고 A4
□ IDEA

Study 백점선, 강의수 ★★★★
☒ 빛 가려지게 않으려면....
X 아들수도 많은 이 아이나 (이의수)
/ 정중한 사려깊은 명경의 기도

---

13 THU 木

Event (민방위훈련 누락)

To-do
☑ 책 사례 (10명 선정)
☑ Opening 연습
  └ Coach 과정 사진정검 준비 부족
    (꽃꽂이 꽃가라)
  └ 인쇄지간능 스트레헝컨
  └ 컨센정검
  └ 근신대강의 (새로운 이메테마)
  └ 전략검토
  └ 민방위훈련 (신관대)
    └ check 요망

5
6 민방위훈련 소집
7 성링 → 양지 지체이동
  해생의 모커만 Ready
8 Q.T 설전의 액
  10 Page 라킨
9 인건선택 받기오사례 (백력)
  김인숙난장 • 태크3프로싱 의뢰
10
11 유래기작가
  사기 정검 北
12 가야금전주곡 〈6주영〉
1 Coach 과정 교제제각
2 유성한. 환성명
3 경성한명 손이앞는 책임기
  Review
4 트레이닝
  (축전검사)
  책집검단비
5 이현측 건너. 이재혁 Coach 진단
  동일 주말
6 현언의 비언 만들기
  ① 창의 festival 비언어
7 ② 2-3인 정도 설거 비언어
  ③ 책 출간 비언 만들기
8 시간은 기다려주지 않아!!!

14 FRI 金

3P Coach 9기 1일차
장국영
X 용원연수원 장소 (카바앤)
/ 강성찬 파일 받기 (pm4h)
X 광목오예배보지 Coach 9기
X 이재혁 책사례 따두삭
☒ 2,200,000 • 친숙자 독건라
☒ 홍입되 → 16,552,000원
  └ 전차게서 5% 각전전충의
  └ 유경리이사연 8간 (금일)

〈기도개획라긴〉
하나님의 목적지 (6:00~6:40)
스트레뉘. 선참 • 양각

양지 → 효부체찌연수원
0:15~8:25

A진. 7:00 B진. 6:00
Table letting 2계주

성가당직배
편지 9기 과 주교연석취
강의자자 호비
성가당진 지윤up (이정경)
강로 " 유네재초편지" → Review
돈과 모적계fund: 150만
추려. 150만 성가모급 붙천
※ 책링 contents Review
  성과. 강의

3P Coaching workshop
• 기눅의 • 사진러리
• 진행창 Let.
WTA Coaching - 박상배
  write
  Think
  Act

WAT's up school
가트렌 <측전회이션제크>
홍전이형 (ha 비누이의조)
내정행동
9기 대박 <대가격치>
엔마음 정리ap
□ BK 8가지 여각 니가기
① P.P.T 정갈엔정형
② 기독의 3백명 설명

↓ 12:30분 출발

15 SAT 土

3P Coach 9기 2일차

〈경기정책정리〉
목적: 시명. 비전. 방향
↓
목표 (MBO): 장기→ 중기 →단기
↓
전략: 머리. 스토리지
↓
전술 (실행): 손. 발. 시반

3P Coach Information
함영성 코치

스트레싱. 엄마
사위복 진비 (방정리)
주간예배
Weekly 정리. 강의준비   강원선
지본기원   1H: 주간장리   M매작
•목적계   2H: 목적계   ↓매
시간관리   3H: 백자건   •경정
2차근엉   pmlh
박빈자기 (경빈) 역
→ 1년 연가치이행

12시 사장점명 - 사사연주
→ 역을내 주비
9기 안소도 (3차진)
경비비 계좌검트
□ 0/26 pm4시 4차
paper Test 축제
3P코치 Information
13명 3분 성장 만투

컨팅색 - 김도화 사례

메출, 답내다라, 세슈
정보주, 컨경본, 박햄헝 참께
파주 > 양자 1시간반 이동
→ 차축전준비 (10,000 질양)
아내와 예배와 함께
집에서 헌쿨시간 비내
           (박이빈 정리)
1~2인 근지 과정
산울빼 찾아가서 강사업다
최고를 하다 → 장농편 전수없고
최강

16 SUN 日

□ WAT's 내 과정

→ Convert, 100일. 나만의비야

X 가신 경량은 좋아까게 (아내함께)
X 이현철 원고 검토 #

미시기상 〈 1~2인 근지 여유〉

아들수도 많은 나 아이니
얼등강조웃 → 자신 백자의 인정 중요
아내 유산성정기 권지
Q 한천리 바꾸기

Q.T 〈 단스리 〉
빠매뉴스 책 1회 3겜

KHA 복시검에 수건세 연우
박학지 전기색 (두북 성가게
정중한 사러깊은 명경의 기도
(기준인)
① 8간게 훈련위조
② MS (My style plus)
③ ZQMC The easy a QuickM

제일예사
(백일간 TV 시처
(게임., 명경문). 베개→ 방석 유마
KBS Heart '손신'

잡나차 묵딱
"아내와 함께 TV시처"
아내와 대학
아내와 도로도 이야기

손선연 강사의 주간계획표

4 月 MONTH ☐ Review Monthly   ☐ 중요한일 ☐ 진행중 ☒ 완료 ← 취소 → 연기/위임

Don't Forget
- ☒ KMA 강사 양성 교육
- ☒ 한차농이운화협회 자격등 방송 모임
- ☒ 대학원 수업

Objective Business
- ☒ 경기고 동문회 진행건 미팅
- ☒ 엔터스코리아 독서경영 #1 observer

Private
- ☒ 성경필사
- ☒ 핫요가운동
- ☒ 독서

Weekly Meeting

유승흠교수님 사무실
을지로입구 3번출구
(2호선)
교원내림빌딩
→ 경기빌딩 1203호
2013. 5. 6 (月)

□ 모주대행사 (59회)
시: 5PM start
장: Grand seoul COEX
5:30 PM 진행 ~6:30

[기본식]
1. 손님소개 (로사5명)
   옷차 → 실물점수
2. 종동창회장 (김영한) 축사
[만찬] 6:30~7:30
3. 해외동문 소개
   - 동창회장 (유승흠)
   (식사)
4. 건배 — 미주지역 총동창회장 박태안
5. 축사 안녕 (원선생님)
6. 여행이내 — 윤자겸 범교외장

축하공연: 50분 1990~20을 김도향, 채이영교수/정영덕
(KMA독서경영)
Check: [엔터스코리아 (7시~9시)] 4
☐ 서울시 마포구
   양원동 315-8번지
   대상: 25~30명
   (총회비용 20:5) 7
   근속기간: (평균 13년)
   7년3~4년 4명
   1년미만 6명 8
   소통: 각부서 내부협
   (성과부 등)
   교류가 잘 없다
   식사, 희의 외에
   다른 왕이 없다. 12
- 해야: 9시~6시
  주민의식, 청결. 소통. 정리
  (binder)

	29 MON 月	30 TUE 火	1 WED 水
Event	경기고 동문회 진행미팅	엔터스코리아 독서경영 #1	근로자의 날 - 가족

To-do	☒ 경기고 동문회 진행 미팅
	☒ 한차농이운화협회 자격등 받는 모임
	☒ 독서 (독한의자전략 p.150)
	☒ 성경필사
	☒ '아이언맨' movie관람
	☒ 롯데백화점 쇼핑
	☒ 나대편심 커피숀 양초 (2주, 000원)
		☒ 엔터스코리아 독서경영 #1 observer
		☒ 독서 (에세이버스 p.1~끝)
		☒ 성경필사
		☒ 논문검색 및 연구
		☒ 핫요가운동
		☒ 사우나
		☒ 연대축제장 이용권 구입 (60일권 - 30장)
			☒ 아들과 놀아주기
			☒ 집청소 & 정리
			☒ 경기도경찰(4기계) 수원
			  CS 강의 지도안 미팅
			  강의안 초안 작성 & 프로덕션
			  보내기
			☒ 대학원리포트 최종점검
			☒ 독서 & 소설 (단번에게 p1~글)
			☒ 아들 목욕 □ 단정, 기장 택배 반기

	아자아자	Happy
	☆	식사 국밀 (사단)	식사 국밀 (사단)
	출발	엔터스코리아 독서경영 observe ↓ 4개의 스위치 D, 벤처스 이야기 - 가득 - 슬이야기 - 대본얽고 이동 - 시도, 심사, 제이블 - 개 20분동안	집 방문상담 방안 아들과 놀아주기 channel 71, 카툰월 연암함께 보여 즐감하기
	유승흠교수님 면담 종회 토의적		휴식 수면 졸려 zzz
	이동 (자카시) 독서 대원 공개방송 (KOCW)	이동 (자가용) 언데축제장 이용권구입	식사 라면 - 너무 맛나다 다른 라면 경기도경찰 (회사기) 수원 CS 강의 지도안 미팅 강의안 초안 작성 & 프로덕션 보내기
	'아이언맨 5' movie 관람 강자트. 다우니 주니어의 매력 돋보임 - 마지막까지 눈을 모음이 너무 자극적인 건강미 ♥	독서 (에세이버스 P.1~끝) 사랑 표현 5가지 1. 시간을 내어주기 2. 귀를 기울이기 3. 인정하기 4. 성격과. 5. 장점을. 이끌어내기	휴식 (운도, 음약, 박가운동 With 아들, 명원지역)
	롯데백화점 쇼핑 - 옷가지 유적 역구 마트	휴식 잠시놓쳐 - 진원묘	아들 목욕 놓아주는~
	경기고 동문회 진행 미팅 - 프로그램	논문 검색 + 연구 의사 커뮤니케이션, 자료 6개 → 의사 교정 준비	대학원리포트 최종점검 & 보내기
	이동 (식사차) 연대 어쩌스 감상	이동 (자가용)	'청첩카 사범사' arm에 의문
	휴식 차디비빙 란화 (포지) 설레임!	한요가운동 - 피크네스 - 도반 유연성↑	저녁식사 곽낭비 (단싸게 p1, ~글) - good!
	한국녹이문화협회 자격증 받는 모임 6명 참석	사우나 2명 대기인원 없음, 13명 대기 → angry! 그냥 대권르고 ~	독서 (단싸게 pl ~글) 인능악의 life 소.소 focus 의 감은 공정, 깨달을
	☐ 맨우 복습비 ☐ 강사요청		독서 + 블렌딩토로 경기
	아들		제35 ☐ 삼종연합. sweet spot 의미지 경계 사라지고 $
	정함의 신. 시청 강화류으로 것아가는 기념	겨울의 신. 시청 정녹동으로 것아가는 기념	
	성경필사	성경필사	

plan - do

2013 YEAR 18주

비비부불 용감미인 대칭
(비난, 비판, 부정불평 / 용서, 감사, 미소, 인사, 대화, 칭찬 O)

Objective Business
- ☒ KMA 강사양성 교육 참석
- ✗ 3P 뉴사업 미팅
- ✗ 경기경찰 CS 강의안 작성 50%

Private
- ✗ 대학원 수업
- ✗ 하요가운동
- ✗ 독서
- ☒ 병경사례리포트제출 (★)

Study
- ☒ 마지막 1% 정리
- ✗ 독두의 권유
- ✗ 피상기 ☒ 땅에게
- ✗ 메니지버스
  ☒ 팀으로 일하라

	2 THU 木	3 FRI 金	4 SAT 土	5 SUN 日
Event	대학원수업	KMA 강사 양성교육 #1	KMA 강사양성과정 #2	고등부예배 & 여전이주일
To-do	✗ 병원경영논문 수업	☒ KMA강사양성교육 참석	☒ KMA강사양성교육참석	✗ 고등부예배 & 여전이주일
	✗ 병원경영사례 수업	✗ 뉴사업 미팅 (시사)	✗ 성경필사	☒ 경기경찰 CS강의안 작성 50%
	✗ 직업병사례 스프라인 수업	✗ SLA 토론법 강의안 개발	✗ 비전스쿨강의	✗ 성경필사
	✗ '탤런트코드' 책 concept 화 PPT 작성	✗ 독서 (마지막 1% 정리 p.1~70)	✗ 합성도감타맹색 강의	✗ 독서
	✗ 하요가운동	✗ 전임교수법강의	✗ 강의 role play 실습	✗ 교사원제획
	✗ 독서 (팀으로 일하라) p.1~60	✗ 남편 생일 챙기기	✗ 현장님의 knowhow 교육	✗ 경기동문회시험장 Q-sheet 제작 100%
	✗ 성경필사		✗ 된장 & 간장 챙기기	✗ 된장 배송

corporate social responsibility

큰그림보아라. Big Picture. — To do list에 꾀어머 목표를 Event化 하라.

6月 MONTH ☐ Review Monthly ☐ 중요한일 ☐ 진행중 ☒ 완료 ☐ 취소 ☐ 연기·위임

Don't Forget	Objective Business	Private
유일한 자기학습도구는 피드백이다.	✗ 독서경영 R&D 각 프로그램 Setting ✗ 고운세상 외부특강 독서경영컨설팅 ✗ 블로그 리뉴얼 통한 새 디자인 4주 모집	✗ 체크체크리스트 Report ✗ 서정이랑 같이 반 독서 ✗ 예정이에게 식사·책자

Weekly Meeting

출동도 5% 가아니 a%.
중심이 예문과, 믿음이
감사한 마음으로 하루를
열까합니다.

☒ 독서경영 R&D
 - 원포인트 / SLA
 - Time Schedule
☒ 체크리스트 Report
☒ 마스터 BMRT
☒ 고운세상 외부특강 독서
☐ 블로그 교재 포스팅
☒ 목자예배
- 태선자라 식사
☐ 운동 (이번주 2회)
☐ 예정이에게 식사 (선물준비)
☐ 지에게 집중의 선물
☒ 서정이랑 같이 반 독서동아리
☐ 제주도 여행
☐ 독서경영 기본 과정 우선순위
☒ 독서 → 예림이

Check :

	3 MON 月	4 TUE 火	5 WED 水
Event	독서경영 R&D	목자예배	고운세상 - 독서경영
To-do	✗ 독서경영 R&D ✗ 꽃 마스터 BMRT ✗ 블로그 게재 (학생에게 도움되는) ✗ 조선대. 가르친센터 사전 면구 ☐ 체크체크리스트 ☐ 신용호 비즈니스 9B Check ☐ 송경희 팀장 - 마인드맵 ☒ 김형기 팀장님 메일 ☐ 청오최 PT 보내기	✗ 독서. 책 읽어주는 엄마 ✗ 목자예배 (17만 온순원) ✗ 체크체크리스트 50P 작성기 ✗ 고운세상 정산등록지 박영 박경아 허선이 이예린 박지영 손서우 장연화	✗ 바인더. 사전정리 ✗ 고운세상외부특강 독서경영 ✗ 체크체크리스트. Report ✗ 운동. 블로그 포스팅 (저녁) ✗ 고운세상 예약정 인력정보 김영희. 김동호. 우라보나 남현정. 담정혜. 임정석 태선자라 식사 (활영)
5			4:50분 기상
6		새벽예배	8:109 5:60분 (서울 고용점검)
7		목적어남 PM	양재 (체크체크리스트 독서)
8	등교준비	출근. 등교준비	고운세상 "님이 잘해주는 없다"
9	양재이동, 바인더체크 체크리스트 독서	서정 독서동아리	<3P 축구> 인생다강 강의
10		↓ 100% 독 아니돈 내년선 ~ 두번은 나누어서 싸워치	운동 이동 DNA새겨짐 운동효과 피드백
11	독서경영 2기 피드백	목자예배	"학자에도 성과 반복 검수보다 되어간다"
12	사전파악·전공·분개·인터뷰 부여서마 : 당기보고·방기위·질문	5% X 95% 죽음같은 고요와 안정함 안 퍼들거 안 있는다	
1	점심 (참쌀순대)	점심 (저수씨음, 성수야) 성심 (저수씨음. 서울고교 블러벅식품도)	점심 (저주육볶음. 샤베순)
2	순영씨 비전공유 나눔. 펙외 지원상 동영성 시청 원포인트레스. Storyboard	운동	원포인트 SLA 동속 숙제인트 Sympathy (Subject / Story
3	당승이. 감정공유 동영성	원포인트. SLA	체크리스트 독서 (일산이동)
4	원포인트레스.	재무장 Check	
5	폴더 (노트북) 정리	저녁	서정보영
6	저녁 (감치찌게. 더기복음)	저녁준비	워크둥으로 고고 이거 선후 신성이 안양었네. 예리
7	BMRT	콩나물죽. 독서들	예정이에 식사 곽주가득. 해맑이
8	PPT 준비손 / 대현경이 축사 사에에 스토리탤링 영화	체크리스트 50p	독서. 진화이가서. 서포터이들이
9	신기한 사진. 유제림 To do list - 장기기억. 시간기		체크리스트 Report
10	일산이동	시사가 하모드리는 사우스 상상없는 섬박처럼 생각.	
11	바코추입	"한번 잘 키우라자" 에 행복하게 웃으리고 생긴 이음.	
12	plan do		

김근하 강사의 주간계획표

2013 年 YEAR

Objective Business	Private	Study
✗ 블로그 포스팅	✗ 가족여행 (캠핑) 도전성공 ✗ 15분 정리의힘 ← 구석정리	✗ 지금 힘들다면 ✗ 유배지 ✗ 체크체크리스트

6 THU 木	7 FRI 金	8 SAT 土	9 SUN 日
Event 현충일 ← 제	주	토	여 행 →
To-do ✗ 구평가기 ✗ COSTCO ✗ 블로그 책: 목표설정: 체크 Call 손서연 양순주 이예린 최선희 이주연	✗ 체크체크리스트 Report ✗ 하루정시15분 → 냉장고 ✗ 가족과 식사 ✗ 유배지 · 독서 ✗ 자존 Call 유재표·서자수·이강사 윤영선·이영진	✗ 비전 PPT 연습 ✗ 대선자 전화 ✗ 청소 (먼지제거+걸레) ✗ 운동 (1시20) ✗ 침정 듣기. 관악사대강	✗ 마스터코칭 명함정리 공강부분 계획 세미나정리 유배지PT
5			
6 새벽예배		← 새벽예배	
7 독서:	독서		아침. 독서
8 COSTCO	아침준비		준비
9		마스터코칭 PT 음성파일	준비 (PT)
10 COSTCO (점심식사 준비: 물, 철러주)	냉장고 정리.		
11		카톡방	
12 구평캠핑 (각목야유)	체크체크리스트 리포트	바나나, 철러주	주일예배.
1 점심 (상상실, 김치)	Comt. 구성	치즈볼 10개	시간관리 앞재미동 (바인더 연습). Starbucks
2 결호, 복음 안 가진다고… 체크리스트로 모두 어린다			BMRT 소개 → 해야할 내용 강사의 독서 몇 check
3 독서 (지금 힘들다면 잘하고 있는것이다		바인더 사안	
4 친구들이 이건 내용을 실천 봐. 독서가 같다	고자리 냉면		기록관리 파트너 시간관리 피드백
5 저녁 (김치찌개)	체크리스트 감사…골	청소 (자마에 걸러진호)	
6		청청	pause. 열심히 슬라이드 연습 구체제자가 보여야!!
7 (형 손씨형 듣기는 저거게)		(현장 연이동. ^^	어묵고개
8 탕아	식사준비	(아이에게 더 집중하자	일산이동
9 캠프파이어 (산만상상나다)	Report 제출.	바인더 광리	저녁 (게란. 6파프이카. 철러주)
10 독서. 이동 (파주→가평)	독서	시간관리	유배지 PT.
11 집		가족관리	
12		목동관리	

plan do

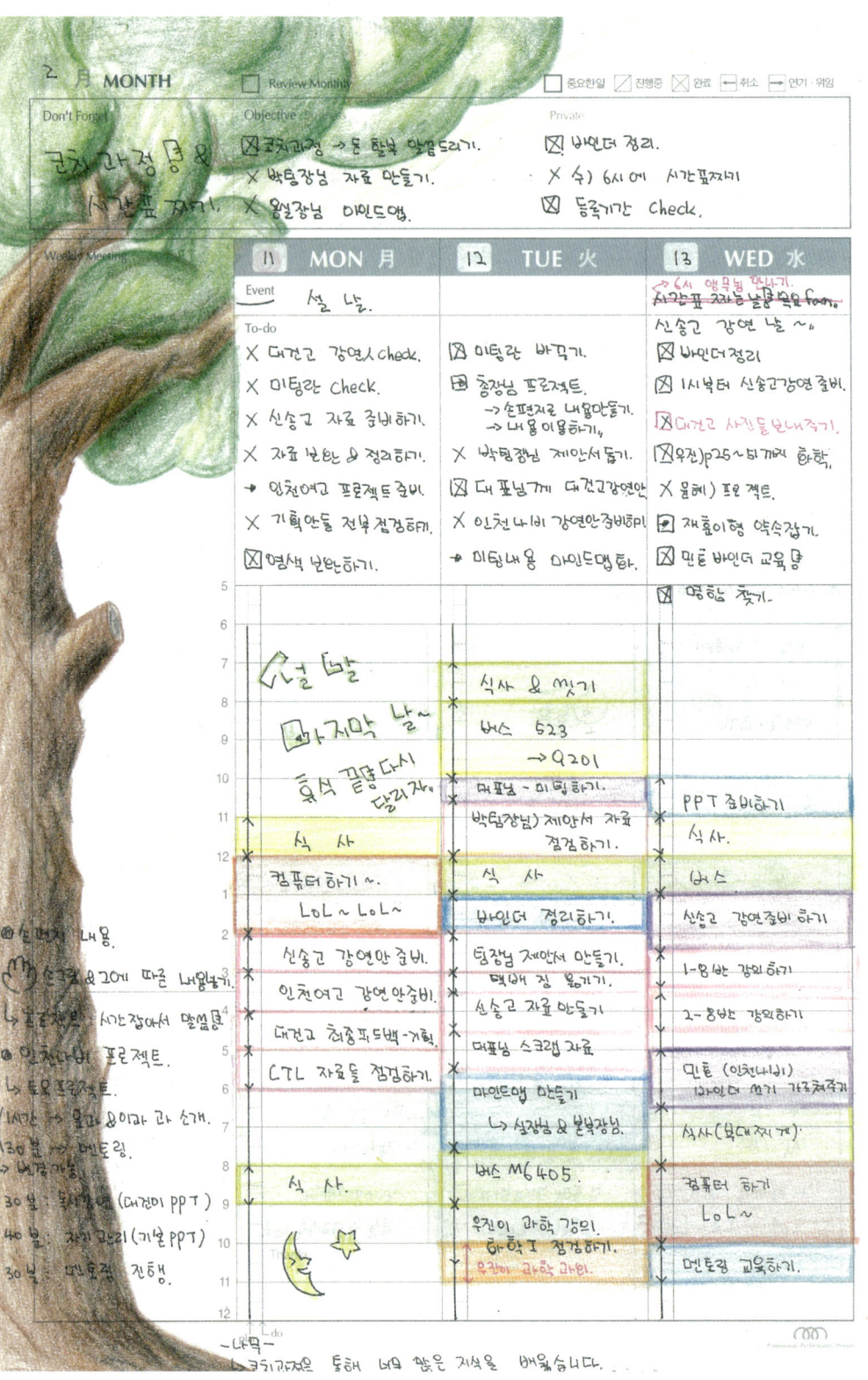

인천대학교 이현국 학생의 주간계획표

2013 年 YEAR 　　　3P BINDER Weekly Light

Objective / Business
- ☒ 인도) 바인더 쓰기 가르쳐 주기.
- ☒ 시간표 짜기
- ☒ 대표님 강연 잡기 - 정우 딸.

Private
- ☒ 정민? To-do 옆에 ⓑ 이렇게 → 급하건 예전에는 필요한 것.
- ☑ 양식지 만들기.
- ☒ 내 프로필 : 사진들 넣고, 만들기, ★
- ☒ 만든 문서들 넣어두기. → 한 줄 띄움. 이제 무슨 아이디어.

Study

---

14 THU 木	15 FRI 金	16 SAT 土	17 SUN 日
Event	3P 코치 과정 ~ 박팀장님 팀.		
To-do			
☒ 서브바인더 챙기기. → 3P에서 점요. ☒ Cooch 준비물 - 메인 바인더. - 도서 "성공 바인딩 하라" - 개인 서브 도구 ☒ 바인더 구입. → 서브바인더 5권씩에 → 주간계획. ☒ 짐 챙기고 자기. ☒ 개 학팀 연결 해주기.	☒ 인증조건 → 1박2일 수료 → 필독6권 리포트 → 메인 바인더 → 서브바인더 → 3P 전용 5속 → 3P 강의 8시간참여. ☒ 5시에 과장님 만나기. ☒ 무비메이커 준비하기. ☒ 석탈하는거 → 음성재생께, 연결해 볼 것.	☒ 무비메이커 연습 하기 → 정심시간에 과장님 이량. X 성·바 읽기. 60페이지. ☒ "책임은 명" → 복사고 봄. ☒ 근계획의 방향 알아보기.	X 라희 약속 check X 유전이 과외 약속에. ☒ 인천나비 & 라희 잡기. ☒ 용건) 숙제 하는것, 시간처리. ☒ 7시 까지 오시간 읽은 페이지와 맥결과 키워드.

시간	14 THU	15 FRI	16 SAT	17 SUN
5				
6			기상	
7		버스 523→1300	세 수.	←
8		→ 8906. 과장님 차.	식사 및 준비.	성·바 읽기 10시, 읽 봄꺼씩 고침
9	버스 523			
10	→9201	이사님 C·S 강의	강규형 대표님 마인드앱.	식 사
11	양재문 중간 서점 에서 책. 3P 서구들.	→ 프라세스 & 피플들.	박상배 팀장님 → 코칭.	씻 기
12	식 사.	식 사.	↑ 식사 & 생각적기 식 사	리 과학 준비 하기
1	용실잠님 자료정리하기.	강규형 대표님.	박상배 팀장님 → 코칭.	라희 미팅.
2		→3p 핵심 컨텐츠.		
3	↑ 인천나비 준비하기.		Test & 마무리	프레즐 & 버스
4	3p 코치 잠보기. 또스근 → 트너어 → 딱 & 코치님 샘님 파티.	박상배 팀장님 → 바인더 설라르칭, WTA.	무비메이커 만들기.	성·바 읽기 (전 페이지) & 볼꺼씩 5장. 나머지
5			식 사 (묵도리탕)	
6	인천나비 준비하기	식 사	양재역으로 돌 → 주영이형 차단프.	시간도 짜기 & 목5fom 식사.
7				
8	식 사 코치 준비하기, 규회팀	용실장님 → 깔끔한 남자 이현국.	버스 9201 → 523	버 스.
9	용실장님 자료 정리		식 사 (북대찌개)	유전이 과외. - 목표. 한 I 약 Point
10		코칭.		
11	버스 9201 → 택시.	→ 8셔전 만들기.		
12				

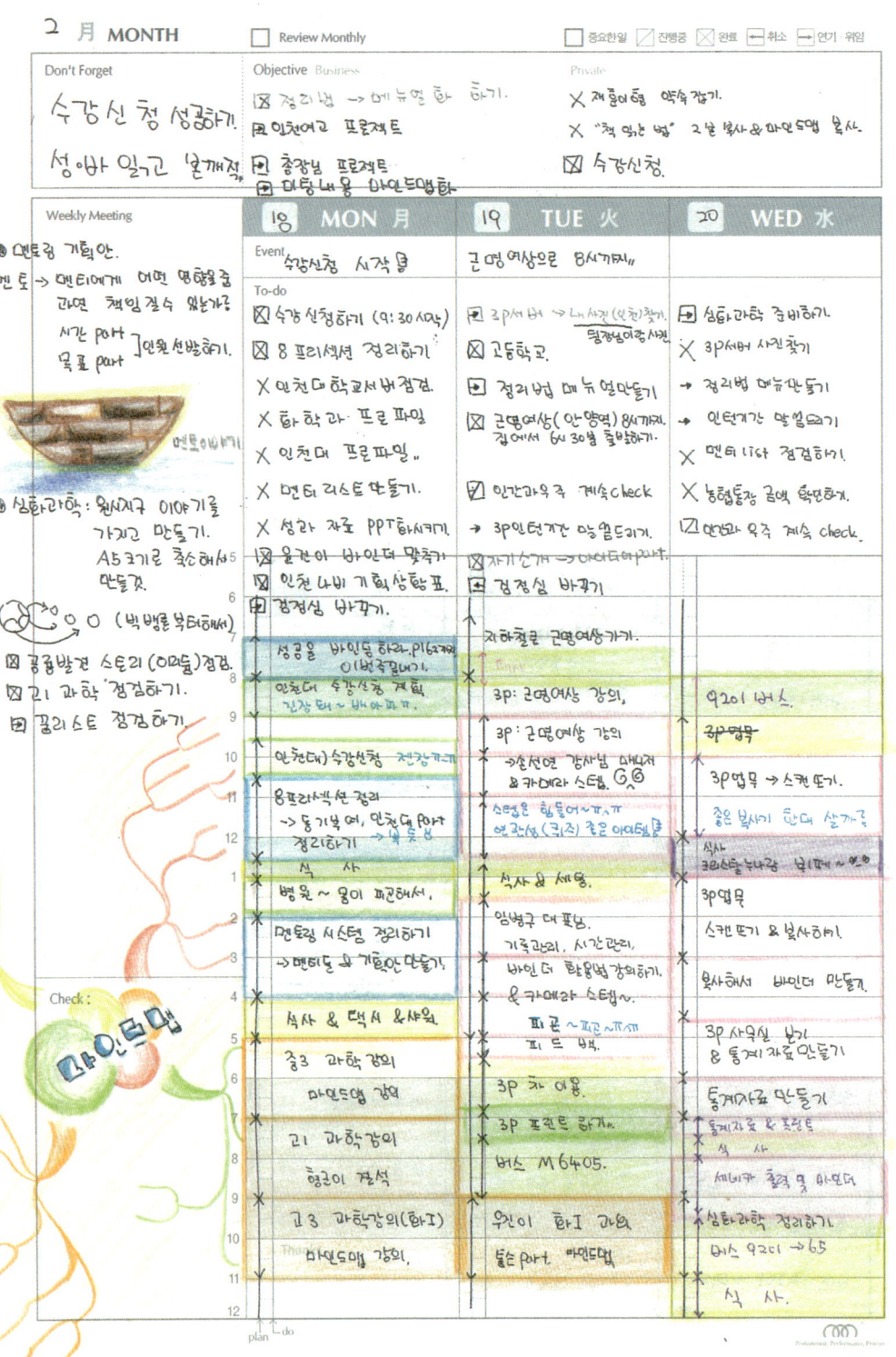

06
Dream of Miracle Binder

시간관리 습관 만들기 –
매일, 주말, 휴일 3%의 습관

주간계획표
습관

세계적인 동기부여가 브라이언 트레이시는 『백만불짜리 습관』에서 "심리학과 성공학 분야의 가장 중요한 발견은 당신이 생각하고 느끼고 행동하고 성취하는 모든 것의 95%가 습관의 결과라는 사실이다."라고 했다. 그럼에도 우리에게 희망을 주는 것은 습관은 연습과 반복을 통해 학습할 수 있다는 것이다.

『성공하는 사람들의 7가지 습관』의 저자 스티븐 코비 박사는 "우리의 성품은 근본적으로 습관의 복합체이다."라고 했다. "우리가 생각의 씨앗을 뿌리면 행동의 열매를 보게 되고, 행동의 씨앗을 뿌리면 습관의 열매를 얻는다. 습관의 씨앗은 성품을 얻게 하고 성품은 우리의 운명을 결정짓는다. 코비 박사는 또한 습관을 지식(무엇을, 왜), 기술(어떻게), 욕망(원하는 것)의 혼합체로 정의한다. 무엇인가를 습관화하기 위해서는 반드시 이 3가지를 가져야 한다고 주장한다.

『습관의 힘』의 저자 찰스 두히그는 우리가 매일 행하는 행동의 40%가 의사결정의 결과가 아니라 습관 때문이라고 했다. 찰스 두히그는 습관을 개인차원, 기업과 조직 습관, 사회 습관까지 확장해 호평을 받았다.

그는 습관의 3단계 고리로 ①신호(자극과 명령, 방아쇠) ②반복행동(몸의 행동, 심리변화, 감정변화) ③보상이라고 말한다.

앞에서 소개한 습관에 관한 세계적인 베스트셀러 3권의 주장과 원리를 만족시키는 도구가 바로 주간계획표(위클리라이트)이다. 연습과 반복이 가능하고 지식이자 기술이며 신호와 반복행동, 보상을 주기 때문이다.

주간계획표 -
매일 습관 3% (15분)

주간계획표는 책상에 늘 펴놓고 일하는 것이 좋다. 에베레스트 산 정상을 정복하기 위해서는 베이스 캠프를 치는 것이 필수이듯 업무의 베이스캠프가 주간계획표이다. 급한 일에 쫓기더라도 다시 주간계획표로 돌아오면 목표와 중요한 일, 우선순위, 시간 등을 놓치지 않게 된다. 늘 주간계획표를 펴놓고 일하지만 시간 기록은 정해진 시간에 집중해서 하는 습관을 갖는 것이 필요하다.

업무시간은 대개 하루 8시간 즉 480분이다. 그중에 3%인 15분만 투자하자. 아침 업무시작 전 5분, 점심식사 마치고 5분, 하루 업무 끝나기 전 5분을 활용해 주간계획표를 기록하고 점검하고 체크하는 습관을 갖는 것이다.

주간계획표를 점검할 때에는 목표가 명확한지, To-Do List를 썼는지, 시간을 기록했는지, 우선순위 표시(체크박스)를 했는지, 다음날 할 일 5가지를 기록했는지 등을 체크하는 습관을 갖는다. 혼자 할 때는 휴대폰에 알람을 설정하면 효과적이다. 저자의 세미나에 참가하는 수강생들은 카카오톡, 밴드, 마이피플을 통해 기록, 평가한 주간계획표를 사진을 찍어 공유하고 서로가 서로에게 격려하며 습관화시키고 있다.

주간 계획표 -
주말 습관 3% (60분)

1주일 업무시간은 보통 하루 40시간(2,400분, 8시간×5일)이고 그 3%는 대략 1시간이다.

금요일 퇴근 1시간 전인 오후 5시~6시 사이에는 이번 주 전체를 점검하고 평가하며 다음 주 계획을 세우는 시간으로 습관화한다.

월요일부터 금요일까지의 목표를 달성했는지 실행 여부를 점검하고 누락된 스케줄은 없는지 빠짐없이 체크한다. 시간스케줄 기록은 실시간으로 하는 것이 좋지만 바쁜 스케줄로 인해 기록할 틈을 놓쳤다면 후에 기록해도 좋다. 우리는 한 달 전은 고사하고 어제 한일도 잘 기억나지 않는다. 그러므로 시간을 복기하지 않으면 영원한 인생의 공백이 생기는 셈이 된다. 역시 휴대폰 알람의 도움을 받으면 좋고 동료들과 함께 공유하면 더 효과적이다.

주간 계획표 -
휴일 습관 3% (90분)

토요일, 일요일은 48시간이고 2,880분이다. 3%는 대략 90분이다. 일요일 오후 8시가 되면 집에서 혼자만의 공간으로 간다.

유대인들은 아버지의 책상과 의자가 있다. 아버지의 의자는 아무도 앉을 수 없는 권위의 상징이다. 나만의 권위가 있는 서재, 책상, 혹은 거실의 앉은뱅이 책상도 좋다. 먼저 바인더를 꺼내고 주간계획표를 펼친다. 토요일, 일요일에 있는 사적인 스케줄까지 모두 기록해 본다. 누락된 것이 없으면 형광펜으로 컬러를 체크한다. 그 뒤 한 주일을 얼마나 알차게 보냈는지 평가한다.

그 다음 다음 주 목표를 잡고, 할 일을 기록하고, 우선순위를 설정한다. 미리 한 주일을 조망하며 치밀하게 계획을 세우고 반영한다. 이메일을 미리 확인하고 업무의 일부를 미리 시작하거나 간단한 지시나 미리 준비할 것들을 점검해도 좋다.

일요일 저녁 8시에서 9시 30분까지 1시간 30분은 기막히게 절묘한 시간이다. 저녁식사가 끝나고 보통은 TV 시청시간이다. 그러나 8시에 서재로 가면 8시 뉴스, 9시 뉴스, 연속극, 개그프로그램 등을 자발적으로 포기할 수 있다. 그리고 10시 이전에 취침을 한다.

다음날 월요일은 새벽 5시나 6시에 기상해 간단한 체조, 명상, 기도 등을 하고 출근을 30분 앞당긴다. 도로도 막히지 않고 전철도 여유롭다. 운전할 때 강의 CD를 듣고 전철에서는 책을 읽는다. 30분 일찍 출근해 여유 있게 커피도 내릴 수 있고 계획하고 준비하고 공부할 수 있는 시간이 확보된다.

이렇게 하면 업무를 미리 준비하고 워밍업하기 때문에 월요병이 없을 뿐 아니라 출근하자마자 바로 업무에 몰입하여 성과에 집중할 수 있다. 월요병에 걸린 다른 동료에 비해 출발이 다르고 당연히 일주일 전체를 좋은 컨디션으로 유지 할 수 있다. 이것이 바로 프로가 일하는 방식이다.

시간의
블루존

주간계획표는 어느 날 갑자기 만들어진 것이 아니다. 20년이 넘는 기간 동안 끊임없이 고치고 개선하고 업그레이드시키며 오늘날의 주간계획표가 만들어지게 되었다.

주간계획표에는 새벽 5시부터 저녁 12시까지 총 19시간이 표시되어 있다. 그중에 업무시간(9시~18시)을 제외하고 나머지 칸은 블루컬러로 되어 있다. 블루컬러는 시간의 블루존 Blue Zone 을 표시한 것이다.

업무시간 외에 자신이 의지대로 사용과 활용이 가능한 시간이다.

정해윤 저자의 『점심시간의 재발견』에서는 점심시간 10분의 인맥관리로 1년이면 1백여 명의 인맥이 형성되고, 점심시간 15분의 독서로 1년이면 25권의 책을 읽을 수 있고, 점심시간 20분의 파워워킹으로 1년이면 세 살이 젊어진다고 한다.

나시무라 아키라의 『퇴근 후 3시간』, 다카시마 데쓰지의 『잠자기 전 30분』에서는 퇴근 이후의 시간 활용이 미래의 성장을 결정한다고 주장한다.

필자도 새벽, 점심, 저녁 시간의 중요성에 동의하고 공감하여 주간 계획표상에 컬러로 구분해 놓은 것이다.

주말~휴일
시간의 블루존

금요일 퇴근 후 저녁 6시부터 일요일 저녁 6시까지 약 48시간 중에 4~6시간의 Blue Time을 갖는다. 급한 일과 중요한 일 중에 지혜로운 사람은 중요한 일을 선택한다. 중요한 일을 미리 해 놓으면 급한 일이 줄어든다.

중국어 공부를 미리 하는 것은 급하지는 않다. 그러나 중요하다! 늘 앞서가며 창의적으로 일하기 위해서 일주일에 책 1권, 1년에 50권의 책을 읽는 것은 급하지 않다. 그러나 중요하다! 헬스클럽에 나가 주 4회 이상 땀 흘려 운동하는 것은 급하지 않다. 그러나 그 역시 중요하다!

지금 급하지는 않지만 중요한 일들은 대개 한두 시간으로 끝나지 않는다. 5시간, 10시간, 20시간 등 뭉텅이 시간이 필요하다. 하버드 대학교 리차드 라이트 교수는 아무에게도 방해받지 않고 몇 시간을 통째로 확보하는 것이 효율적인 공부의 첫걸음이라고 강조했다. 이는 하버드 대학교에서 공부도 잘하고 과외활동도 열심히 하는 등 모든 면에서 성공한 학생과 그렇지 못한 학생을 16년간 분석한 결과이다. 때문에 주말~휴일 48시간 중에 4~6시간의 방해받지 않는 Blue Time 을 설정하고 공부하는 것이 좋다. 단 전제 조건이 있다. 가족의 협조를 구해야 한다. 그리고 그 시간 이후에는 가족과 함께 시간을 보내고 가족들에게 봉사하는 것이 중요하다. 물론 가장 좋은 것은 가족과 도서관이나 카페에 가서 함께 공부하는 것이다.

필자의 경우 연 250회 강의를 하는 특성 때문에 토요일이 제일 바쁘다. 그래서 일요일(주일) 오후에는 집 근처에 있는 카페로 간다. 가족과 함께 가면 아내와 어린 딸 아이도 책을 보고 그림을 그리며 코코아를 즐긴다.

오후 2시~6시 혹은 7시까지 4~5시간의 블루타임은 이미 삶의 패턴이자 행복한 습관이 되었다. 요즘은 근처에 사는 직원과 함께하는데 무척 행복해한다. 갓 볶은 커피향과 책 향기가 어우러진 환상과 공부의 축제가 매주 열린다. 그 시간이 항상 기다려지는 것을 보니 중독인 듯싶다.

chapter 4

적자생존 전략

기록
관리

시대를 초월한 생존전략

기록의 도구, 3P 바인더

성과를 지배하는 바인더의 힘

01
Dream of Miracle Binder

시대를 초월한 생존전략

왜 기록해야 하는가?

잊지 않기 위해 기록을 하는가? 아니면 잊기 위해 기록을 하는가? 대개 잊지 않기 위해 기록을 한다고 대답한다. 과연 그럴까? 정답은 '잊기 위해 기록'하는 것이다. 『메모의 기술』의 저자 사카토 켄지(坂戸 健司)도 "기록하고 잊어라. 안심하고 잊을 수 있는 기쁨을 만끽하면서 항상 머리를 창의적으로 쓰는 사람이 성공한다."라고 했다.

그러나 우리는 어떤가? 유치원·초등학교 때부터 두뇌를 기억과 저장 용도로만 사용한다. 주입식으로 일방적인 지식을 집어넣는다.

그러나 그것은 고등학교 때까지만 통한다. 우리나라 중·고등학교 학생들이 세계과학경시대회나 수학경시대회에 나가면 1~5등 사이를 휩쓴다. 그런데 대학을 가면 어떤가? 힘을 쓰지 못한다.

실제로 만 15세 학생들을 대상으로 한 PISA(국제학업성취도조사)의 연구결과에서 한국학생들의 학업성취도가 공히 세계 최고의 수준임에 반해, IMD(스위스 국제경영개발원)에서 발표한 대학의 교육경쟁력 국가순위(세계경쟁력 연감)에서 우리나라는 조사 대상 60개국 가운데 52위를 차지했다.

더 실감나는 예를 들어 보자. 우리나라는 노벨상을 몇 개나 받았는가? 김대중 전 대통령이 받은 평화상뿐이다. 과학이나 기술분야로는 전무하다. 그런데 미국의 시카고 대학은 대학 하나에서만도 노벨상을 85개나 받았다.

이제 두뇌의 짐 일부를 종이에 맡겨야 한다. 그리고 그것을 창의적 사고에 사용해야 한다. 그러나 기억도 하지 않고 기록도 하지 않는 우리의 현실이 안타깝기만 하다.

아인슈타인 스토리

언젠가 아인슈타인과 인터뷰하던 기자가 집 전화번호를 묻자, 아인슈타인은 수첩을 꺼내 자신의 집 전화번호를 찾았다고 한다. 기자가 깜짝 놀라서 "설마 댁 전화번호를 기억하지 못하는 건 아니시죠?" 하고 물었더니, 아인슈타인은 이렇게 대답했다. "집 전화번호 같은 건 기억을 잘 안 합니다. 적어 두면 쉽게 찾을 수 있는 걸 무엇하러 머릿속에 기억해야 합니까?"

적자
생존

찰스 다윈은 적자생존(適者生存)을 주장했다. 환경에 적응하고 강해야만 살아남는다는 의미이다. 그런데 필자는 이를 바꾸어 사용한다. 적자생존이란 '적는 자가 생존한다'는 뜻이다. 물론 우스갯소리지만 기록의 중요성을 말하는 데는 틀림없는 말이다. 실제로 적는 자가 생존하는 사례를 들어 보자.

얼마 전 〈불멸의 이순신〉이 TV 드라마로 방영되면서 이순신 장군에 대해 많은 관심을 끌었다. 대부분의 사람들이 기억하고 있는 이순신은 무과 과거를 보다 낙마해 다리가 부러졌지만 버드나무 가지로 싸매고 다시 시험을 치렀다는 초등학교 때 배운 스토리 정도이며, 역사 시험을 보기 위해 달달 외웠던 해전의 이름과 연도 정도이다. 이순신 장군이 우리 관심에서 멀어져 있을 때 일본은 명치유신 이후 이순신 장군을 철저히 연구했다. 그들은 이순신을 연구해서 그의 전법을 응용해 당시 세계 최강을 자랑하던 러시아의 발틱함대를 격파할 수 있었다.

일본의 대표적 역사 소설가 시바 료타로(司馬遼太郎)는 『언덕 위의 구름』이라는 작품에서 다음과 같이 쓰고 있다.

> 이순신은 당시 조선의 문무관리 중 거의 유일하게 청렴한 인물이었고, 군사통제와 전술능력, 충성심과 용기가 실로 기적이라 할 만한 이상적인 군인이었다.

　　상유십이 미신불사(尙有十二 微臣不死). 이순신 장군이 남긴 말이다. "아직 12척의 배가 남아 있습니다. 그리고 신(이순신)이 죽지 않았습니다(그러므로 적이 감히 우리를 넘보지 못할 것입니다)."라는 뜻이다.

　그 기상과 기개가 대단하다. 백의종군해서 가 보니 배는 다 부서지고 달랑 12척만 남은 상황이었다. 위 글은 수군은 가망이 없으니 수군을 폐하고 육군에 합류하라는 왕의 명령에 대한 답신이다. 한마디로 "조국이여 안심하소서. 이순신이 있습니다."라는 말이 아닌가! 우리에게 이렇게 멋지고 훌륭한 조상이 있다는 것이 감사할 따름이다.

　이순신은 23번 전쟁을 해서 23승을 거두었다. 세계 해전사에서 유일한 무패의 기록이다. 프로축구나 프로야구도 아니고 전쟁을 23번 해서 모두 이겼다니 참으로 놀라울 뿐이다.

　세계 4대 해전이 있다. 살라미스해전, 칼레해전, 트라팔가르해전, 그리고 한산도해전이다. 여기에서 의아한 것은 적함 59척을 격파한 한산도해전이 123척을 격파한 명량대첩보다 더 유명하다는 점이다.

　이순신 장군의 승리 요인을 분석하면, 거북선을 실전 배치했다든가, 학익전술(학 날개 모양으로 진을 치는 전법)을 썼다든가, 첩보전에 능했다든가 하는 것들이 있는데 그보다 더 중요한 한 가지가 있다. 바로 『난중일기』이다. 전쟁 중에 일기를 썼다는 말이다. 우리는 지금 평화 시기인데도 일기를 쓰는 사람이 극히 드물다. 그런데 전쟁 와중에 먹을 갈아 한 글자, 한 글자 일기를 썼다는 것은 수백, 수천 년을 내

다본 혜안이 아닐 수 없다. '상유십이 미신불사', 23전 전승 등의 수많은 정보는 사실 난중일기가 아니면 알 수 있는 방법이 없다.

이순신 장군이 아직도 우리 곁에 살아 있는 이유는 그가 일기를 적었기 때문이다. 이렇듯 기록은 옛날에만 중요했던 것이 아니다. 현대에도 말할 것 없이 중요하다.

박세리 선수가 처음부터 유명했던 것은 아니다. 계속되는 좌절과 어려움을 겪다가 드디어 첫 승을 거두었을 때, 우리나라 모든 언론에서 대서특필했다. "박세리 LPGA 투어 우승!" 그때 한 기자가 박세리에게 미국에서 제일 인상적인 일이 무엇이었느냐고 물었다.

그녀는 이렇게 대답했다.

"그것은 메모하는 습관입니다. 나의 스승인 레드베터는 모든 것을 메모합니다. 새로운 필드의 코스, 주의해야 할 지역, 마음을 편하게 만드는 음식점, 편히 쉴 수 있는 숙소, 동료와의 교제, 플레이 중의 매너와 제스처 등을 다 기록합니다. 그의 세심한 메모가 나에게 시행착오 없는 성장을 이루게 했습니다."

출처: 『스포츠 경향』(2012. 1. 12)

02
Dream of Miracle Binder

기록의 도구,
3P 바인더

500권의
기록

제1장에서 필자가 20년간 만들어 온 기록 바인더를 설명했다. 필자는 업무, 개인관심사, 신앙, 취미 등 영역과 분야를 막론하고 A5 크기로 만든 약 500권의 바인더를 가지고 있다. 그래서 십 수년 전의 바인더 기록을 빌리러 오는 사람들이 꽤 있다. 2007년 2월에는 이탈리아 밀라노에서 세미나를 진행했는데 강의 중에 바인더 샘플을 보여 주자 모두들 놀라워하며 옮겨 적고, 사진을 찍어도 되겠냐고 묻기에, 트렁크째로 빌려 주었더니 통째로 20여 권을 복사하는 게 아닌

필자가 만들어 온 500권의 바인더

가! 다음에 수록한 필자의 서브바인더 종류와 제목을 참조해서 앞으로 어떤 방법과 분류로 바인더를 확장해야 할지 구상해 보자.

필자의 서브바인더 종류 및 제목

영역	회사	서브바인더 제목·종류 및 내용
업무	이랜드	영업 – 의류 영업 분야 지식 물류 – 물류 관리 지식 특판 – 특판 노하우 및 업무 기록 상권 – 의류상권에 대한 지식 매장관리 – 매장 정보 및 관리사항 전략적 의사결정 ①, ② – 경영자급 콘셉트 교육 F.S – 정리, 정돈, 청소, 생활화, 초관리 매뉴얼 E.S – 기업 이념 강의 및 강의 매뉴얼 본부 – 푸마 본부장 시 본부 스태프 업무 보고 기획 – 푸마 본부장 시 기획자료, 기획부서 업무 디자인 – 푸마 본부장 시 디자인업무 보고 MKT – 푸마 본부장 시 마케팅업무 광고 – 푸마 본부장 시 광고업무 푸마 경영 – 경영업무 구매 – 구매업무 및 노하우 경영계획 – 경영계획 자료 및 작성 경영평가 – 경영평가 자료 및 작성 강의 – 교육 시 강의 수강내용 정리 독서노트 ①~④ – 독서 후 리포트 수집 본부장 바인더 – 본부장 자료 및 업무 노트 해외사업부 – 해외사업부서장 업무 및 노하우 주간계획 92~98년 – 주간계획표 수집 용품사업부 – 용품사업부서장 시 업무 지식 승진 교육 – 승진 교육 내용 사장님 강의 – 최고경영자 강의 수집 거래처 상담 – 거래처 상담 기록
	푸르덴셜생명	푸르덴셜 – 보험 영업업무 당시 메인바인더 계약자 – 계약 고객 자료 기망고객 – 계약 가능성이 있었던 고객 자료 재테크 ①, ② – 고객을 위해 수집했던 재테크 자료 강의 – 각종 사내 강의 자료 교육 – 신입 및 각종 교육 시 자료 MDRT – 매년 MDRT회의 참석 시 강의 및 자료 고객관리 – 고객관리 기법 및 노하우 Sales professional – 보험 영업 관련 원서 번역 주간계획 1999~2001년 – 주간계획표 수집 프로스펙팅 – 영업 시 만날 고객 pool Manpower – 각종 인맥관리, 연락처 등

영역	회사	서브바인더 제목 · 종류 및 내용
업무	(주)마인드에이스	질병 – 질병에 대한 스터디 식생활 – 건강을 위한 식생활 요법 스터디 건강 – 건강 관련 자료 Cancer – 암 관련 스터디 R&D – 직원들과 했던 자기계발 자료 Biz Time ①, ② – 비즈니스 잡지 스크랩 수집 3P Project – 바인더 프로모션 프로젝트 주간계획 2002~2005년 – 주간계획표 수집 마인드 에이스 전략 – 건강식품 사업 전략 건식 – 건강식품시장 및 경쟁사 해로수1000 – 건강음료 '해로수' 사업 관련 자료 경영 · 매니지먼트 – 회사 경영, 관리 자료 3P Binder – 바인더 사업 관련 자료 웰키토에이스 – 키토산 사업 관련 자료 참고강의 – 강의자료 Lutein – 루테인 사업 관련 자료 Natural 사업부 – 천연농약 사업 관련 자료
	3P자기경영연구소	3P 경영사업계획서 ①, ② – 사업 운영 계획 3P 사명비전 핵심가치 – 회사 비전과 이념, 철학 3P 마케팅 – 마케팅 전략 회의 세미나 R&D – 강의 피드백, 개선 회의 자료 3P Binder – 바인더 사업 관련 자료 3P Project – 바인더 프로모션 프로젝트 주간계획 2002~2005년 – 주간계획표 수집 R&D – 직원들과 했던 자기계발 자료 Self L 리더십 교안 – 강의 교육 자료 VIBA TFT ①, ② – 비바프로젝트 Viba & Pofo Coach Course – Viba 강의안, 워크북 Viba Study Binder – 비바 프로젝트 결과물 비바특강 – 특강 자료 정리 비바경영 – 경영 전략 회의 결과 자료 3P 마스터 과정 ①~④기 – 마스터교육 결과 자료 3P 코치과정 ①~⑨기 – 코치교육 결과 자료 인천대 셀프리더십 수업/소감문 – 인천대학교육 결과 프로강사과정 – 강의 교안 자료 3P 독서마스터과정 진행 – 프로젝트 기획 자료 3P 독서 Coaching Master ①, ② – 독서마스터 결과 자료 3P 독서경영 – 독서경영 프로젝트 결과 자료 3P 살아있는 책읽기과정 – 초등 책읽기 프로그램자료 보물찾기 Prototype – 초등 바인더 교육 기획 지료 3P 상품카달록 – 회사 상품 카테고리 정리 상해(CBMC)특강 – 해외 특강 자료

업무	3P자기경영연구소	유럽(CBMC)특강 – 해외 특강 자료 로마비전트립 – 해외 특강 자료 유럽비전트립핸드북 – 해외 특강 자료 알바니아 특강 – 해외 특강 자료 런던특강 ①, ② – 해외 특강 자료 2009 바르셀로나특강 – 해외 특강 자료 시카고 특강 – 해외 특강 자료 숭실나비 – 대학나비 운영 자료 인천나비 – 대학나비 운영 자료
개인 및 기타	공통	Health concept – 건강 관련 강좌 수강내용 Health Project ①, ②, ③, ④ – 건강독서 내용정리 中國 – 중국 관련 자료 수집 India – 인도 관련 자료 수집 스리랑카 – 스리랑카 관련 자료 수집 CBMC 전국대회기획 – 대회 기획 자료 7Habit – 7가지 습관 강좌 수강 자료 손수건 가델 – CBMC 부부모임 교재, 매뉴얼 역삼 ycbmc ①, ② – 기독실업인회 조찬 시 노트 cbmc 유럽대회 – 대회 참가 시 노트 이랜드비즈니스스쿨 ①, ② – 스쿨 강의, 자료 수련회 메시지 모음 – 각종 수련회 참석 메시지 수련회 가이드북 – 각종 수련회 가이드북 수집 수련회 workshop – 수련회 시 워크숍 자료 주일 메시지 ①~④ – 11여 년간 주일메시지 기록 생명의 삶 ①~⑥ – 성경 공부 자료 후원 – 각종 사회복지 시설 후원 자료 Bible study – 성경 공부 내용 QT – 아침 경건의 시간 기록 Basic – 신앙생활노트(성경 읽기표, 기도 노트 등) 재테크 ① ② – 재테크 도서, 강의 자료 YNTM 메뉴얼/ 발자취 – 스피치 모임 매뉴얼 사진첩

3P자기경영연구소
서브 바인더

필자가 운영하는 3P자기경영연구소에서는 성인, 대학생, 중고생, 초등생을 대상으로 각 8~16시간의 세미나가 있고 아울러 코치과정, 강사과정(마스터)이 있다. 코치과정에서는 10개, 강사과정에서는 30여 개의 서브바인더를 만들어야만 수료할 수 있다. 강사과정에서는 30여 개의 바인더를 만드는데, 수강생들은 그 과정을 힘겨워 하면서도 엄청난 성취감과 희열을 느낀다. 인생 전체를 돌아보는 포트폴리오가 될 뿐 아니라 그동안 손가락 사이로 모래처럼 새나갔던 지식과 기술, 노하우들이 체계적으로 정리되기 때문이다. 어떤 강사는 자녀의 출생부터 모든 기록, 사진, 심지어 초음파 사진까지 바인딩하여 가족의 보물 노트를 만들었다. 어느 강사는 학창시절부터 모은 편지, 카드, 엽서 등을 모은 바인더를 만들어 감동을 주기도 했다.

코치 강사 과정 바인더 전시회

chapter 5

새로운 패러다임의
기록법,
마인드맵

기록의 진화

성과를 지배하는 바인더의 힘

01
Dream of Miracle Binder

기록의 진화

독학으로 깨우친
마인드맵

1995년도 과장 승진을 위해 교육을 받고 있던 중에 옆 동료가 교육을 받으면서 무언가 열심히 그리고 있는 모습을 보았다. 호기심이 발동해 물어보니 '마인드맵'이라는 정리법이란다. 처음 본 필기법이라 너무도 신기하고 배우고 싶어서 가르쳐 달라고 졸랐다. 그런데 친구가 하는 말이 학원에서 비싼 돈을 내고 몇 개월 동안 배웠으니 학원에 가서 배우라는 것이다. 그 순간부터 모든 강의가 머리에 들어오지 않았다. 저걸 꼭 배워야겠는데…….

궁리 끝에 교육이 끝나자마자 대형 서점으로 뛰어갔다. 서점에 도착하자마자 서점 직원에게 '마인드맵'에 관한 모든 책을 찾아 달라고 했다. 그 책들 중 『직장인을 위한 비즈니스 마인드맵』을 골랐다. 제일 얇았기 때문이다. 이론보다는 사례 중심으로 꾸며져 있어 빨리 배울 수 있을 것 같았다.

그렇게 독학으로 시작했고, 무수히 많은 마인드맵을 그려내기 시작했다. 특히 주일날 교회에 가면 목사님 메시지를 마인드맵으로 그리는 훈련을 지속하다 보니 관련 바인더가 3~4권이 되었다. 필자는 업무뿐 아니라 업무 외적인 행사나 프로젝트를 거의 도맡아 하는데 마인드맵을 통해 큰 성과를 거두었다.

중요한 결정이나 선택을 해야 할 때 또는 무엇인가 머리가 복잡할 때 마인드맵을 사용하면 좋다. 특히 규모가 큰 행사나 이벤트의 경우에도 매우 유용하며, 읽은 책을 정리할 때, 강의를 듣거나 준비할 때, 기획을 할 때 등에도 마인드맵을 사용한다. 이는 새로운 패러다임의 기록법이며 아이디어 발상법, 정보관리, 정리기법이다.

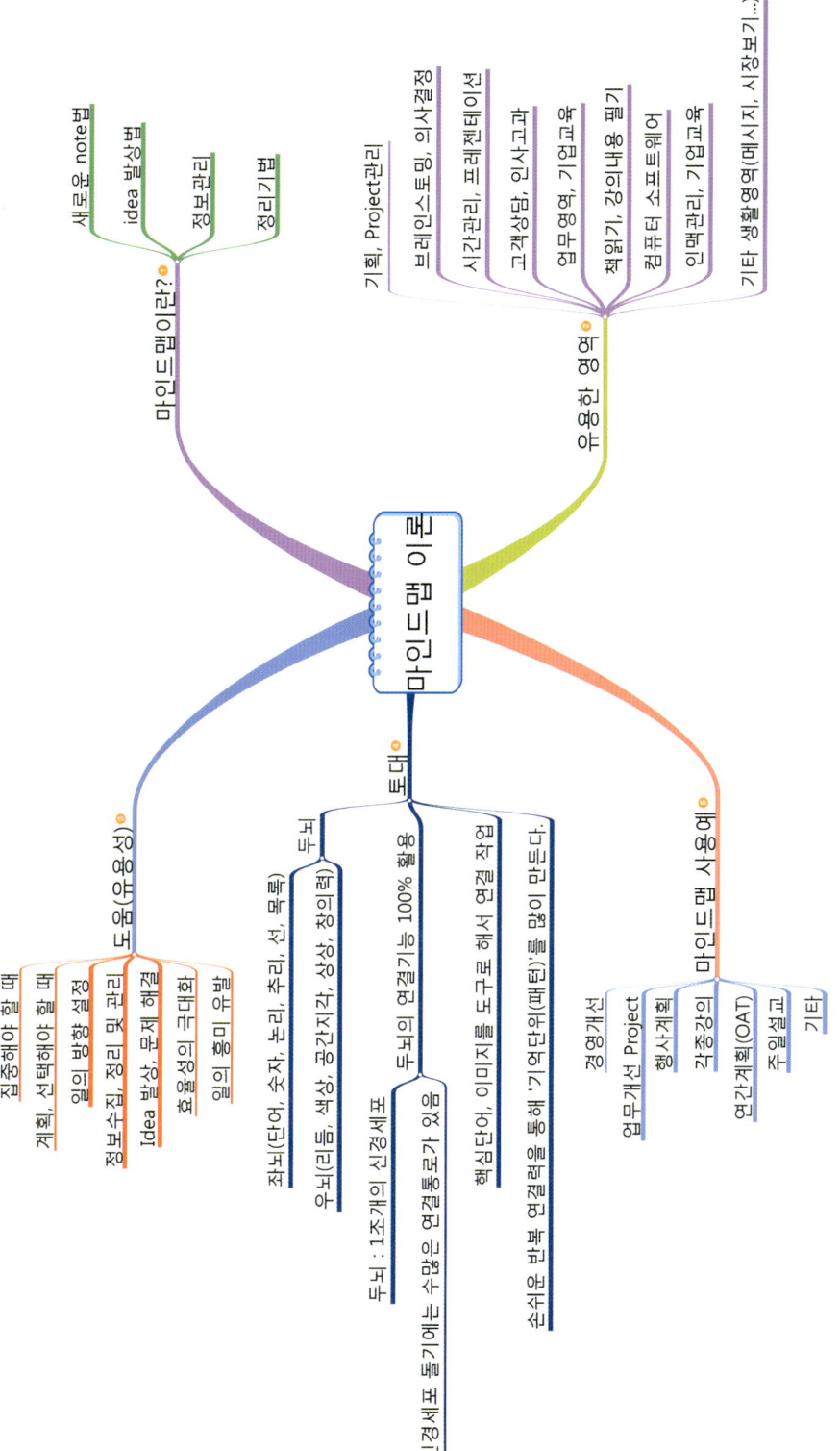

마인드맵 워크숍

1단계 준비
- 백지
  - 360도 자유롭게 활용
  - 종이 저지 note NOl(자신의 생각을 무의식적으로 체험함)
  - 줄이 있지 note (자신의 생각을 통해 색상감과 통해 기억효과 극대)
- color pen, 형광펜
  - 색상별을 골고루 사용
- 전체을 골고루 사용

2단계 중심이미지
- 중앙에서 시작
  - 전 부분 효율적 사용
  - 세포 핵 상징
- 그림 이미지의 혼용 가능
- 핵심단어는 단어보다 100배 기억 효과
- 중심이미지는 적당한 크기(3cm*2cm)
- 3~4색의 채색 기억에 도움
- 그림을 그린후 테두리를 만들지 말 것 자유로움을 제한함

3단계 주가지
- '핵심단어는 중심이미지와 연결성을 가져야 함'
- 가지 위에는 핵심 단어만 쓴다
- 중심 이미지쪽 가지는 굵게 반대쪽은 가늘게 곡선을 유지한다
  - 핵심단어
    - 명사
    - 동사
    - 부사
    - 형용사
  - 단정한 형태
  - 사고의 연결을 위한
- 단어의 길이와 가지의 길이가 거의 동일하게
  - 생각의 흐름이 같은 선상에서 이해되도록

4단계 부가지
- 부가지의 핵심단어는 주가지와 연결성 있게
- 핵심단어는 그림 단어 다어 모두 가능
- 차례(순서)를 지킬 필요 없음
- 선과 단어로 주 가지보다 작고 가늘게
- 부가지는 무한정 연결 가능함

5단계 마무리
- 가지별로 다른 색상 활용
- 우선순위 시 번호를 쓴다
- 생각의 단절 시 빈 가지만 그려 놓고 나중에
- 서로 다른 가지의 핵심단어가 관련 있을 때 화살표로 연결

적용
- OAT & Project
- 자기계발계획, 인맥
- 행사 계획, 동반계획, 휴가계획
- 예배 메시지, 공부계획
- 업무개선, 강의안
- 책정리, 시장보기
- 회의 및 회의진행
- 브레인스토밍

Closing
- 지금 당장 사용하는 것이 중요
- 형식에 얽매이지 말 것
  - 형식 - 현장, 업무지, 공간
- 지식 경영 도구 (현장, 형식지, 공간)
- 성과의 도구
- 가족행사 시 자녀에게 그려보도록
- 기획력, 추진력,리더쉽, 집중력, 통솔력, 의사소통, 고공학습법...
- 추천도서 - 생각정리의 기술(지형)

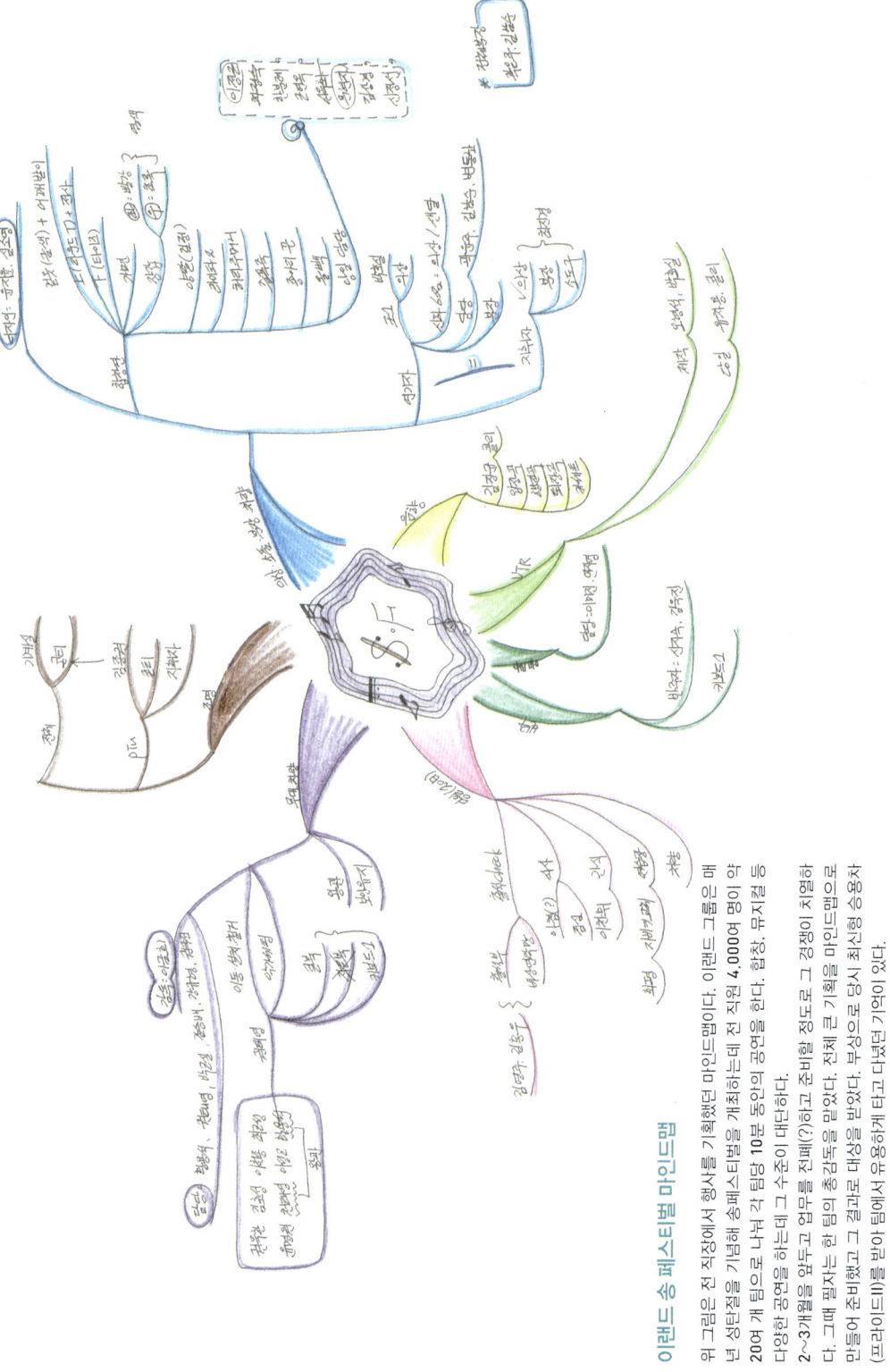

아렌드 송 페스티벌 마인드맵

위 그림은 전 직장에서 행사를 기획했던 마인드맵이다. 아렌드 그룹은 매년 성탄절을 기념해 송페스티벌을 개최하는데 전 직원 4,000여 명이 약 20여 개 팀으로 나뉘 각 팀당 10분 동안의 공연을 한다. 합창, 뮤지컬 등 다양한 공연을 하는데 그 수준이 대단하다.

2~3개월을 앞두고 업무를 전폐(?)하고 공연을 준비할 정도로 그 경쟁이 치열하다. 그때 팔자는 한 팀의 총감독을 맡았었다. 전체 큰 기획을 마인드맵으로 만들어 준비했고 그 결과로 대상을 받았다. 부상으로 당시 최신형 승용차 (프라이드)를 받아 이 팀에서 유용하게 타고 다녔던 기억이 있다.

해외사업부 업무개선 마인드맵

필자가 해외사업부 부서장으로 발령이 나자 마자 업무 개선을 시작했다. 각 브랜드들이 해외사업부에 의뢰 생산을 의뢰하면 인도, 스리랑카, 베트남, 중국 등 해외공장에서 봉제 임가공을 해서 다시 수입하는 업무였다. 그러나 점상 업고 둘이 너무 낮아 막대한 손해와 클레임에 시달리고 있었다. 그래서 업무개선 및 표준화 프로젝트를 해야 했느데, 마인드맵을 활용해 큰 틀의 그림을 그릴 수 있었다. 결국 성공적으로 목표를 달성했고 전문하적인 금액의 원가를 절감하는 기여를 하게 되었다.

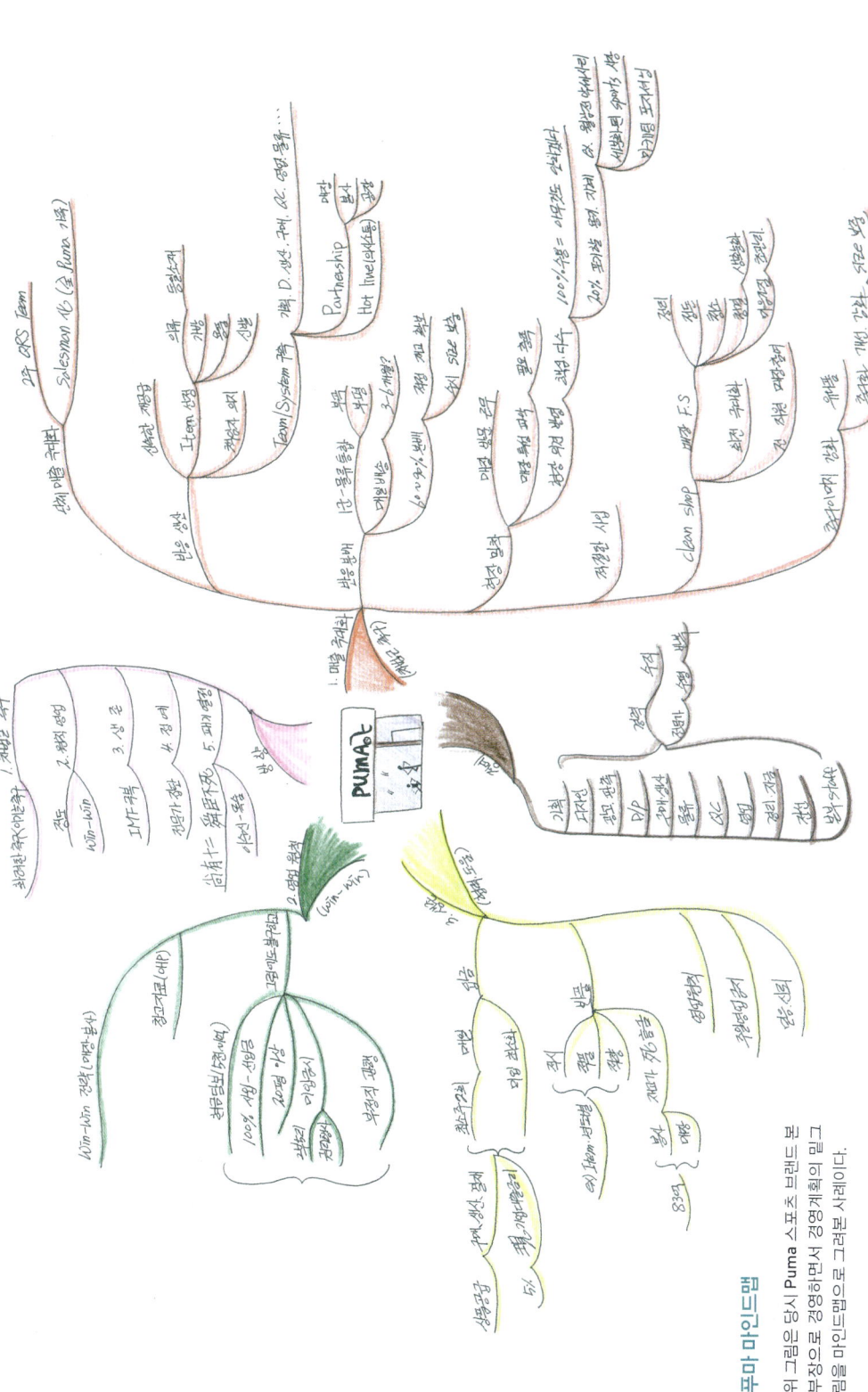

푸마 마인드맵

위 그림은 당시 Puma 스포츠 브랜드의 본부장으로 경영하면서 경영계획의 일부를 마인드맵으로 그려본 이미지사진이다.

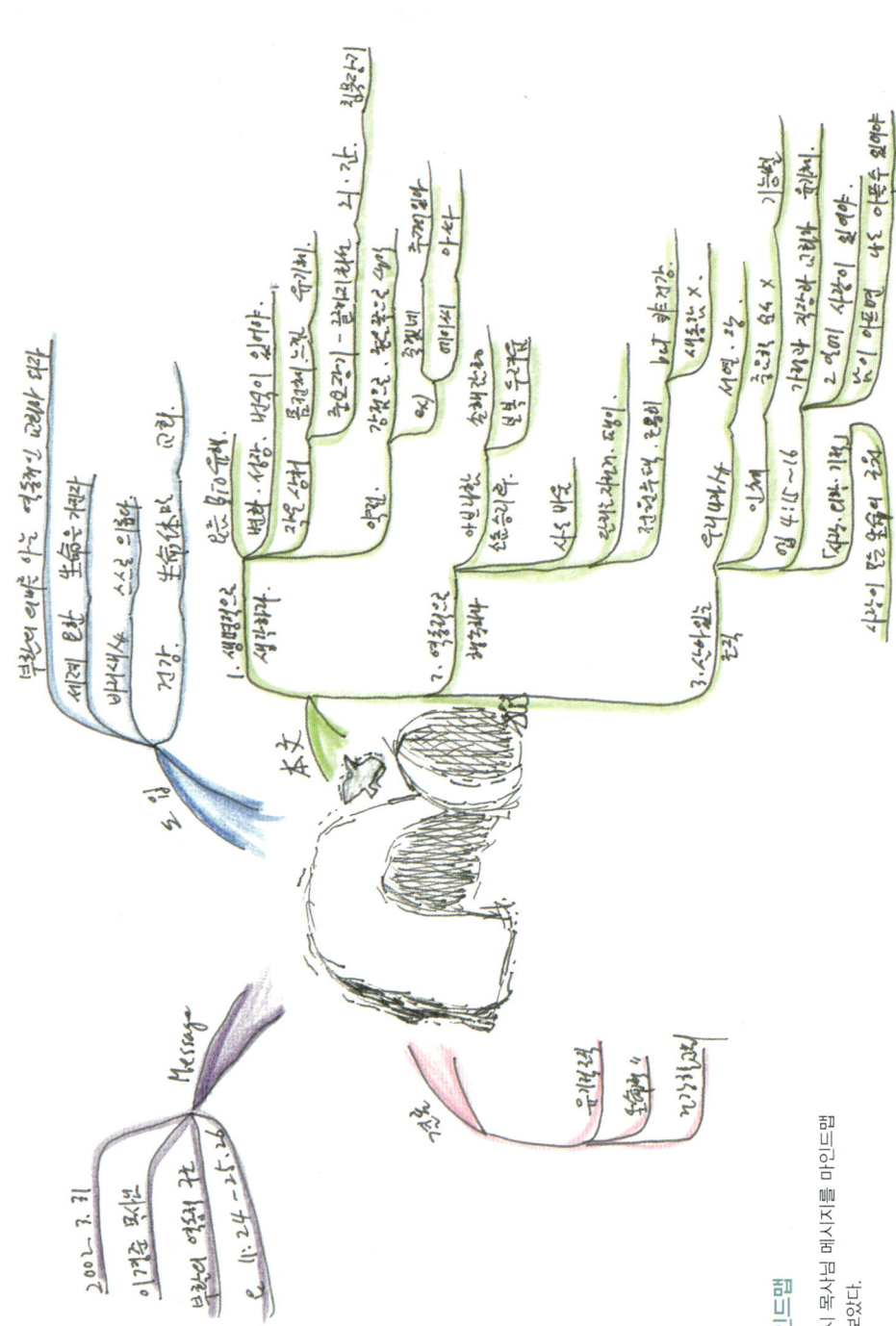

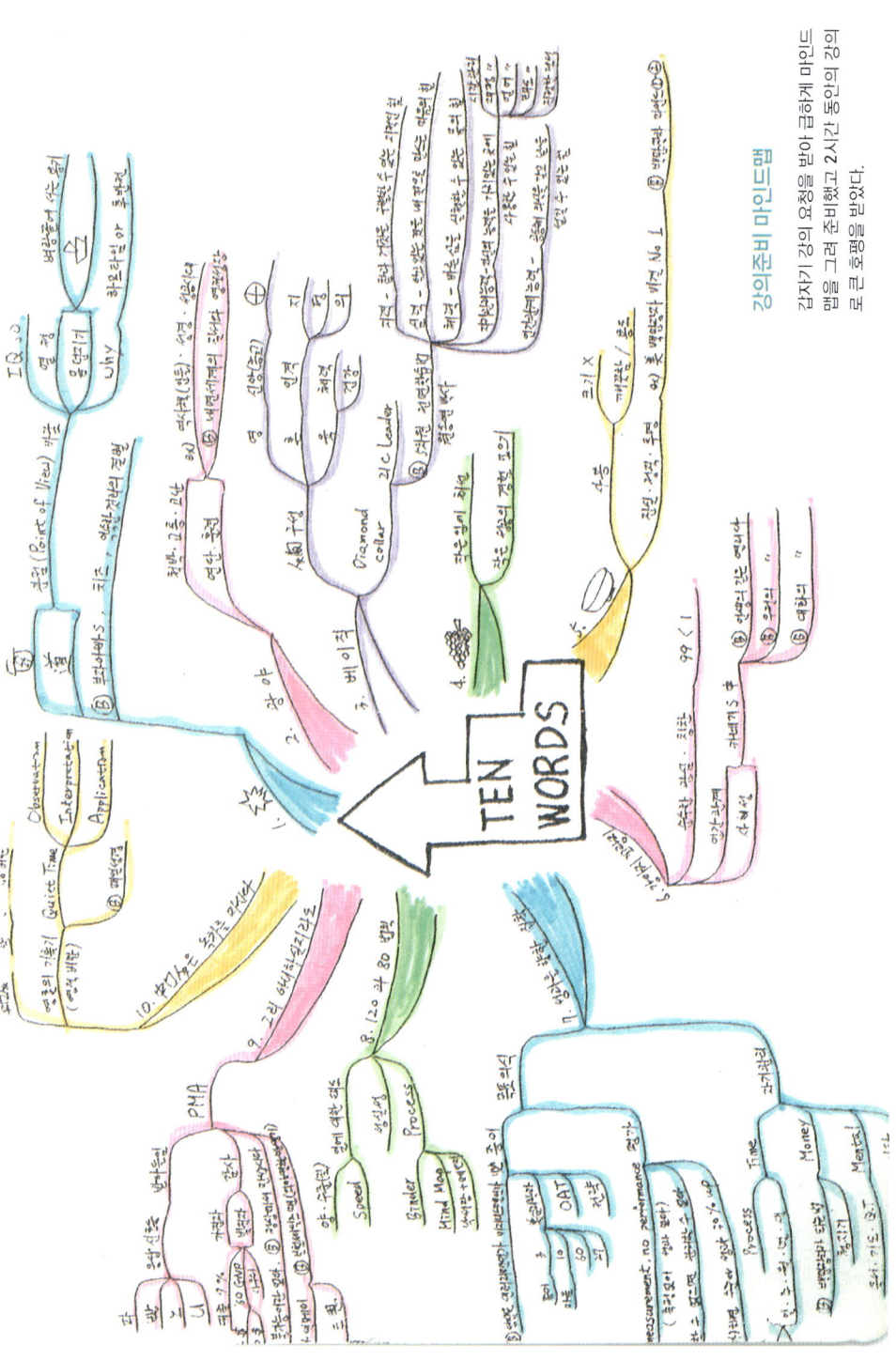

해외출장 마인드맵

해외 강의를 19회 다녀왔다. 출장 및 강의 준비를 마인드맵으로 그렸던 사례이다.

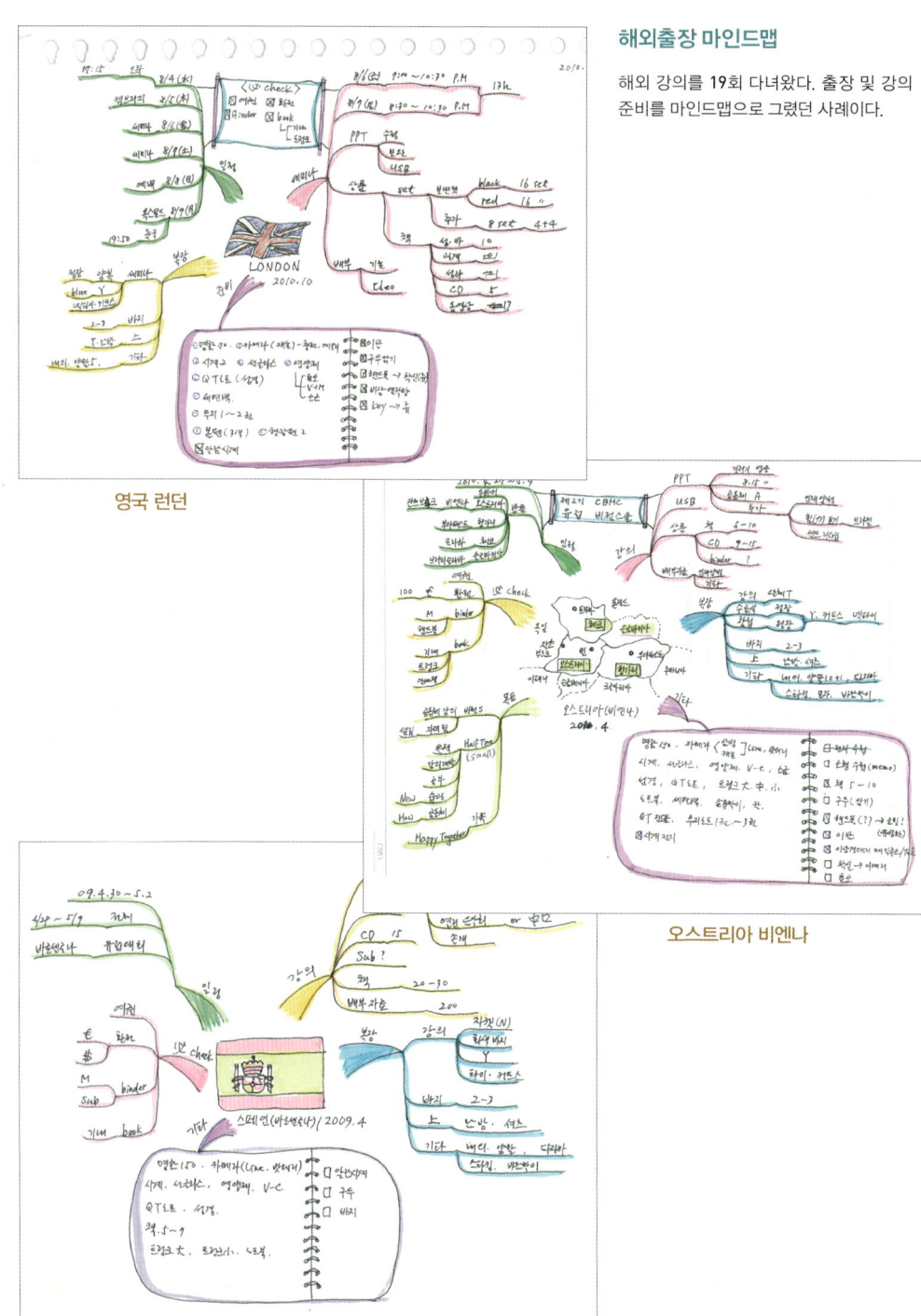

영국 런던

오스트리아 비엔나

스페인 바르셀로나

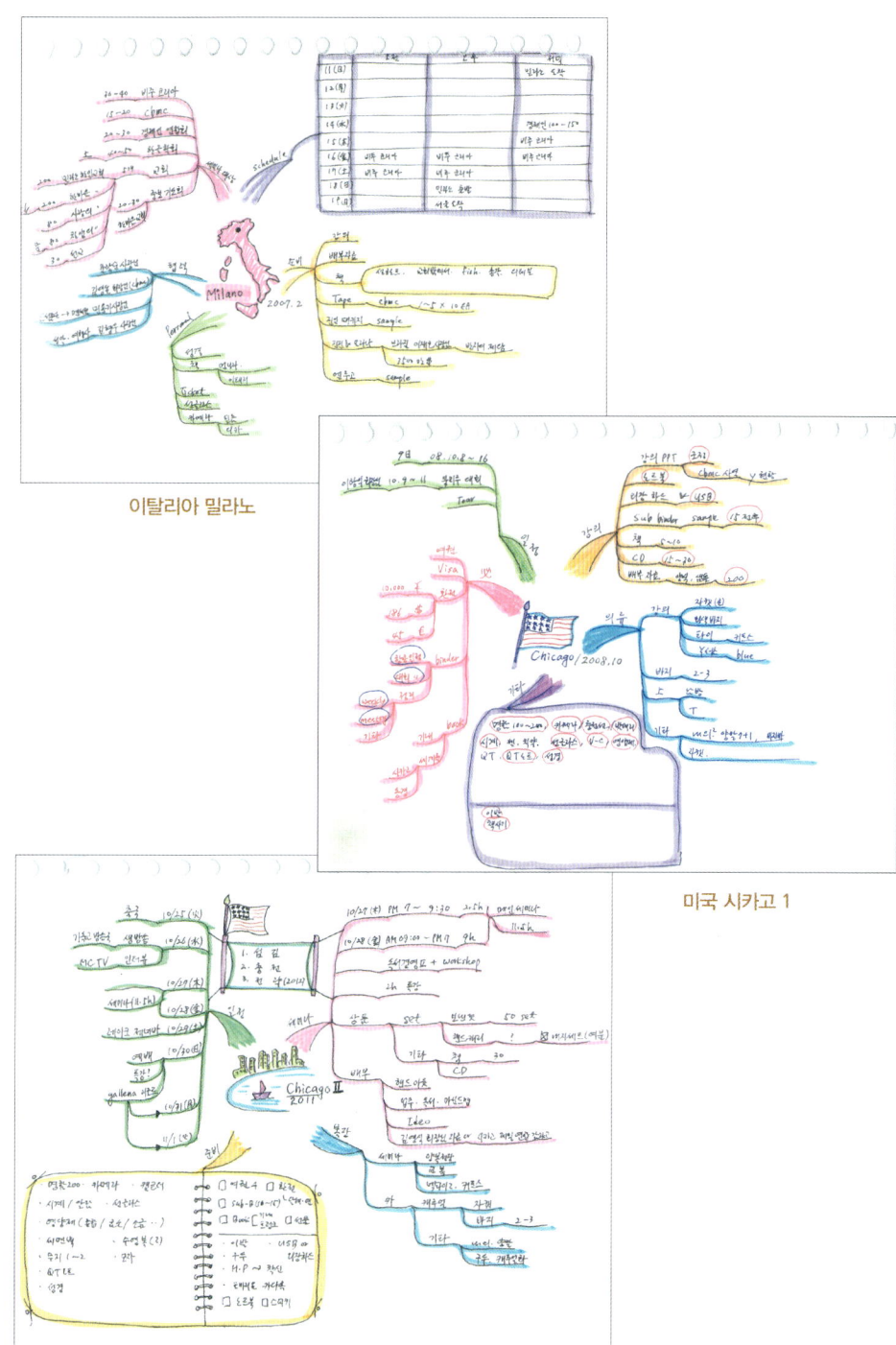

오소희 코치 마인드맵

오소희 코치는 병원 코디네이터로 근무하다가 막 CS강사로 전환한 초기에 필자의 강의를 듣고 마인드맵을 그리고 활용하기 시작했다. 결국 연봉의 4배가 올라 고맙다며 3번의 식사 대접을 했다. 그 과정이 마인드맵에 고스란히 담겨 있다. 뿐만 아니라 최근 필자에게 딱 1시간 강의를 듣고 지금은 대학강사로 마인드맵 강의를 하며 유명세를 타고 있다.

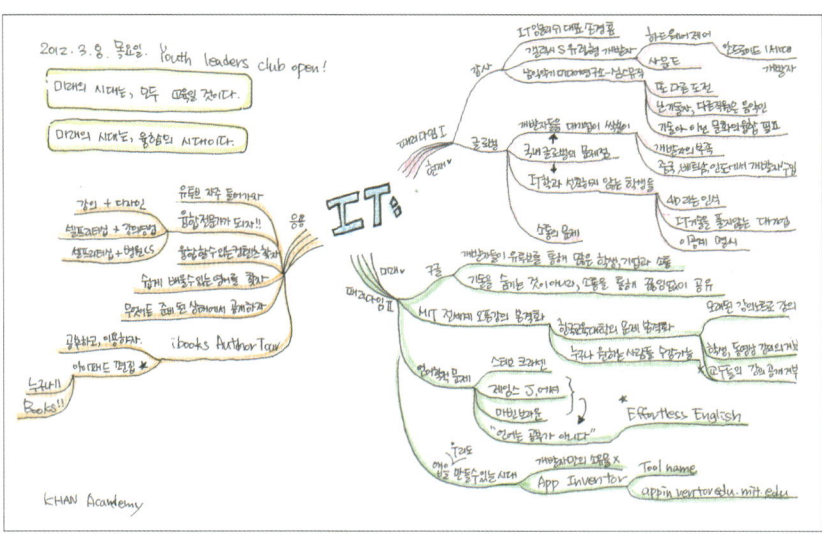

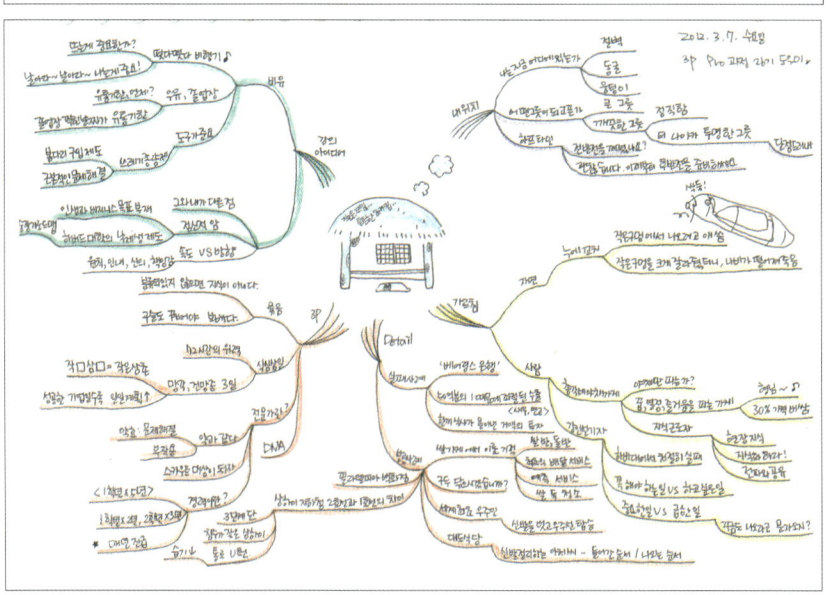

인천대학교 이현국 학생 마인드맵

2012년 인천대학교 겸임교수를 맡으며 1학기 동안 강의했다. 대학강의와 특강을 50~60개 대학에서 했지만 학기를 맡은 것은 처음이라 매주 학생들에게 강의평가를 받는 줄 몰랐다. 학기가 끝나고 나서야 그 사실을 알게 되었는데 '①매우만족 ②만족 ③보통 ④불만족 ⑤매우불만족 ⑥미기재'의 6가지 중에 '①매우만족'과 '②만족'을 합친 것이 만족도 평가였다. 그때 두 반을 강의했는데 A반의 만족도가 94.8%, B반의 만족도가 94.3%로 교양 전체 평가에서 1등을 했다. 덕분에 1학기 120명 정원이 2학기 때는 520명으로 늘었다. 당시 제자 중에 이현국 학생이 그린 마인드맵 사례이다.

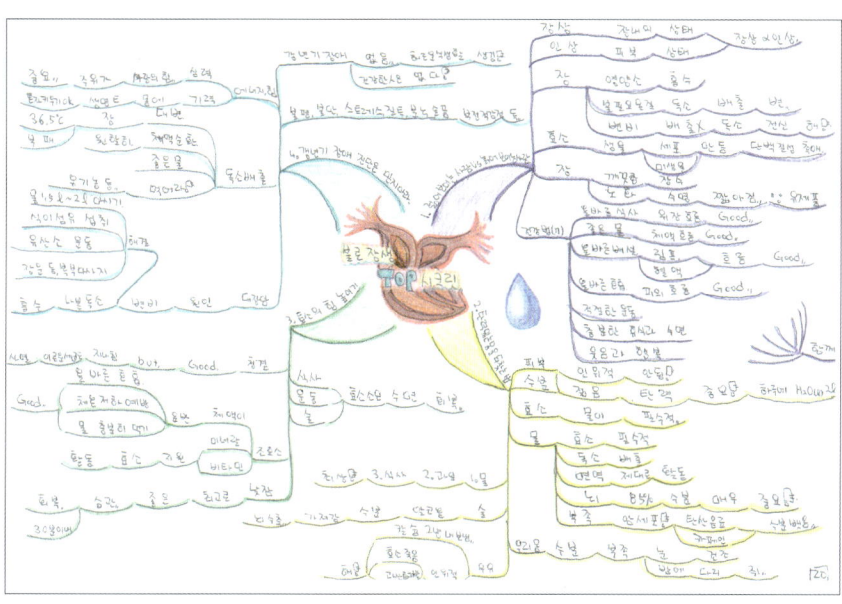

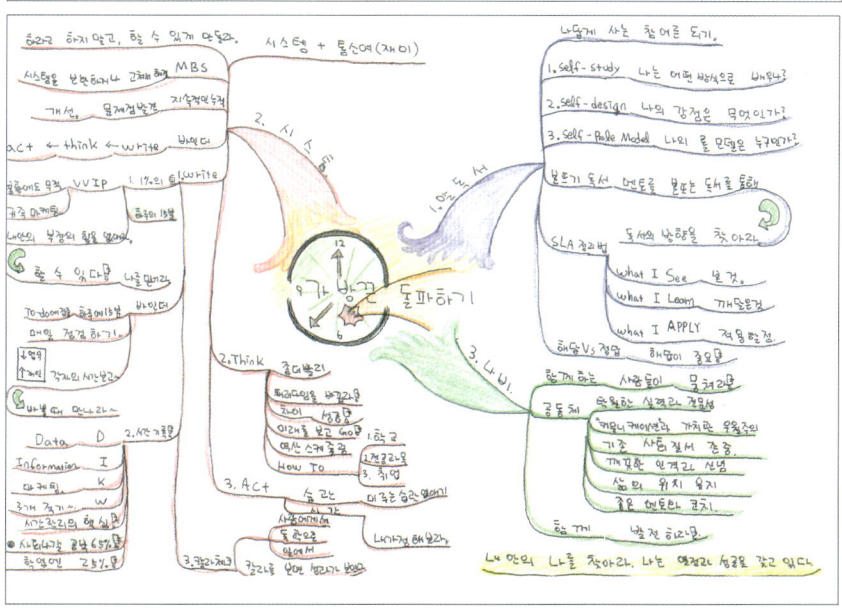

3P자기경영연구소 마스터과정
김근하 마스터 마인드맵

3P자기경영연구소 코치과정을 마치고 마스터 과정을 이수중인 김근하 마스터(강사)의 사례이다.

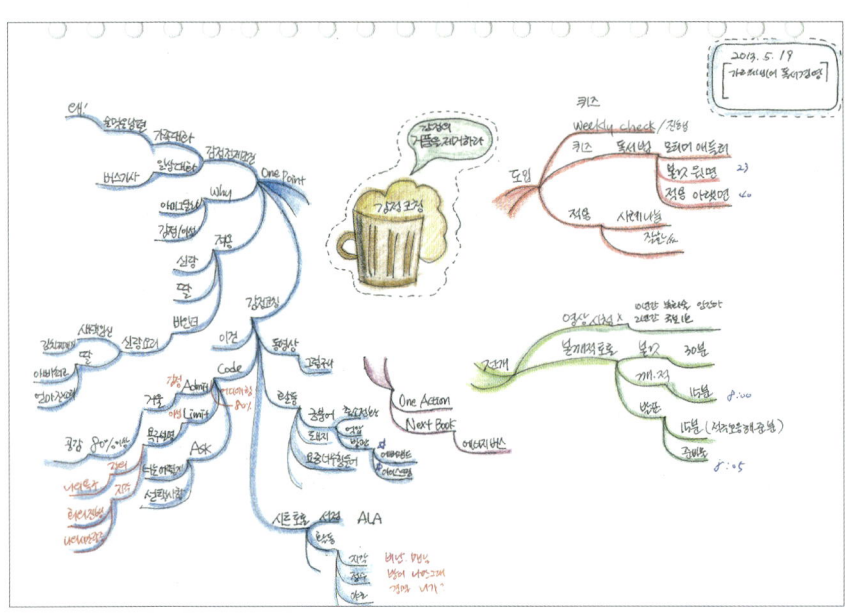

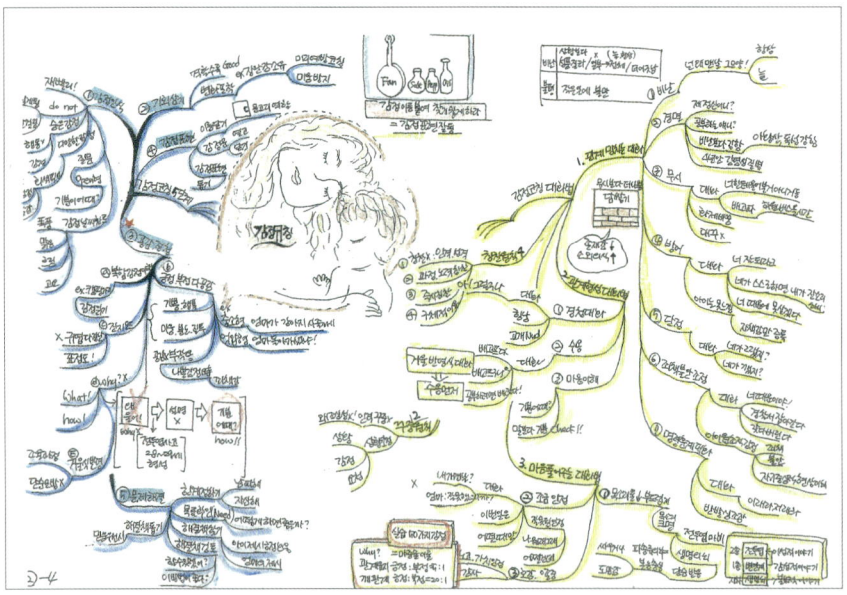

3P자기경영연구소 마스터과정
손선연 마스터 마인드맵

역시 코치과정을 마치고 마스터 과정을 이수중인 손선연 마스터(강사)의 사례이다.

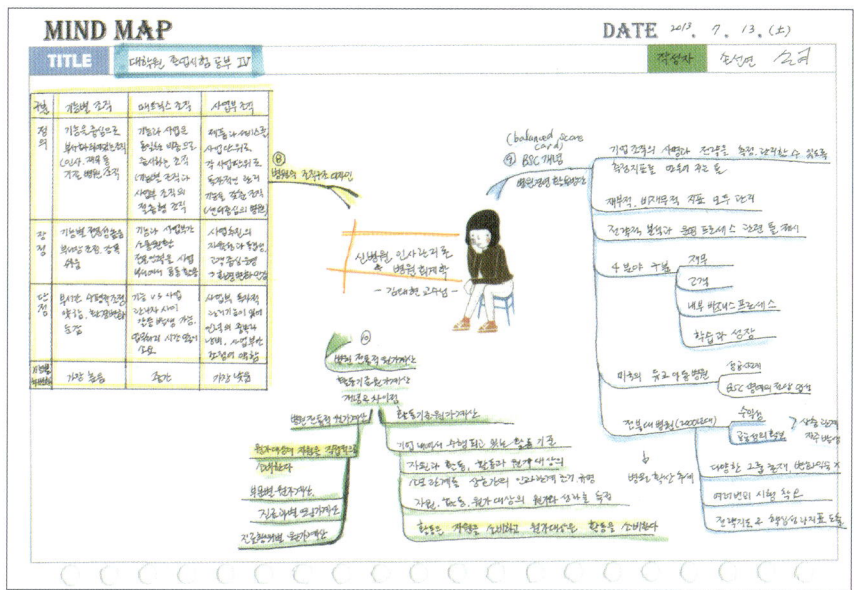

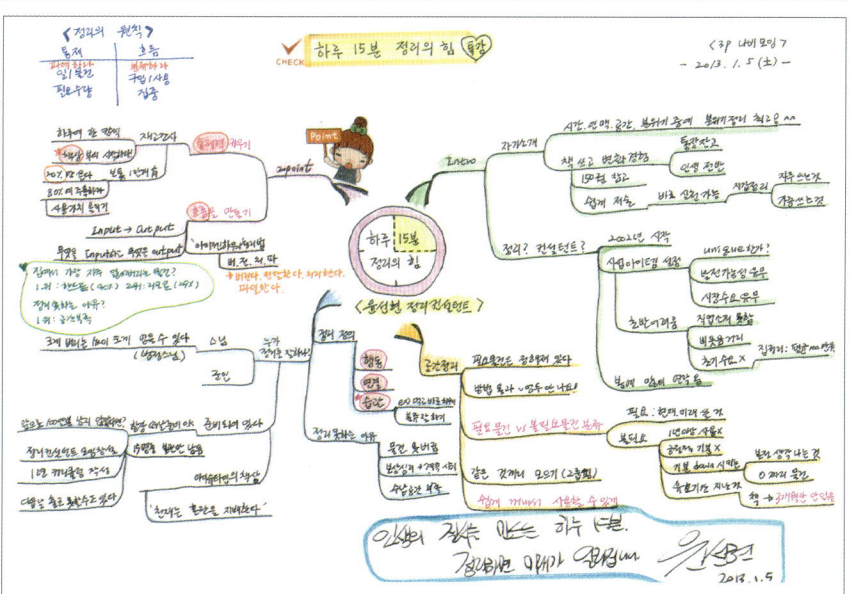

chapter 6

성장판을 자극하는
지식
경영

도요타의 DNA
표준을 선점하는 자가 세상을 지배한다
나의 DNA, 나의 표준

성과를 지배하는 바인더의 힘

01
Dream of Miracle Binder

도요타의 DNA

DNA 유무에 의한 조직능력 시뮬레이션

DNA를 가진 X사와 가지지 않은 Y사의 격차는 심각한 수준이다. 눈여겨보면 X사와 Y사의 기울기는 동일하다. 즉 성장률이 동일하다는 말이다. 그럼에도 불구하고 Y사의 경우 경영자가 바뀔 때마다 조직능력이 일정 단계씩 주저 앉아 전체적인 수준이 향상되지 않는다. Y사는 시장의 요구레벨인 점선보다 아래에 위치해 있다. 만성 적자로 문을 닫아야 할 상황이다. X사는 물론 도요타자동차(이하 도요타)이다.

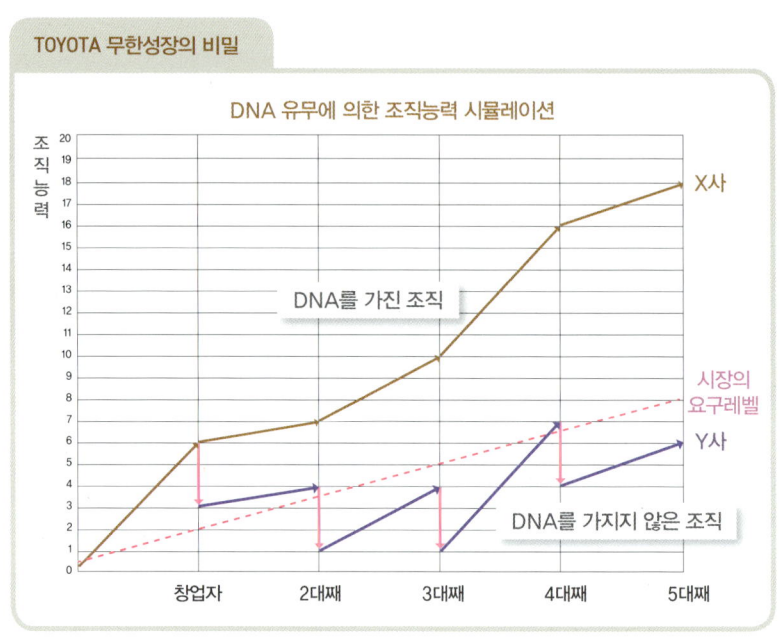

출처: 히노 사토시 저·금대연 역, 「TOYOTA 무한성장의 비밀」(동양문고, 2003)

　도요타의 실적 보고서가 각종 언론 매체에서 연일 보도된다. 이미 미국 GM을 따돌리고 세계 1위 자동차 회사가 된 도요타의 저력이 놀랍기만 하다.

　앞의 DNA그래프를 회사나 조직이 아닌 개인에게 적용해 보아도 의미 있다. 가로 축에 대학 1·2·3·4년차 또는 개인의 경력년차를 넣어 표시해 보자. 나는 시장의 요구레벨보다 위에 있는지 아래에 있는지 따져 보자. 대학 4년간 성장했는지 아니면 Y사처럼 톱니현상을 보이며 실패를 반복하고 있는지 생각해 보자. 하다못해 학점, 토익 점수, 중국어 실력은 매년 진보가 있는지 생각해 보면 가슴이 서늘해질 것이다.

도요타의 창업주 사카치의 장남 기이치로는 1921년에 미국 산업시찰 때 아버지와 동행했다. 일본은 걸어다니거나 말을 타고 다닐 때였는데, 미국에서는 자동차가 쌩쌩 달리고 있는 것을 보고 충격을 받는다.

그것을 계기로 1933년에 도요타 방직회사 내에 자동차 사업부를 설치하여 본격적으로 자동차를 연구하였고 1935년 G1형 트럭을 최초로 만들었다. 기이치로는 자동차 회사를 설립하면서, 1935년경 미국의 생산성이 일본의 9배나 되는 것을 극복하기 위해 그 유명한 저스트 인 타임Just in time: JIT 개념을 만든다. 그 개념은 기이치로가 손수 정리했는데 매뉴얼의 두께가 자그마치 10cm에 이른다. 일반 책 5~6권, 총 2,000쪽에 달한다.

이것이 현재 도요타 생산방식의 기원이다. 그렇다면 도요타를 무한 성장시키며 이끌어 온 DNA의 비밀은 무엇일까?

도요타 유전자 계승의 계보

도요타의 맥을 잇는 전통
- 모든 시행을 경쟁력에 결부시켜서 생각하는 발상 패턴
- 처음에 실패해도 결국 어떻게 해서라도 이루어내는 강한 끈기
- 성공을 위해서는 이용할 수 있는 모든 것은 이용하는 성실함
- 소비자를 중시한 판매활동의 연구
- 기초 연구의 중시
- 다양한 기술혁신과 상품화에 대한 도전

문서화의 기능
- 계승과 같은 방침의 연속성
- 공식 규칙 체계의 바람직한 보존 방법
- 도요타만이 가지고 있는 경영사상의 연속성을 종업원에게 강조하는 구조

- 도요타 쇼이치로의 유전자
- 도요타 에이지의 유전자
- 이시다 다이조의 유전자
- 오노 다이이치의 유전자
- 가미야 쇼타로의 유전자

문서화된 절차 / 진화하는 유전자
문서=DNA

통제 / 개정·제정 / 감화 / 규정

도요타 기이치로의 유전자(암묵지)
- 발명개발의 철학
- 대중 승용차 제조의 자신감
- 승용차 개발에 대한 집념
- 조직의 충실과 그 운영 실태 및 관리방법에 대한 폭넓은 아이디어

도요타 사카치의 유전자(암묵지)

출처: 히노 사토시, 앞의 책.

기이치로 사장이 만든 도요타 초창기의 업무 매뉴얼

기이치로의 문서화 이력

연도	문서명	내용
1937년	직무권한규정	명령계통을 명백히 하고 간소화하기 위해 작성
	업무분등규정	권한 위임, 분산으로 현장의 즉흥적 의사결정 가능
	소양수첩(업무별 순서)	구매소양 14조 등 '도요타의 하청공장은 도요타의 일부라는 마음가짐으로 함부로 변경하지 않는 원칙' 등 전송
	업무규정(업무수행기준)	
	공정매뉴얼	'저스트 인 타임' 개념 보급 위해 정리, 10cm 두께 매뉴얼
		현재 도요타 생산방식의 근원
	비용절감메모	판매가 결정 후 생산비를 낮춰 이익을 내는 비용절감 개념
1938년	검사과 규정	외주품 검사 시 발생 트러블 방지를 위한 검사체제 정비
	외주품 검사계 규정	외주처의 지도육성이라는 외주처 관리의 도요타 정신
1936년 6월	회사의 조직 및 규정 통람	기이치로의 소양수첩과 사무규정 재정리, 업무표준화, 직능분화
1939년 9월	감사개량 규정	서비스계가 모은 각종 불량정보 검토, 개량할 곳 각계에 회보록으로 전달
1939년 11월	구매규정	구매계 소양수첩 개정
1940년	자동차부품 통제내규	제2차 세계대전 발발로 증산을 위해 외주품 취급방침 변경
1941년	기획부 2심의회 설립요강	기획부를 충실하게 확대한 조직, 권한, 운영요강을 명시
1943년 2월	도요타 자동차 공업	내부체제의 정비나 착수, 종래의 조직 및 취업규정 등 여러 규정에 참가하여 중역이나 직원의 신분, 대표이사 제도를 명확히 함
	주식회사 사칙	
1943년 10월	감사개량 위원회 규정	품질, 생산성 향상 위해 사내의 모든 불편사항은 대표이사 제도를 명확히 함
		도요타의 서비스 제일주의 혹은 강한 판매력의 요인이 됨

출처: 히노 사토시, 앞의 책.

도요타 자동차의 최근 업무 매뉴얼

도요타의 사내 규정

〈마크의 의미〉
☆: 1961년 TQC 전에 만들어진 것
★: 1961년 TQC 이후 만들어진 것

〈용어의 의미〉
· 규정: 업무표준전반의 호칭
· 규칙: 경영의 근간과 관련되는 강제력이 강한 전 회사 규정
· 요령: 조직 간에 걸친 일정한 형식의 절차 규정
· 규격: 기술적인 개념, 물건, 순서를 정한 규칙

〈비고〉
· 대분류는 도요타의 분류이지만 중, 소 분류는 필자에 의한 것
· 기능회의 운영규정은 경영기능의 각 규정 안에서 규정된 것으로 보인다.

대분류	중분류	소분류	명칭	
1. 경영기본규정	1. 정관		이사회규칙	☆
	2. 기타		상무회규칙	★
2. 취업규정			취업규칙	☆
3. 조직규정	1. 조직관리규정		조직관리규칙	★
	2. 직무배분규정		직무권한규칙	★
			업무분담규칙	★
	3. 회의체규정	1. 일반회의	기획회의규칙	★
			신제품 회의규칙	★
			연구회의규칙	★
			설비회의규칙	★
			내외제결정 회의규칙	★
			투자회의규칙	☆
			自工,自販 합동회의규칙	★
		2. 위원회	안전위원회규칙	☆
			감사개량위원회규정	☆
			발명고안 취급규칙	☆
			창의고안 취급규칙	☆
4. 업무규정	1. 경영기능	1. 경영기획	회사방침 관리규칙	★
			장기계획 입안규정	☆
			외주공장금융, 투자규정	☆
		2. 품질	품질보증규칙	★
			품질보증활동감사 실시요령	★
			초기관리규칙	☆
			등록문제점규칙	☆
			리콜대책 추진요령	☆
			보증수리 업무규칙	☆
		3. 원가	원가관리규칙	★
			원가기획 실시규칙	★
			부서예산 관리규정	★
			원가개선규정	☆
			원가관리업무 분담규칙, 별표	★
			간접경비통제 사무규정	
		4. 사무	문서취급규칙	☆
			품위규정	☆
			장부관리규칙	☆
			장부관리실시 세부규칙	☆
			기술보고서규칙	★
			기술보고서 분류번호 규정	−
		5. 계량	계량기기 조달보관 관리규칙	☆
			계측기기 정밀도 관리규칙	☆
	2. 생산기능	1. 선행연구	제품연구 규칙	−
			도요타중앙연구소 이용절차요령	−
			외부연구기관 이용절차요령	−
			시험연구업무 취급규정	−
		2. 설계개발	신제품개발규칙	★
			설계연구규정	★
			승인도규정, 승인도처리규정	☆★
			요구품질전개표 작성요령	☆
			특허공보조사규칙	
		4. 구매	구입품의 공정조사 실시요령	☆
			부품검사법 작성요령	☆
		5. 검사	검사규칙	☆
			불량품처리규칙	☆
5. 표준규정	1. 기술규격(TES)	1. 설계	자동차설계기준	−
		2. 실험		−
	2. 생산기술규격(TMS)			−
	3. 품질관리규격(TQS)			−

출처: 히노 사토시, 앞의 책.

도요타 유전자
계승의 계보

그렇다. 도요타 DNA의 비밀은 바로 '문서'였다. 다시 말해 문서화된 절차(형식지)를 말한다. 좀 더 쉽게 말하면 매뉴얼 또는 표준을 말한다. 기이치로는 도요타 자동차 창업과 동시에 각종 매뉴얼을 만들기 시작한다.

기이치로의
문서화 이력

기이치로 사장이 매뉴얼을 만들고, 후임 대표는 그것을 폐기하지 않고 존중해서 지키고, 지속적으로 보완·발전시켜 오늘날 도요타의 DNA로 정착되었다.

『TOYOTA 무한성장의 비밀』의 저자 히노 사토시는 다음과 같이 주장한다.

> 만약 문서DNA가 없다면 말이 공중에 떠돌게 되어 '말 전하기 게임'과 같이 처음 들은 정보와는 전혀 다른 황당무계한 정보로 둔갑하거나 사라져 버린다.
> 아무리 훌륭한 경영자가 한 말일지라도 그것이 언어의 문화인 이상 훌륭한 개인은 탄생할 수 있어도 훌륭한 조직을 탄생시키기는 불가능하다.
> 시대의 추이에 따라서 경영의 축이 흔들리거나 사라지지 않도록 하기

위해서는 '문서화된 절차'로 전달할 필요가 있다. 그것이 시대에 맞지 않으면 개정하면 된다. 개정하는 것이 '진화'인 것이다. 그래서 '문서화된 절차'란 '진화하는 유전자'이다.

도요타에서는 지금도 관리자가 600쪽 이상의 문서(표준)를 읽지 않으면 업무를 볼 수 없다고 한다. 표준관리는 관리자의 중요한 업무로 자리 잡혔으며 선정된 표준은 아무리 사장이라고 해도 함부로 변경할 수 없다. 도요타에서는 어떠한 것이든 일의 기본은 문서이고 문서가 행동이나 사고의 출발점이 된다. 일본의 풍토에서 타사와 결정적으로 다른 점은 이와 같은 문서주의이다.

02
Dream of Miracle Binder

표준을 선점하는 자가 세상을 지배한다

표준의 힘

국제 무역에서 거래되는 제품의 80%는 표준의 영향하에서 유통되고 있다. 진시황이 전차바퀴, 활(쇠뇌), 창, 칼, 도량형, 화폐, 문자를 통일해 표준화해서 천하를 통일한 이후, 우리의 생활에 신발사이즈, 의류사이즈, 컬러, 도로표지판, 문자, 법률, 키보드 배열, 좌측통행 등 표준이라는 것이 계속해서 생기고 있고, 이제는 표준을 떠나서는 존재가 불가능할 정도이다. 최근 대한민국도 DMB와 와이브로 등의 표준을 주도하며 엄청난 시장의 기회를 선점하고 있다.

사소한 아이템이지만 표준을 만들어 전 세계를 석권하고 있는 기업이 많다. 맥도널드 햄버거, 던킨도너츠, 베스킨라빈스 아이스크림, 스타벅스 커피 등은 전 세계 어디를 가도 접할 수 있을 뿐더러 어디를 가 보아도 그 맛이 동일하다. 표준의 힘이다. 표준을 만드는 자가 표준을 따르는 자를 지배하는 세상이다. 마이크로소프트의 윈도우는 세계 PC시장의 94%를 장악해 빌 게이츠를 세계 제일의 부자로 만들었다. 중국에서 휴대전화를 생산하는 인건비는 생산비용의 0.4%인 데 반해 미국 퀄컴에 지불하는 CDMA 로열티는 판매가격의 5.75%나 된다고 한다. 수치상 14배지만 판매가로 환산해 같은 조건으로 비교하면 거의 70배의 차이가 난다. 표준의 힘이다.

4년에 걸쳐 61만 8천명이 목숨을 잃은 미국 남북전쟁의 승패는 '표준소총'의 승리였다고 한다. 북군의 소총은 호환성이 있는 '표준소총'이었고, 남군은 제각기 다른 다양한 소총이었다. 호환성이 없었던 남군의 소총은 부품이 고장 날 경우 다른 총기와 대체가 불가능했던 것이다. 표준의 승리고 비표준의 패배이다.

1904년 미국 메릴랜드 주 볼티모어시에 화재가 발생했다. 급속도로 불길이 번지며 인근의 워싱턴 DC, 필라델피아, 뉴욕 등지에서 지원 소방차가 속속 도착했지만, 소방차와 볼티모어시의 소화전 규격이 맞지 않아 1,200여 명의 소방관이 속수무책으로 바라볼 수밖에 없었다. 볼티모어시 전체가 잿더미가 된 대참사였다. 역시 표준의 중요성을 일깨워 준다.

03
Dream of Miracle Binder

나의 DNA, 나의 표준

자신만의 표준 기준

앞서 장황하게 도요타의 DNA와 표준을 설명한 이유가 있다. 학생이나 사회인을 가리지 않고 나만의 DNA나 표준을 만들어내는 것이 결국 지식관리의 핵심이기 때문이다. 도요타의 경우 통찰력 있는 기이치로 사장이 도요타의 DNA인 문서표준을 만들어 냈지만, 그것을 만든 사람이 사장이냐 평사원이냐가 중요한 것이 아니다. 중요한 것은 누군가 그것을 만들어서 결국 그 조직의 표준으로 만들었으며 더 나아가 일본 전체를 넘어 세계의 표준으로 만들었다는 데 있다. 그 결과 도요타는 세계 최고의 자동차 왕국을 구축했다. 그러나 표준은 어느 날 갑자기 만들어지는 것이 아니다. 몇 개월 혹은 수년간의 노력으로 되는 것도 아니다. 도요타의 경우도 1937년부터 작고 사소한 분야의 표준을 만드는 것으로 시작해서 무려 70년이 넘는 시간을 끊임없이 개선시키고 진화시켜 오늘날까지 지속하고 있다.

스타벅스 커피점은 2013년 현재 전 세계 1만 7천여 개의 매장을 운영한다. 초기 창업자인 알프레드 피트 Alfred Peet는 1966년 캘리포니아 주 버클리에서 '피츠 커피 앤 티'라는 이름의 커피점을 열었고 1971년에 동업자 2명과 합세해 시애틀에서 스타벅스 1호점을 시작했다. 30여 년이 넘는 기간을 통해 작고 허름한 가게에서 시작해 세계 최고의 커피 표준을 만들어낸 것이다.

KFC의 창업자 하랜드 샌더스 Harland Sanders는 9년 동안 11가지 허브 비밀양념을 완성해 40세 때인 1952년 첫 KFC를 오픈했다. 오늘날 KFC는 110개 나라에 1만 7천여 개의 매장을 둔 기업으로 성장했다. 샌더스는 처음부터 대단한 것을 시도한 것이 아니라, 닭고기 비밀양념을 개발하기 위해 양념표준을 만드는 것부터 시작했던 것이다.

어떤 조직이나 단체에 소속해 있을 때 우리는 불평·불만을 이야기하기 쉽다. 체계가 없다, 시스템이 부족하다, 지원이 없다, 질서가 없다……. 그러나 그것은 기회이다. 완벽한 시스템과 체계가 있는 곳에서는 기여하고 개발할 것이 없다. 시스템과 표준을 따를 뿐 만들거나 주도할 기회란 없다. 표준을 만드는 자가 따르는 자를 지배한다는 말을 앞서 한 바 있다. 큰 것을 시작하기 전에 작고 사소한 것에서부터 시작해야 한다. 필요가 있는 곳에 기회가 있는 것이다.

필자의 경우도 1989년부터 20링 바인더를 사용한 지 20여 년이 되었다. 1992년 이랜드 계열 ㈜브렌따노의 우븐woven(바지·남방·점퍼)팀 팀장이 되면서부터 업무를 잘 해내기 위한 '나만의 업무표준'과 '나만의 자기관리표준'들을 만들기 시작했다. 업무일지, 발주서 양식, 표준공임표, 원가계산표, 주간계획표, 월간·연간계획표, 평생계획표 등 '나'와 '내 업무'를 잘하기 위한 표준을 만들어서 '나'뿐 아니라 우리 부서, 타 부서 그리고 사업부 전체로 전파하였다.

여러분은 자신만의 DNA, 자신이 만든 표준이 있는가?

나만의 업무
DNA 사례

해외사업부 부서장으로 근무하며 인도, 스리랑카, 베트남, 중국 상해의 현지 공장을 지원하고 관리하는 업무를 맡았을 때의 일이다. 당시 그룹 내 수십 개의 계열사들이 해외생산을 의뢰하면 국내에서 원, 부자재를 구매해 해외공장으로 보내고 해외공장에서 봉제 임가공을 해서 다시 수입해 각 브랜드로 납품하는 일을 맡아 4개 지역의 책임자가 되었다.

당시는 Fax와 국제전화가 유일한 통신수단이라 사고가 빈번했다. 의사소통의 어려움과 한계로 주문과는 전혀 다른 제품이 만들어지기도 했다. 또한 봉제 공임과 자수, 나염의 공임도 천차만별이었고 각 브랜드 디자이너가 현지 가격을 물어보면 대답을 듣기까지 일주일이 넘게 걸렸다. 각 브랜드 마다 수십 명의 디자이너들과 현지 사원, 현지 공장과의 의사소통 문제로 그야말로 눈코 뜰 새 없이 바빴다. 한도 끝도 없는 일들을 비생산적인 방법으로 처리하는 것을 참을 수 없어 결단을 내렸다. 그리고 6개월의 프로젝트를 시작했다.

첫 출장지로 인도 지사를 방문했다. 표준 공임을 정하자고 제안하니 지사장과 공장장은 손사래를 치며 불가능하다고 했다. 끝까지 설득하고 회유하고 심지어 오더를 끊겠다는 반 협박(?)을 해가며 관철시켰다. 그 다음은 스리랑카 베트남, 중국 상해까지 모두 설득해냈다.

1. 의류 형태의 표준 정하기: 면바지 기본, 면바지 아웃포켓, 오버올Over all 구찌 기본, 아웃포켓 기본, 반바지 기본, 반바지 변형 A, 반바지 변형 B, 변형바지 A형, 변형바지 B형, 신사바지, 야구점퍼, 기본점퍼, 변형점퍼 A, 변형점퍼 B, 기본조끼, 변형조끼, 2벌 점퍼, 디터쳐블 점퍼, 양면 야구점퍼, 사파리 기본, 사파리 변형, 패딩조끼, 다운조끼
2. 각 의류 형태별 지역별 표준 공임 정하기: 인도, 스리랑카, 베트남, 중국
3. 부자재 패킹 방법 표준화: 지퍼, 재봉사, 자수사, 라벨, 단추, 스냅, 택, 심지, 밴드, 스트링
4. 원, 부자재 표준 공급 계약서
5. 부자재 개선안: 내부관리, 과부족 기준, 납기, 품질, 업체관리, 인원관리 등
6. 원, 부자재 검수 원칙
7. 패키지 기본 계약서

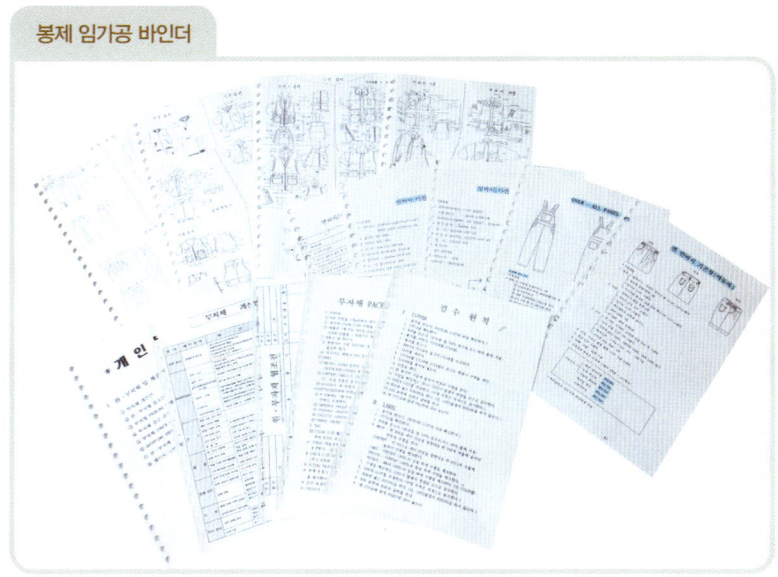

봉제 임가공 바인더

　이상의 업무 체계를 6개월만에 매뉴얼과 표준으로 만들어 업체별 원가절감에 기여를 했을 뿐 아니라 업무량도 획기적으로 줄어들어 다급한 일보다는 더 중요한 일을 할 수 있게 되었다.

chapter 7

방전되면 사용 불가,
나는 내가 충전한다

독서
경영

글로벌 시대의 필수요소, 독서경영

독서경영의 실천

독서포럼 나비

성과를 지배하는 바인더의 힘

01
Dream of Miracle Binder

글로벌 시대의 필수요소, 독서경영

기업들의 독서경영

최근 독서경영이 급속도로 확산되고 있다. 대기업은 물론 중견, 중소기업까지 꽤 보편화되었다. 독서경영은 최근 지식경영, 학습조직, 평생교육이라는 중요한 경영 트렌드와 매우 밀접한 관계가 있다.

1980년대부터 기업 최초로 이랜드가 독서경영을 시작했고, 1990년대부터 한국이동통신·삼성·현대 등 대기업이 주도했으며, 2000년대에는 기업마다 독서 열풍이 불었다.

우림건설의 경우 매월 월 5,000권씩 '책 나누기' 행사로 연 6억 원을 지출할 정도로 독서경영이 아름다운 기업문화로 자리 잡았다. 600명의 헤어디자이너를 비롯해 1,200여 명의 직원을 두고 있는 미용실 체인 준오헤어는 10년 넘게 매월 독서토론을 시행한다. 서린바이오사이언스의 모든 직원은 1년에 40권의 책을 읽고 독후감을 제출해야 하며, 이 회사 황을문 대표는 월 8~9권의 독서량으로 이미 수천 권의 책을 독파했다.

그 밖에도 현대오일뱅크, 동양생명, 삼성SDS, 동양기전, 현대산업개발, 안국약품, YBM어학원, 교보문고, 오리온, 삼성엔지니어링, 리바트, 에버랜드, 안철수연구소, 벽산, 아주그룹, 동원F&B, 이메이션코리아, 63시티, 태평양, 미용체인 화미주 등 수많은 기업이 시행 중이다.

'인터넷 제국 건설자' 빌게이츠는 소문난 독서광일 뿐 아니라 "컴퓨터가 책을 대체하리라고는 생각하지 않는다."라고 말했고, 바쁜 일과 중에도 하루 한 시간, 주말에는 두세 시간씩 책을 읽는다. 1997년에는 게이츠 도서관 재단을 설립해 2,000만 달러를 기부했다. 미국의 부시 대통령, 클린턴 대통령도 독서광이다. 클린턴은 10일 휴가에 책 12권을 갖고 가며 "하루 2시간씩 떼어 독서를 해서 대통령직을 수행할 수 있었다."라고 했다.

미국 초등학교는 독서성적표를 따로 매긴다. 일본은 '활자 문화 활성화 법'을 추진하고 있다. 영국의 부모 70%는 매일 자녀에게 책을 읽어 준다고 한다. 독서하는 것은 이미 글로벌 스탠더드이다.

노벨상의 왕국
시카고대학

1890년 설립된 시카고대학교는 1929년까지 별 볼일 없는 대학으로 명맥을 유지하다가 로버트 허친스 Robert Hutchins 박사가 총장이 되면서 모티머 J. 애들러 교수의 컨설팅을 받는다. 그러면서 학생들에게 '고전 100권'을 의무적으로 읽게 했다. 그리고 그 가운데 자신의 역할모델을 발견하도록 했다. 동부 아이비리그대학에 비해 역사도 짧고 우수한 학생도 많이 빼앗겨야 했지만 고전 속의 위대한 인물을 발견하고 접속하고 닮아가는 과정 속에서 85명의 노벨상 수상자를 배출하여 세계 최고 명문 중의 명문이 되었다.

2008년 10월 시카고 지역의 한인 CEO를 대상으로 강의를 초청받아 시카고에 갈 기회가 있었다. 필자는 강의가 끝나고 시카고대학을 방문했다. 필자는 해외출장 시 여유가 될 때마다 그 나라의 과거를 알기 위해 박물관을, 현재를 알기 위해 시장을, 그 나라의 미래를 알기 위해 대학을 방문한다. 시카고대학은 그리 큰 규모는 아니었지만 캠퍼스 어디를 가나 공부 열기가 뜨거웠다.

마침 담쟁이로 덮인 아담한 채플(교회)이 있어 들어가 보았다. 시카고대학의 경우 미국의 거부 록펠러가 엄청난 돈을 기부하면서 명문대학의 기틀을 다질 수 있었는데, 채플 현관에는 록펠러가 3천 5백만 불을 기부한 의미를 적은 현판이 있었다. 우리가 돈을 벌어야 하는 이유와 잘 써야 하는 이유를 깨닫게 한 의미 있는 글이었다.

이어서 시카고대학 도서관에 들어가 보았다. 최첨단 시설을 기대했

시카고대학 도서관 내부

지만 100여 년 전 건물에, 삐걱거리는 나무책상과 나무의자가 전부였다. 우리나라 초, 중, 고등학교에서도 볼 수 없는 낡은 책상과 의자에서 노벨상이 85개(2013년 기준)나 쏟아져 나온 것이다. 그곳에 앉아 공부하는 학생들의 열기가 지금도 느껴진다.

독서경영의
시작

기업 최초로 독서경영을 도입한 이랜드는 필독서가 400여 권 지정되어 있다. 교과서(Spirit-A급), 초급(B·C·D급), 중급(B·C·D급), 고급(B·C·D급), 역사추천서 등으로 구분되어 있고, 생산, 디자인 등 직능별 추천서도 있다. 이랜드 박성수 회장이 약 100여 권을 읽고 그중에 한 권 정도를 추천하는 것이 필독서로 선정된다.

평소에도 매주 혹은 격주로 필독 토론과 리포트를 내지만, 진급과 연계되어 있어 필수적인 기업문화가 되었다. 대리 진급 시 200권, 과장 진급 시 300권 등을 읽어야 진급 시험 대상이 될 수 있다. 필자가 대리 시험을 볼 때도 200권 중에서 15권을 선정해 필기 테스트를 받았다. 시험은 주관식 논술형이며 15권의 책을 완벽히 소화할 정도가 되어야 합격할 수 있다. 시험준비를 위해 업무 후 여관을 잡아 한두 달씩 합숙하며 공부한다. 대학 때 그렇게 공부했더라면, 아마 수석도 했을 거라며 모두들 우스갯소리를 하곤 했다. 그렇게 1차가 통과되면 다음엔 구술 면접시험이 기다린다. 1차보다 수준 높은 책 5~7권을 선정해 시험을 치른다. 역시 만만치 않다.

그러한 과정을 통해 '나 자신'이 놀랍게 변화되었다. 부정적이고 소극적인 성향이 긍정적이고 적극적으로 바뀌었다. 무엇보다도 삶의 의미와 목적, 성공의 노하우, 정직하게 승리하는 법, 경영과 관리의 노하우, 자기경영법, 학습성장법 등을 습득할 수 있었고, 평생의 도구가 되었다.

독서경영의 유익성

독서를 통해 얻을 수 있는 것은 매우 다양하다. 몇 가지로 정리해 보면 다음과 같다.

① 인생의 가치관을 세울 수 있다. 특히 젊은 시절 즐겨 읽은 책은 인생에 대한 좌표와 원칙을 세우는 데 중요한 개념을 얻을 수 있다.
② 정서를 풍부하게 한다. 보통 책을 읽는 사람들의 가장 큰 이유이자 욕구일 것이다. 재미, 문학적 호기심, 상상력 등을 충족시킬 수 있어 우리 삶을 더 풍요롭게 한다.
③ 다양한 지식을 얻을 수 있다. 이것 역시 부연할 필요 없는 독서의 중요한 유익성이다.
④ 그 분야에 뛰어난 자질과 경험(타인의 성공 노하우)을 빌려 올 수 있다. 학생 시절에는 크게 관심 없었던 이른바 성공이나 처세술 등에 해당하는 책들인데, 실제로 사회에 나와서 제일 많이 읽게 되는 책이다. 수많은 성공의 원리와 사례가 담겨 있다.
⑤ 자극을 유지하는 중요한 동기부여자이다. 사회생활에서 결코 뒤처질 수 없는 자기계발의 열정과 동기를 지속시키는 큰 힘이 된다. 필자가 보험 세일즈맨으로 일할 때 가장 크게 도움 받았던 것이 바로 독서의 힘이었다.
⑥ 책은 슬럼프를 극복할 수 있는 내면의 친구가 된다. 일과 환경으로부터 지쳤을 때 한 권의 책이 마음과 영혼을 녹여 주기도 한다.

책을 보는 관점

같은 책을 보더라도 저마다 느끼는 것이 다르고 얻는 것이 다르다. 하지만 일정한 관점을 가지고 보면 더 넓게 보고 더 많이 얻을 수 있다. 그러한 관점을 몇 가지 소개하겠다.

① 새로운 지식과 콘셉트
② 탁월한 아이디어(남과 다르게 생각한 것)
③ 가치관, 비전, 꿈
④ 성공요인
⑤ 현재 자기 일을 개선하는 데 필요한 것
⑥ 성공한 사람의 생의 분기점(기회)
⑦ 책에 나타난 사람들의 생활태도, 사고방식

이러한 관점을 가지고 책을 보는 이유는 나 자신과 업무(학업) 등에 쉽게 적용할 수 있기 위해서이다.

02
Dream of Miracle Binder

독서경영의
실천

독서
계획

1) 연간목표를 세운다

연간 몇 권을 읽을 것인가는 개인의 능력과 여건에 따라 다르다. 그러나 성장을 원하는 평범한 사람이라면 50권을 목표로 잡는 것이 좋다. 하루 1시간 짬을 내서 책을 본다면 1주일에 1권을 읽을 수 있다. 물론 자투리 시간을 모아 1시간 짬을 만들 수도 있다. 1년이 52주이므로 설날, 추석 때를 제외하면 50권이 적당한 목표이다. 세계적인 동기부여가 브라이언 트레이시Brian Tracy는 "매년 50권씩 3년을 읽으면 그 분야에 전문가가 되고, 5년을 읽으면 전국적 전문가, 7년을 읽으면 세계적인 전문가가 된다."라고 주장하는데, 이 말에 필자도 전적으로 동의한다.

박사논문에 인용하는 책의 권수나 책을 저술할 때 인용하는 책의 권수가 통상 50권 전후이다. 1년에 50권을 읽는 것이 박사급 실력을 쌓는 것이라면 좀 과장된 표현일까? 아무튼 책을 전혀 읽지 않던 사람이 필자의 강의를 듣고 바인더를 사용하면서, 1년에 50여 권의 책을 읽는 사례를 수없이 보아 왔다. 그로 인한 삶의 변화 또한 수없이 보아 왔음은 물론이다.

2) 월간·주간 독서계획을 세운다

월간계획표와 주간계획표의 'Study'란을 활용한다.

3) 추천도서 리스트를 확보한다

책을 읽을 때 많이 읽는 것보다 좋은 책을 읽는 것이 중요하다. 책을 많이 읽는 사람의 추천을 받는 것은 시간과 돈을 절약하는 좋은 방법이다.

4) 목표와 평가: Plan-Do-Check

한 권의 책을 읽고 나면, 책 맨 뒷장에 읽은 날짜와 한 줄 소감, 사인을 해 둔다. 이와 함께 바인더를 펴서 읽은 책 리스트에 기록한다. 연초에 세운 독서 목표량을 보고, 얼마만큼 왔는지 체크하는 것은 필수이다.

필자의 추천도서 리스트

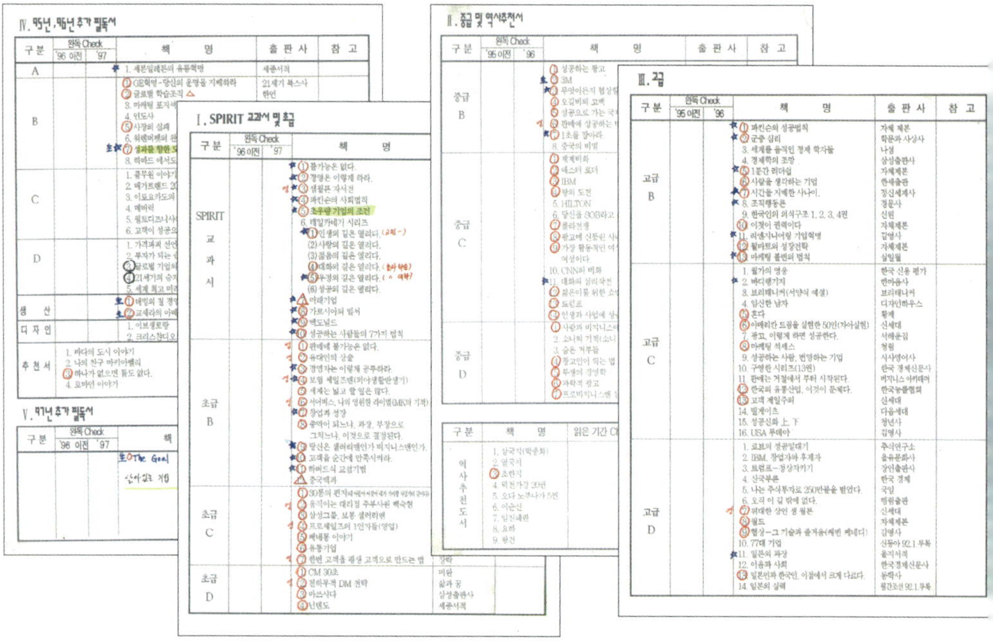

Ⅳ. 95년, 96년 추가 필독서
Ⅰ. SPIRIT 교과서 및 초급
Ⅱ. 중급 및 역사추천서
Ⅲ. 고급
Ⅴ. 97년 추가 필독서

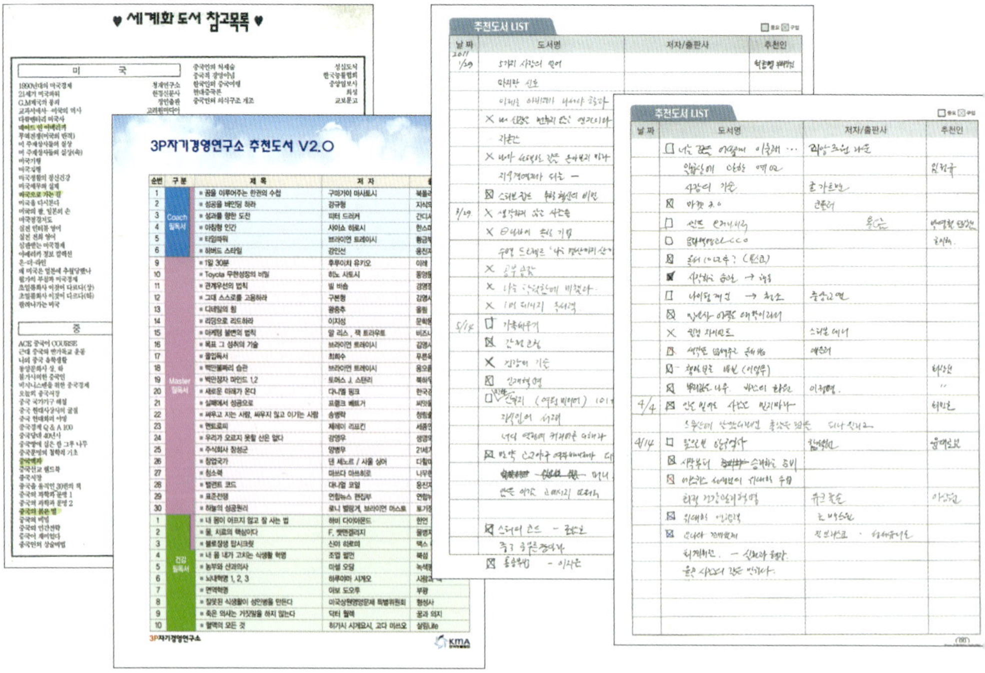

♥ 세계화 도서 참고목록 ♥
3P자기경영연구소 추천도서 V2.0
추천도서 LIST
추천도서 LIST

월간 및 독서계획을 세울 때 사용하는 Study

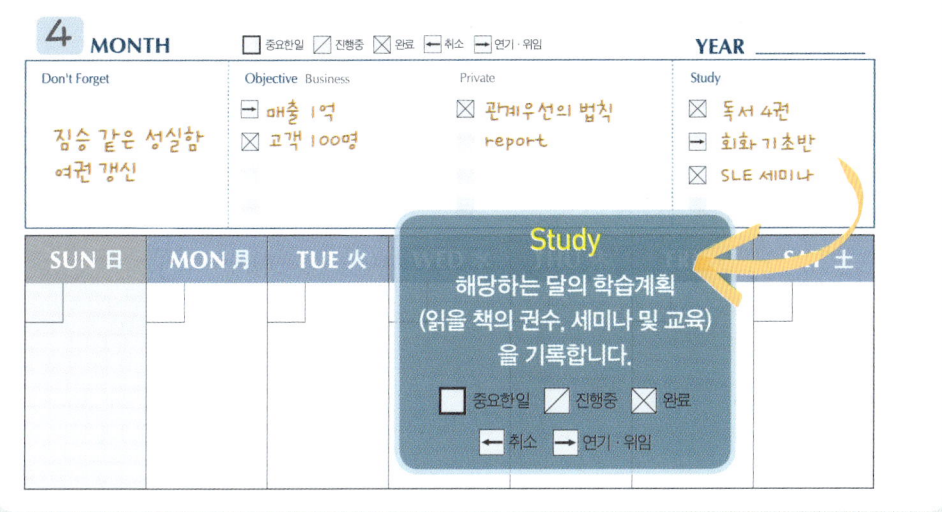

주간계획표를 세울 때 사용하는 Study

2 MONTH

Objective Business
- → 3P Homepage-Hosting
- ☒ cafe 전면수정
- / 생명의 말씀사-주문확인

Private
- ☒ 관계우선의 법칙 report

Study
- ☒ 관계 우선의 법칙
- → The present
- ☒ 시간관리와 자아실현

12 THU 木	13 FRI 金	14 SAT 土	15 SUN 日
Event		시간관리와 자아실현 -report R&D Day	
To-do ✗ sub-Atom에 발주 ✗ 기독교 서점 tel-제품발주 ☒ 관계우선의법칙-report / cafe 전면 design	☒ 3P 주간매출보고서 ☒ 세네카-고려인쇄의뢰 → 아이디스-사무용품신청 ☒ 시간관리와 자아실현 report	리더모임 예습	

필자가 2012년에 읽은 책 리스트

필자의 독서 바인더

독서 정리법

1) 본·깨·적 노트(본 것, 깨달은 것, 적용할 것)

① 본 것은 책의 핵심내용을 말한다. 저자가 말하고자 하는 핵심 내용을 정리한다. 정리하는 분량은 반쪽에서부터 필요에 따라 5~6쪽까지 다양하다.

② 깨달은 것은 저자의 의도와 관계없이 나 자신이 소화한 것을 말한다. 생각을 많이 요하는 작업이고 진정한 독서의 묘미와 재미가 있다.

③ 적용은 책을 읽는 최종 목적이다. 삶에 적용해 변화를 이끌어 내는 것이 중요하다. 적용은 개인적용과 조직적용 등 2가지 분야로 하고 구체적으로 실천하는 것이 중요하다.

2) 독서 바인더

읽은 책을 정리해서 바인더로 모으면 여러 면에서 유익하다. 좋은 책을 다시 볼 때, 중요한 개념을 찾을 때, 강의를 준비하거나 전수할 때 등에 유용하다. 암묵지(머릿속 지식)를 형식지(보여지는 지식: 책, 매뉴얼)로 만드는 능력은 지식근로자의 중요한 조건 중의 하나이다. 전파하고 공유하는 것 또한 기술자가 할 수 없는 지식근로자만의 특징이다. 기술자는 이론이 없고 경험만 있는 반면 전문가는 이론과 매뉴얼을 가지고 주변에 지식과 경험을 나누어 줄 수 있다.

3) 콘셉트화

책을 읽고 소화하는 단계는 읽기와 정리하기 그리고 적용으로 올라간다. 한 단계 더 나아가, 적용을 위한 콘셉트화까지 발전한다면 가장 바람직하다. 콘셉트화란 책 속의 지식을 개인과 조직에 즉시 적용할 수 있도록 재가공 또는 발전시킨 지식의 덩어리이다. 원칙과 기준이 있다면 의사결정이 수월해진다. 그것이 없으면 늘 상사나 부하를 만나야 하고 늘 책임자의 결정을 기다려야만 하기 때문에 효율적이지 않다. 콘셉트란 경영의 여러 환경 속에서 그러한 원칙과 기준이 되는 노하우를 체계화시켜 즉시 사용할 수 있는 잣대를 갖는 것을 말한다. 시간을 알기 위해 시계를 보고, 무게를 알기 위해 저울을 사용하고, 방향을 알기 위해 나침반을 사용하는 것과 같은 이치다.

책 1권에서 1개의 콘셉트가 나올 수도 있고 여러 권의 책을 종합해야 1개의 콘셉트가 나올 수도 있다. 필자의 콘셉트 노트는 2개인데 이랜드에서 경영자 교육을 하면서 '전략적 의사결정'이란 제목의 케이

콘셉트의 사례: 원칙 경영

원칙경영

1. What
1) 원칙: 값 지불을 한 실패를 통해서 발견한 지름길
2) 원칙경영: 원칙대로 경영하는 것
   [최단 거리, 최저 비용, 최단 시간] 경영 방법

2. Why
1) 사람을 줄일 수 있다
2) 비용을 줄일 수 있다
3) 일하는 시간을 늘릴 수 있다
4) 성과를 달성할 수 있다
5) 진정한 자율과 위임을 할 수 있게 해 준다

3. How
1) 원칙을 세운다
2) 원칙대로 시행되도록 시스템과 자원을 정렬 ^{alignment} 한다
3) 원칙대로 경영한다
4) 복잡하게 얽혀 있을 때는 원칙으로 돌아가야 한다
5) 잘 될 때도 정기적으로 검토한다

QUESTION

Q1. 조직에서 꼭 지켜야 할 원칙은 무엇인가?
   그중 지켜지지 않고 있는 것은 무엇인가?
   원칙을 어길 때 지불하는 대가는 무엇인가?
   원칙을 지켜야 하는 이유는 무엇인가?

Q2. 경영원칙 정리해 보기

원칙경영의 사례: 브랜드 본부장 지침

브랜드 본부장 지침

위임 받은 사람이 주의할 점

1) 정직한 보고(자료를 누락시키면 안 된다)
2) 문제가 커지기 전에 보고하라 – 모르는 것에 대해서는 반드시 질문하라
3) 대리인 이론을 명심하라 – 값을 누가 지불하는가 생각하라
   - 회사 자산으로 실험하지 말라
   - 자아실현이라는 병폐를 주의하라
4) 인적자원을 파악하라 – 가장 잘 활용할 수 있는 방법을 찾아라
5) Process적으로 일하라 – 목표(기준), 계획(전략), 도구(바인더)
6) 부실기업 인수라고 생각하고 관리하라
7) 자기 책임으로 소화해서 이야기하라
8) 부하들을 두려워하지 마라 – 유능한 사람을 주변에 배치시켜라
9) 인수인계를 철저히 하라 – 부하에게 주지시켜라
   - 기록을 반드시 남겨라
10) M.T를 적극 활용하되, 확실하게 하라
    - 분위기 철저히 장악하되 가슴을 녹여야 한다
    - 시간 활용법: 아침 일찍 & 저녁 늦게
    - 정예화하려면 Leader가 자기 입장 정리하라

근무태도

1) 본이 되어라(직접 행해야 한다 – 도시락, 청소, 출근시간, 기도, 창고근무 등
2) 원칙대로 행하라 – 전표, 특판, 분배(아르바이트 사원은 절대 현금을 다루지 않도록 한다)
3) 장사를 해라 – 구매 → 배달 → 판매 → 수금 → 반품
4) 잘못된 것이 있다면 다시 시작하라

리더의 5가지 할 일

1) 비전(목표)을 제시하자
2) 격려 → 용기를 불어 넣자
3) 자원을 바르게 할당하자 → ①돈 ②인력 ③상품 ④공간 ⑤상
4) 결과를 평가하자
5) 개인적 본보기가 되자(존경 받고 사랑 받자)

바인더 정리

1) 100page 이내로 정리하자
2) 무기로 활용하자
3) Process형이 되자 → 생산성 향상
   효과) 기준 마련 ① 우선순위 6개 ② 시간 사용 ③ 행동지침

파악하라

1) 내 강점과 약점을 파악하자
2) 인적 자원을 조사하자(면담) → 재능과 활용책
3) 재무적 자원을 조사하자 → ① 수익 ② 매출 ③ 상품 ④ 재고
4) 매장 자원을 조사하자
5) 기타 → ① 공간 ② 장부 ③ Loss ④ 사기

기도하라

1) 일찍 출근하여 먼저 기도실에 가자

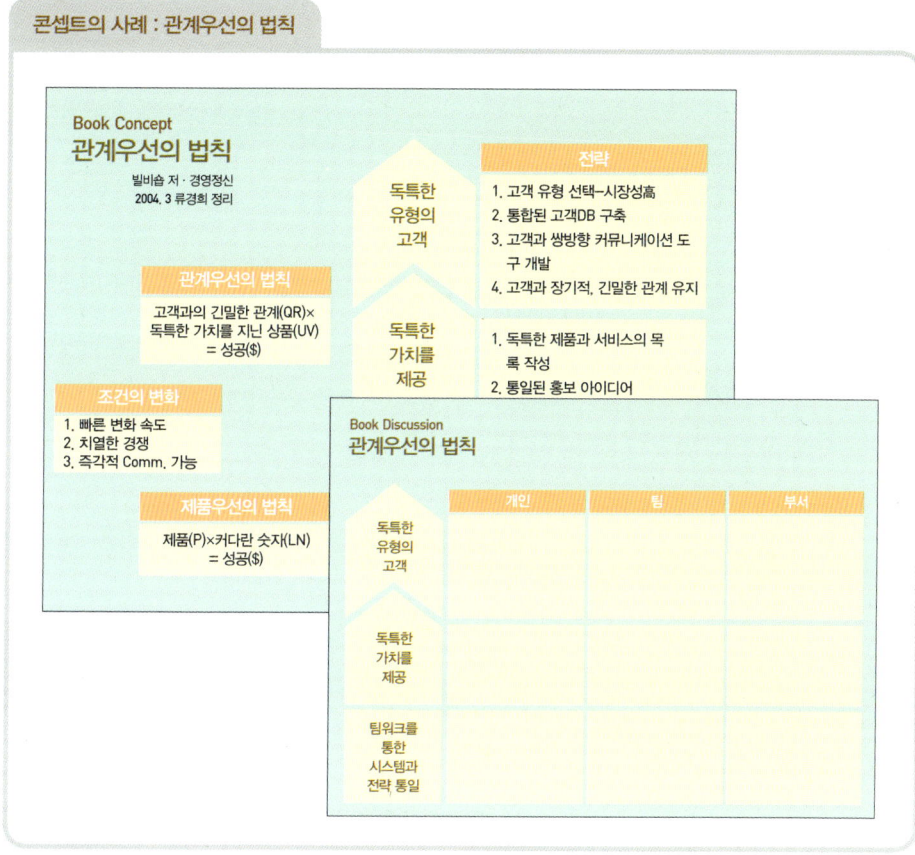

스 스터디 내용이다. 예를 들면 '지식경영'이란 콘셉트를 정리하기 위해 관련된 3~4권의 책을 읽고 콘셉트로 정리한 후 회사조직 또는 개인에 적용해 시행하고 피드백하는 일련의 과정이다.

콘셉트를 만들거나 학습하는 이유는,

① 꼭 필요한 지식을 단기간에 효과적으로 전달 가능하다.
② 즉각적 행동을 유발할 수 있는 살아 있는 지식이다.

③ 경영의 도구로서 인프라Infra화가 가능하다.
④ 윈도우Window와 거울Mirror의 역할을 한다. 즉 콘셉트를 통해서 보고 비추어 볼 수 있다.

심리학에서의 청킹Chunking이라는 용어와 유사하다. 청킹이란 분리되어 있는 항목들을 보다 큰 묶음으로, 보다 의미 있는 단위로 조합하는 것이란 의미이다. 다시 말해 중요한 요소를 식별한 다음, 그것을 의미 있는 체계로 묶음 처리하는 구조화를 말한다.

> **전략적 의사결정을 위한 콘셉트의 사례**
>
> 지식경영, 변곡점, 목표와 전략, 수익구조틀, MBS, 인력구조틀, 원칙경영, 포커스경영, 정예화, MBS2(보상, 포상, 승진), 현장경영, 조직화, 재조직화, 안전관리, 브랜드 매니지먼트, 스피드경영, 이노베이션과 기업가 정신, 벤치마킹, 로열티경영, 20:80 파레토법칙, 리더십 1, BSC, 디바이커 등

독서 습관 만들기

1) 환경 만들기: 거실과 사무실을 서재로

필자는 1999년부터 TV를 없애고 거실을 서재로 만들었다(1994년 결혼 당시에는 전세방에 거실이 없어 방에다 온통 책을 싸 놓았다). 강의와 세미

서재로 만든 필자의 집 거실

나를 진행할 때마다 '거실을 서재로'를 부르짖었다.

한 번은 교육컨설팅을 하던 중에 필자의 강의를 듣고 거실의 TV를 치우고 서재로 만든 분의 사례발표를 들었다. TV를 없앤 다음 날 가족들이 거실에 모여서 당황하기 시작했단다. 저녁식사 후 항상 소파에 앉아 함께 드라마를 보아야 하는데, 할 일이 없어 멀뚱멀뚱 서로 얼굴만 쳐다보았다. 1시간 가량 온 가족이 산책을 하고 들어왔는데 여전히 할 일이 없어 서성거렸다. 이윽고 아버지가 먼저 책을 가지고 나오자 엄마는 가계부를 가지고 나왔고, 아이들도 책을 들고 나왔다. 며칠 후부터는 말이 없던 가족간에 대화가 생기고 독서토론이 시작되어 행복한 나날을 보내고 있다며 감사를 표했다. 이뿐만 아니라 사회생활 20년 만에 처음으로 책을 읽었다며 눈시울을 붉히기도 했다.

2) 책을 늘 휴대한다(B&B = Book and Binder)

필자가 외출할 때는 늘 바인더 1권과 책 1권을 들고 나간다. 심지어 의도적으로 약속 2시간 전에 도착할 때도 있다. 바인더와 휴대폰으로 어지간한 업무를 보고 그래도 시간이 남으면 책을 본다. 외부환경에서 책을 보면 의외의 집중력이 높아진다. 5분, 10분을 보더라도 꽤 많은 양의 책장을 넘긴다. 더불어 약속한 상대방에게 뜻하지 않은 좋은 인상을 주기도 한다. "책을 참 좋아하시나 보네요!" 하며 약속상대가 어깨를 친다. 자연스럽게 아이스브레이킹ice breaking(주의환기)이 되면서 '잘난 척 하지 않고' 책 소개 및 지식을 나누어 줄 수 있는 계기가 된다. 밥을 사든가, 지식을 나누어 주는 사람이 리더가 된다고 앞에서 설명한 바 있다. 좋은 계약이 성사되고 좋은 관계가 형성되는 것은 당연하다.

책을 볼 수 없는 장소, 예를 들면 사우나나 수영장에 갈 때는 어떻게 할 것인가? 그래도 책을 가지고 가라.

3) 개인 R&D 투자: 수입의 3~10%

어느 인터뷰 기사에서 삼성전자 임원에게 물었다. 삼성전자가 R&D research&development 투자를 2~3년 간 하지 않으면 어떻게 되겠느냐고 물었더니 그 임원은 잠시의 고민도 하지 않고 즉각 대답했다. "망합니다."

개인은 어떠한가? 자녀 과외공부에는 한 달에 수십만 원씩 지출하면서도 정작 자기 자신을 위해서는 책 한 권 사는 데 바들바들 떠는 것이 현실이다.

'황금알을 낳는 거위' 우화가 있다. 농부가 황금알을 더 많이 가지고 싶은 욕심에 거위의 배를 갈랐다. 그러나 여러 개의 황금 알은커녕 거위가 죽고 말았다. 황금을 원한다면 배를 가를 것이 아니라 거위를 잘 먹여 포동포동 살을 찌워야 한다. 지식의 먹이를 먹지 않는 것은 나의 배를 가르는 자해와 다름없다. 내 용돈이 되었든 수입이 되었든 3~10%는 나를 위한 자기계발 비용으로 사용해야 한다.

일본의 유명한 재테크 전문가 혼다 켄의 세미나를 들은 적이 있다. 그는 재테크의 1순위는 버는 능력을 키우는 것이고, 그러기 위해서는 자신의 몸값을 올려야 한다고 했다. 당연히 '나'라는 제품 자체가 주목받을 수 있도록 전문성 또는 상품성을 갖추어야 한다.

4) 독서모임

각종 독서모임들이 있다. 그 모임에 가입하거나 독서모임을 만들면 좋다. 혼자 하기보다 모임으로 하면 열정을 유지할 수 있고 다양한 관점과 지식을 배울 수 있다. 보통 독서모임에는 일반적으로 문호가 활짝 열려 있어 조금만 성의가 있다면 쉽게 참여할 수 있다.

필자가 창립한 독서포럼 나비는 전국적으로 100여 개가 운영 중이다. 뒷부분에서 자세히 다루겠다.

5) 자동차 대학, 전철 독서실

자동차를 타거나 운전할 때는 책을 볼 수 없다. 그럴 때는 오디오북을 들으면 좋다. 필자의 경우도 자동차를 운전할 때 거의 습관적으로 테이프나 CD를 듣는다. 푸르덴셜 세일즈맨 시절, 고객을 만나기 전 나의 감정상태를 최고로 만들기 위해 각종 모티베이션(동기부여) 테이프를 듣던 것이 습관이 되었고 지금도 수많은 자기계발 테이프와 CD를 듣고 있다. 최근에는 필자의 강의 일부를 CD 및 테이프로 제작했는데, 열댓 번을 들었다는 분도 있으니 감사할 따름이다(www.successtv.co.kr).

전철을 타면 안타까운 장면이 있다. 수많은 젊은 학생이나 직장인이 휴대폰으로 게임, 드라마를 즐긴다. 너무도 아쉽다. 그 게임이 프로그램 연구를 위한 것이라면 할 수 없지만, 그렇지 않다면 그 시간에 책을 보면 좋겠다는 생각이 간절하다. 일본에서 전철을 타면 거의 모든 사람이 책을 보는 분위기이다. 물론 만화를 많이 보기는 하지만, 아무튼 일본이 세계 2위 선진국인 이유를 알아야 한다.

6) 줄 치고 메모하며 읽기

예 1) 책을 깨끗이 읽어야 할 이유는 없다. 떠오르는 아이디어, 적용사항, 깨달은 점 등을 사정없이 여백에 적고, 책장의 귀퉁이를 접거나, 포스트잇 등을 활용하면 좋다.

예 2) 책의 마지막 장에는 읽은 날짜와 간단한 소감을 쓰면 좋다. 재독, 삼독을 할 때도 역시 읽은 날짜를 기록한다.

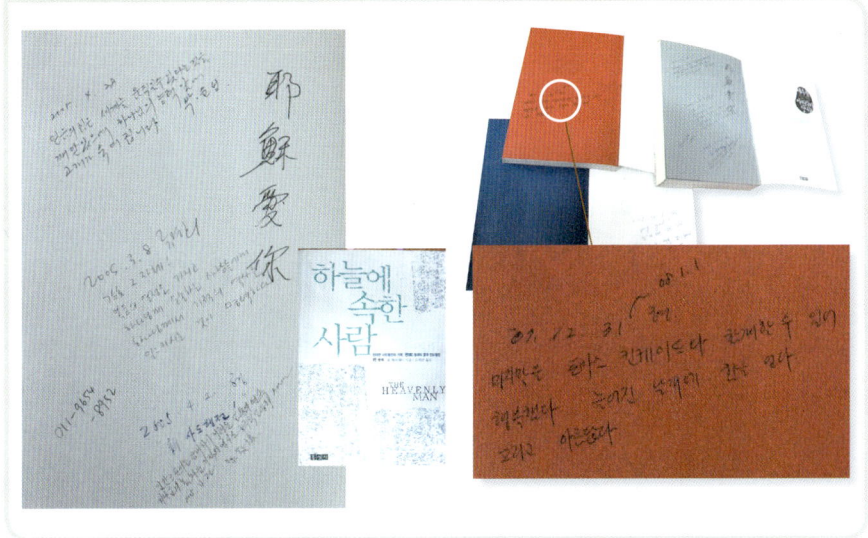

재독, 3독 할 때 읽은 날짜 기록

7) 목적적 책 읽기 & 적용

아무 책이나 읽어서는 안 된다. 목적을 가지고 읽어야 한다. 지금 내가 하는 일과 관련되거나 앞으로의 비전과 관련되는 관심 분야의 책을 70~80% 보아야 한다. 나머지 20~30%는 트렌드, 신간, 베스트셀러 등을 보면 좋다. 적용하지 않는 책 읽기는 시간 낭비이다. 학생 때까지는 재미와 흥미로 책을 볼 수 있지만 성인은 반드시 개인적용, 조직적용 등을 습관화해야 한다.

8) 배우는 동시에 가르치고 전파하자

사람은 배울 때 성장할까? 아니면 가르칠 때 성장할까? 정답은 가르칠 때이다. 많이 알아서 가르치는 것이 아니라 먼저 알았기 때문에 가르치는 것이다. 식당에 가면 누가 리더인지 알 수 있다. 바로 밥값을 내는 사람이다. 그렇듯 지식을 나눠주는 사람 또한 리더이다. 밥을 사든지 지식을 나눠주든지 하라. 더 좋은 것은 둘 다 하는 것이다.

적용
사례

1) 새로운 지식과 콘셉트 개발

『지식혁명보고서』, 『편집광만이 살아남는다』, 『TOYOTA 무한성장의 비밀』, 『10년 법칙』 외 4권은 출간시기가 20여 년 차이가 나지만 공통점이 있다. 바로 그래프가 1개씩 있다는 것이다. 필자는 그 그래프 4개를 모아 1개의 그래프로 만들어 강의에 사용하고 있다. 전 세계에서 그런 그래프를 사용하는 사람은 필자밖에 없다. 모방을 한 번 하면 짝퉁이다. 그러나 모방+모방은 응용이다. 모방+모방+모방은 창조이다. 새로운 것을 발명하려 하지 말고 기존의 것들을 섞고 융합하고 통섭하면 된다.

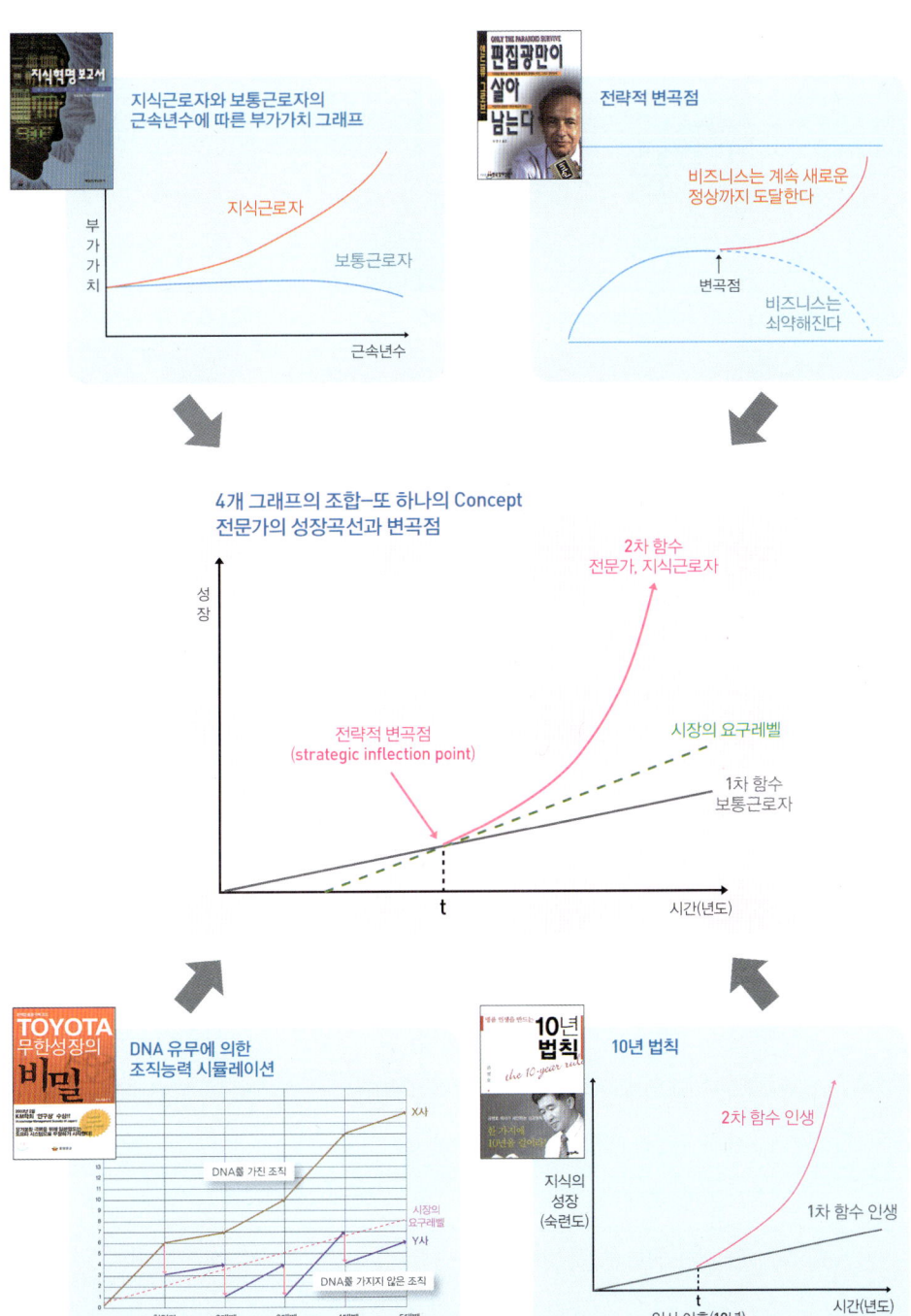

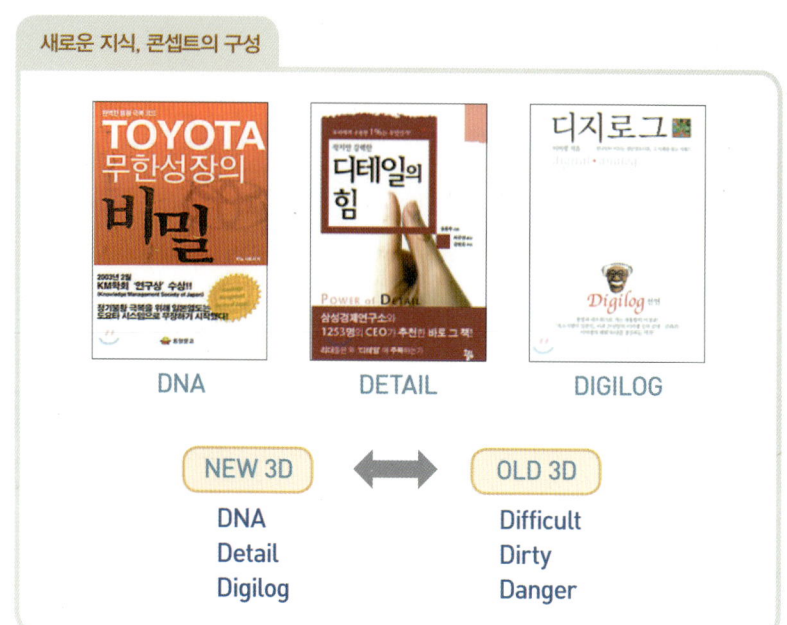

2) 새로운 지식, 콘셉트의 구성

인상 깊게 읽은 3권의 책의 핵심을 모아서 부정적인 의미의 3D (Difficult, Dirty, Dangerous)와 상반되는 긍정적인 의미의 New 3D(DNA, Detail, Digilog) 콘셉트를 만들어 프로페셔널이 갖추어야 할 능력과 태도, 기술을 강의하고 있는 사례이다.

3) 자극의 유지와 동기부여

아무리 탑 세일즈맨이고 하이퍼포머라도 슬럼프가 찾아온다. 프로 스포츠 선수들도 슬럼프에 빠지면 몇 개월에서 심지어 몇 년을 고생하기도 한다. 프로 세일즈맨도 마찬가지이다.

필자도 슬럼프에 빠졌던 경험이 있다. 그때 슬럼프에서 빠져나갈 수 있었던 책이 한 권 있었다.

바로 『실패에서 성공으로』라는 책이다. 이 책의 저자는 미국의 프로야구선수였던 프랭크 베트거이다. 그는 야구를 하다 부상을 당해 더 이상은 야구를 할 수 없게 되었다. 먹고 살기 위해 여러 가지 일을 전전했지만 모두 실패하고 마지막으로 잡은 일이 보험세일즈였다. 그러나 그 일도 쉽지 않았다. 성과도 없을 뿐더러 스트레스만 쌓여 결국 그만두기로 결심하고 짐 정리를 하기 위해 사무실로 들어갔다. 그런데 사람들이 모여 앉아 강의를 듣고 있었다. 그는 강의 중에 짐 정리를 하기가 어려워 뒷자리에 앉았다. 강의가 끝나면 짐을 싸서 가겠노라고. 그러던 중 강사가 하는 말이 귀에 꽂히면서 다시 영업을 시작하게 되었다. 그때 그 강사가 한 이야기는 다음과 같다.

"영업이라는 일은 결국 한 가지, 오직 한 가지로 귀착됩니다. 그것은 바로 사람을 만나는 일입니다. 밖에 나가서 하루에 네다섯 명의 사람들에게 자신의 이야기를 정직하게 할 수 있는 평범한 사람이라면, 그 사람은 영업에서 성공할 수밖에 없습니다."

수억대 연봉은 '너무 먼 당신'이었지만 밖에 나가 하루에 네다섯 명에게 자신의 이야기를 정직하게 하는 것은 할 수 있다. 그래서 그는 보험세일즈를 다시 하기로 결심했다. 그런데 이 책의 핵심은 그 다음에 나온다. 필자는 이 책을 5번째 읽을 때 그 구절을 발견했다. 활자가 살아서 눈으로 튀어 들어오는 느낌이었다.

나는 하루에 적어도 네 사람을 만남으로써 방문횟수를 기록해 보기로 결심했다. 이 기록을 관리하면서, 나는 이 10주일 동안 그 전의 10개월 동안 판매했던 것보다 훨씬 많은 5만 1,000달러치의 보험을 판매했다.

그렇다. 누구를 만났고, 몇 명을 만났고, 계약을 했고, 얼마를 했고, 거절을 당했고 등등을 자세히 기록했더니 놀라운 성과를 거둔 것이다. 필자는 인생의 목표를 종이에 썼다. 받고 싶은 연봉을 종이에 기록하고 매월, 매주로 나누어 기록했다. 보험계약 몇 건에 금액이 얼마 하는 식으로 간단하고 단순한 목표를 만들었고 매주 붉은색으로 체크하고 피드백을 했다.

그렇게 했더니 1월에 105%, 2월에 269%, 3월에 252% 달성으로 잘 나갔다. 그러나 8월에 52%, 9월에 42% 정도로 저조할 때도 있었다. 그럴 때는 기록하기가 싫었다. 그럼에도 불구하고 끝까지 기록했다.

그렇게 12월 말이 되어 평균을 내보니 121%를 달성했다. 그 결과 연봉 4억에 지점 챔피언이 되었다. 챔피언을 목표로 한 적이 없다. 그것은 그냥 덤으로 따라온 것이다. 남을 밟고 경쟁하지 않았다. 오히려 동료들을 도우며 존경받으며 영업했다. 그렇다면 필자는 누구와 경쟁했을까? 바로 자기 자신이다. 타인과 비교하면 영원히 불행하고 끊임없이 경쟁하게 된다. 비교하면 열등감이나 우월감이 생긴다. 두 단어는 결국 동의어이다. 자신의 과거 혹은 자신의 미래와 비교해야 행복한 성공을 거둘 수 있다.

프랭크 베트거는 다른 사람과 경쟁하지 않고 자신의 목표를 세밀하게 기록하면서 결국 세계 최고의 전설적인 보험왕이 되었다.

1. SALES OBJECTIVES.

프루덴셜 생명보험 재직 시 목표 달성표

단위 : 만원 0.39%

1) 상반기

	1월			2월			3월			4월			5월			6월			상반기 계		
	건수	AP	AC	건수	AP	AC	건수	AP	AC	건수	AP	AC	건수	AP	AC	건수	AP	AC	건수	AP	AC
1주	4	720	266	④ 주4 829		-	4 ④ 720 802		266	4	720	266	4 ③ 720 294		266	4 ② 720 572		266			
2주	4 ④ 720 787		266	4 ⑥ 720 1,159		266	4 ⑧ 720 1,240		266	4	720	266	4 ⑥ 720 530		266	4 ② 720 1,618		266			
3주	4 ⑩ 720 1,435		266	4 720 940		266	4 ④ 720 638		266	4	720	266	4 ⑩ 720 1,733		266	4 720 726		266			
4주	4 ⑤ 720 728		266	4 ⑪ 720 1,299		266	4 ⑭ 720 3,391		266	4	720	216 CTC	4 ⑩ 720 1,382		266	4 ⑩ 720 1,138		266			
5주								3633					CTC 24-17								
계	16	2,880	1,064	12	2,160	799	20	3,600	1,370	12	2,160	799	20	3,600	1,330	16	2,880	1,064	96	19,280	6,393
	⑯ 3,018 (107%)			⑱ 3,827 (269%)			㉞ 9,104 (252%)			4x12=48 CTC(합) 24-12			⑤ 4,349 (120%)			11~C MDRT 3조달성유무 ④ 4,434 (153%)			99 26,130 (154%)		

2) 하반기

	7월			8월			9월			10월			11월			12월			하반기 계		
	건수	AP	AC	건수	AP	AC	건수	AP	AC	건수	AP	AC	건수	AP	AC	건수	AP	AC	건수	AP	AC
1주	4 ④ 720 1700		266	4 720 773		266	4 720		266	4 ① 720 838		266	4 720		266	4 720		266			
2주	4 ④ 720 3,244		266	4 ② 720 750		266	4 ③ 720 777		266	4 ③ 720 658		266	4 ② 720 847		266	4 720		266			
3주	4 720		266	4 ③ 720 734		266	4 ① 720 1,241		266	4 ② 720 1,263		266	4 ③ 720 1,344		266	4 720 926		266			
4주	4 ⑩ 720 PIIC		266	4 720 265		266	4 ② 720 805		266	4 ③ 720 769		266	4 720 448		266	4 720		266			
5주																					
계	12	2,160	799	20	3,600	1,330	12	2,160	799	16	2,880	1,064	16	2,880	1,064	12	2,160	799	88	15,840	5,820
	PIIC 9/11~26(백4K)			⑪ 2,138 (59%)			⑤ 925 (42%)			⑮ 3,004 (104%)			㉖ 3,659 (127%)			⑯ 3,622 (169%)			83 13,348 (121%)		

Total 184 33,120 12,213

3시간7분 (132분)
+3 (7%)
51수

03
Dream of Miracle Binder

독서포럼
나비

행복을 만들어 가는
독서 토론회

필자와 서너 명이 함께 시작한 작은 독서모임이 어느덧 100여 개로 늘어 났다. '나비'란 '나로부터 비롯되는'의 줄임말이자 변화의 상징(알-애벌레-번데기-나비)이자 꽃들에게 희망을 주는 존재이다.

나비는 2009년 6월 20일 첫 모임을 시작했다. 당시 무작정 찾아왔던 박상배 씨(현 3P자기경영연구소 팀장)의 제안으로 시작하게 되었다.

독서포럼나비의 첫 출발은 양재나비에서부터이다. 이 모임은 매주 토요일 새벽 6시 40분에 시작한다. 새벽 6시 40분이라면 모두들 놀라워하고 부담스러워 하지만 매주 50~70명씩 꾸준히 모인다. 특강이 있을 때는 150명을 넘기도 한다. 모임 구성원을 살펴보면 초등학생부터 60대까지 다양한 세대가 소통한다. 직업도 회사원, CEO, 자영업, 교사, 교장, 주부, 공무원 등 다양하다. 양재나비 장소는 서울 서초동(양재역 1분 거리)에서 진행되지만 전국에서 견학을 온다. 대구, 부산, 광주, 제주 심지어 중국, 미국, 영국 등 해외교포도 찾아온다. 양재나비는 책 선정이 까다롭기로 유명하다. 실용적인 자기계발서 중심으로 선정하며 검증된 책이되 경쟁상대가 보지 말았으면 하는 책들을 선정한다. 기존에 선정된 책을 중심으로 다 읽는다면 사회생활의 성공을 5년은 앞당길 수 있다고 자신 있게 말한다.

그 외에도 이름 삼창 연호, 선배 호칭, 책박수, 송년회, 독서MT, 저자특강 등 다양한 문화가 있다. 그중에 특히 1년에 1번 독서MT를 떠난다. 2박 3일간 숲이 우거진 연수원 혹은 호텔에서 밥만 먹고 책만 본다. 그래서 독서MT 이름이 '단무지'이다. 단순, 무식, 지속! 2박 3일간 약 20시간 이상 집중해서 책을 읽는다. 그 가운데 마음에서 우러나오는 '힐링'을 체험한다. 온 가족이 오기도 하는데, 특히 대학생들은 진로, 인생 등 상담과 멘토링을 받을 수 있다.

MT 마지막에는 읽은 책을 모두 쌓는 책탑 쌓기 행사와 책걸이로 따끈따끈한 시루떡을 함께 나눈다. 한국에 1천 개, 전 세계 1만 개의 독서모임이 생길 때까지 가정, 학교, 일터, 단체, 지자체, 국가, 세계가 거대한 학습조직으로 집단지성을 이룰 때까지 나비효과Butterfly Effect는 계속될 것이다.

참여 카페: cafe.naver.com/navibookforum

독서포럼 나비의 다양한 활동 모습

chapter 8

세렌디피티를
기대
하라

창의적 인재를 위한 아이디어 관리
앞당긴 자서전으로 성공 끌어당기기
인맥관리 달인 되기

성과를 지배하는 바인더의 힘

01
Dream of Miracle Binder

창의적 인재를 위한
아이디어 관리

아이디어 기록,
나만의 보물창고

'세렌디피티 serendipity'라는 말이 있다. 예기치 않은 행운 또는 우연을 가장한 행운이란 뜻이다. 이 단어는 18세기 영국의 작가 호러스 월폴 Horace Walpole 이 처음 사용했다. 우연처럼 보이는 사소한 일에서도 큰 축복과 통찰력을 발견해 내는 능력을 가진 '세렌딥의 세 왕자'에서 유래했다.

우리는 언제든 세렌디피티에 대비해야 한다. 참신한 영감과 기막힌 아이디어는 때와 장소를 가리지 않고 불시에 떠오른다. 그때마다 나의 왼쪽 바지주머니의 메모지와 펜은 빛을 발한다.

필자는 1990년에 처음으로 아이디어 노트를 만들기 시작했다. 신입사원 시절이다. 영업부·물류부를 거쳐 생산관리부에 배치를 받아 협력업체(의류봉제공장) 관리가 주된 업무였다. 그때 수많은 공장 중 한 공장주의 특이한 행동에 관심이 갔다. "사장님! 옷에 땀 수 좀 줄여 주시고, 박음질을 예쁘게 해 주시고, 사이즈가 동일하도록 해 주세요."라고 요구를 하면 그 공장 사장님은 항상 담뱃갑을 꺼내서는 담뱃갑 비닐 사이에서 메모지를 꺼내 메모를 했다. 필자가 물었다. "사장님은 제가 무슨 말씀을 드리면 항상 담뱃갑 속에서 메모지를 꺼내 메모를 하시는데 그 이유가 무엇입니까?" "아유, 저는 기억력이 좋지 못해 메모하지 않으면 금방 잊어버려요. 그런데 저는 담배 없인 못 살고, 어디를 가든지 담뱃갑은 반드시 챙기기 때문에 거기에 메모지를 넣어두면 잊어버리는 일이 없지요."라고 했다.

신선한 충격을 받았다. 바이어이긴 하지만 거래처 애송이 신입사원의 말조차 거친 손으로 정성껏 메모하는 자세에 큰 감동과 도전을 받았다. 사무실로 돌아오자 마자 아이디어 노트를 업무Business, 개인Personal, 비전Vision, 가정·배우자 또는 자녀, 관심분야로 나누어 만들었다. 그리고 그분을 본받아 나도 담뱃갑을 대신해 왼쪽 바지주머니에 메모지와 작은 펜을 넣어 가지고 다니기 시작했다. 수시로 떠오르는 아이디어를 메모했다가 그 아이디어가 쓸 만하면 메모노트 바인더에 기록했다. 벌써 20여 년째 습관이 되었고 그 덕분에 아이디어 부자가 되었다.

이 아이디어 노트 덕분에 필자는 늘 준비된 사람으로 인정받았다. 아이디어가 있다는 것은 무엇인가 준비하고 있다는 의미이다. 누구에게나 평생 몇 번의 기회가 찾아온다고 한다. 그러나 준비되어 있지 않으면 그 기회를 잡을 수 없고 기회가 왔는지조차 모를 수 있다. 긍정의 신호를 보내면 긍정이 돌아오고, 부정을 보내면 부정이 되돌아 온다는 것이 '끌어당김'의 법칙이다. 아이디어를 보내면 아이디어가 실현된다. 아이디어는 산모와 같다. 일단 잉태하면 반드시 태어나게 된다. 대단한 성공을 거둔 사람이나 사건들도 대개 작고 사소해 보이는 아이디어에서 출발한다.

현대 창업주 정주영 회장이 조선소도 없이 외국에서 선박건조 사업을 수주한 일화는 많은 사람이 알고 있다. 한국 지폐에 인쇄된 거북선을 보여 주며 세계 최초로 철갑선을 만든 나라가 대한민국임을 내세워 설득한 유명한 일화이다. 그는 한겨울에 부산의 유엔묘지를 파랗게 만들라는 요구에 누구도 생각지 못한 아이디어로 해결했다. 농가에서 파랗게 싹이 돋아난 '보리'를 캐다가 묘지를 덮어 잔디 효과를 낸 것이다. 작은 아이디어 하나로 사업의 기반을 잡은 것이다. 처음에는 아이디어를 분야별로 기록만 했다. 그러다가 "사용되지 않는 아이디어는 아무 소용이 없다."는 글귀를 읽고서 체크박스(■)를 만들어 적용한 아이디어에 표시하기 시작했다.

떠오르는 아이디어뿐 아니라 책을 읽거나 강의를 들을 때 좋은 글이나, 기억하고 싶은 문구, 문장을 기록해 놓으면 매우 유익하다. 먼저 나 자신에게 힘을 주고 에너지를 충전하는 데 도움이 될 뿐 아니라 다른 사람에게 조언을 하거나 상담할 때, 강의를 할 때, 책을 쓸 때 큰 도움이 된다. 처음에는 글 자체만 쓰다가 점차 출처까지 기록하기 시작했다. 이미 20쪽이 넘게 빼곡히 적힌 좋은 글들은 나의 보물이 되었다.

필자의 아이디어 노트

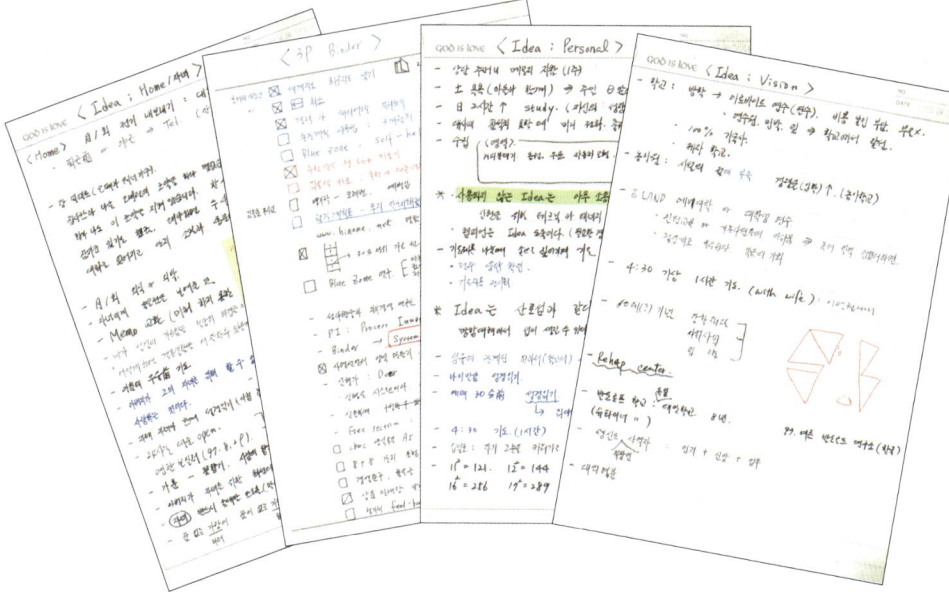

필자의 좋은 글들

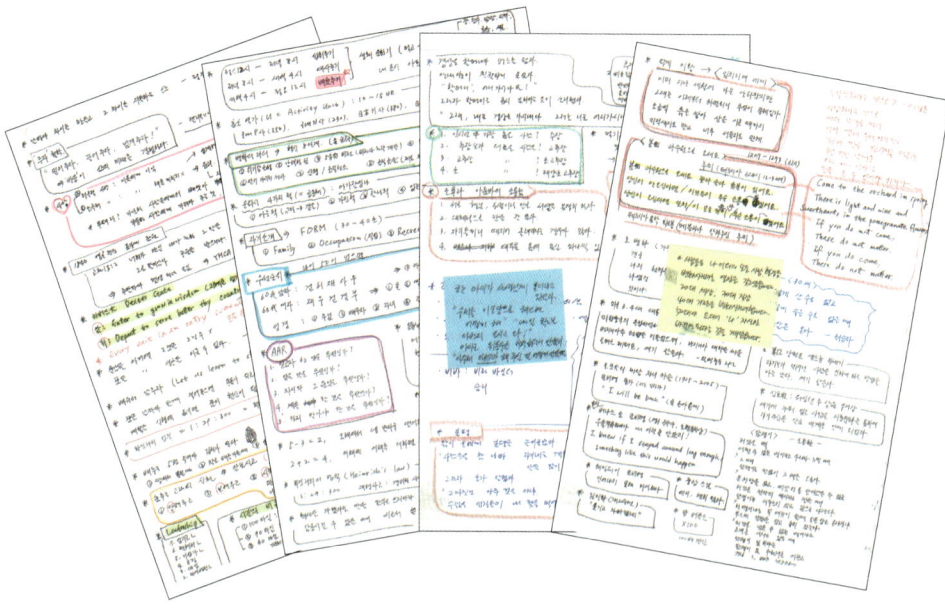

02
Dream of Miracle Binder

앞당긴 자서전으로
성공 끌어당기기

개인의
기록 샘플

시청이나 구청, 소속 단체에서는 개인의 경력을 관리해 주지 않는다. 자신의 경력과 이력은 스스로 관리해야 한다. 사람들이 성공하고 나면 대개 두 가지를 고민한다. 사회에 어떻게 남기면 좋을 것인가? 어떻게 봉사할 것인가, 자신의 성공한 인생을 경제적 여유와 시간적 자유로움으로 자서전을 쓰려고 할 때, 지나온 날들이 생각나지 않아 못 쓰는 경우가 대부분이다. 이순신 장군의 위대성은 거북선과 학익전술에만 있는 것이 아니다. 생사를 넘나드는 처절한 전쟁의 와중에서도 먹을 갈아 일기를 썼다는 점에 있다.

지금 당장 자서전을 쓰라는 것은 아니다. 그것을 위해 나 자신에 대한 사항들을 미리 준비하고 기록하자는 것이다. 대충 생각나는 스토리로 인생을 기억하지 말고, 정확한 일시와 장소, 사건으로 인생을 기록하자.

이 영역에는 개인정보, 가족사항, 학력사항, 군경력, 자격 및 면허, 교육연수기록, 해외출장 및 여행 등을 기록한다. 또한 취업 준비를 위해 필요한 이력서나 자기소개서에 쓸 만한 내용들을 기록해 놓는 것도 도움이 된다.

필자의 자기소개서

강 규 형
Consulting Life Planner

■ 약 력
 - 경기도 의왕시 출생(63.7)
 - 장훈고등학교 졸업(16기)
 - 경기대학교 영문학과 졸업(90.2)

■ 군경력
 - 12화학대 수송부 병기계(제독차, 렉카차 등 특수차량 70여대 관리)

■ 자격증
 - 2급 정교사 자격증 (영어)
 - 스포츠마사지 2급, 운동 처방사 2급, 발건강 관리사 2급, 체형미사 2급, 자세 균정사 2급, 생활건강 관리사 (한국사회체육진흥회)
 - 보험설계사 및 변액보험판매 관리사

■ 전직경력 : 이·랜·드 그룹
 - 1998년 1월   푸마 본부장 취임 : 독일 스포츠 라이센스 브랜드 경영
 - 1995년 11월 이랜드 인터내셔날(해외사업부) 부서장 : 인도·베트남·스리랑카·중국상해 등 총괄
 - 1994년 10월 이랜드 그룹 용품사업부 부서장 : 가방·모자·양말·지갑·벨트·넥타이 등
                                                그룹 내 용품 생산관리 총괄
 - 1993년 9월   푸마 생산관리 부서장 : 스포츠의류·신발·의류 생산관리 총괄
 - 1990년 10월 브렌따노 생산관리 팀장 : 바지·남방·점퍼 가죽 등 생산관리 담당
 - 1990년 7월   브렌따노 물류관리
 - 1989년 12월 브렌따노 영업관리 : 서울·대구 20여개 매장관리
■ 수상경력 : 93년 12월 이랜드 그룹 최우수 직원상 수상 (제1회 이랜드인 상)
            92년 12월 (주)브렌따노 최우수 직원상 수상 (최고 브렌인 상)
            93년 1월 이랜드 그룹 교육부 최우수 강사상 수상
            각종 그룹 Contest 대상 등 다수 입상 (S·F, F/S, 체육대회 등)
■ 기 타 : 신입사원 면접위원, 승진심사위원, 각종 대규모 행사 총진행, 16회 약 20여국 해외출장

■ 활동현 Prudential Financial
 - 1999년 3월부터 Prudential Life Planner로 활동중
 - 1999년 4월~6월 Winners Club(30&3000) Guiness 수상
 - 1999년 7월~9월 Winners Club(50&5000) Guiness 수상
 - 1999년 CTC(회장배 컨테스트) Super Gold 수상
 - 1999년 12월 Senior Life Planner 자격 달성
 - 1999년 PIIC(Prudential International Insurance Conference) Super Gold 수상
 - 1999년 Rookie Champion (전 지점 실적 1위)
 - 2000년 5월 50주 연속 「3W = Winner」수상
 - 2000년 5월 MDRT(Million Dollar Round Table) Member 자격달성 (지점 최단기)
 - 2000년 CTC(회장배 컨테스트) Gold 수상
 - 2000년 PIIC(Prudential International Insurance Conference) Gold 수상
 - 2000년 지점 Champion 수상
 - 2001년 6월 Consulting Life Planner 자격 달성
 - 현재 서비스 고객 370분 (2001.07.01 기준)
■ 고객을 섬길 수 있는 영역 (건강한 삶)
 - 정신건강 : 자기관리 (시간관리·목표관리·정보관리), Mind Map, 성공 Mind, Spirit, 독서경영)
 - 생활건강 : 운동처방, 스포츠마사지, 척추교정, 자세균형
 - 재정건강 : 가정의 재정안정계획수립, 상속세 등 절세방안

필자의 학력·군복무·라이선스 기록

EDUCATION RECORD

년 월 ~	년 월	초등학교 (회)
년 월 ~	년 월	중학교 (회)
년 월 ~	년 월	고등학교 (회)
년 월 ~	년 월	대학교 전공 영어영문학
년 월 ~	년 월	대학원 전공

MILITARY SERVICE

- 입대일:
- 전역일:
- 역 종:
- 병 과:
- 주특기:
- 군 번:

LICENSE/QUALIFICATION

자격증명/면허증명	발급연월일	발급기관
교사 자격증 (영어·2급)	1990.	문교부
스포츠 마사지 2급	1999. 3. 4	(사)한국사회체육 진흥회
발 건강관리사 2급		
체형미사- 2급		
자세 교정사 2급	〃	〃
생활건강 관리사 2급		
운동 처방사 2급		
보험 설계사	1999. 3.	생명보험 협회
변액보험 판매 관리사	2001. 6. 26	생명보험 협회

필자의 교육훈련 기록

TRAINING RECORD

교육명	교육기간	교육내용	교육기관	비 고
생산관리 전문인 교육 (1기)	90.10 ~ 91.1	대련·그레이닝·운철·봉제·샘플제작…	이랜드	허운규
카이로 프락틱 (4기)	91.8 ~ 92.6	척추교정·이론 및 실습	베데스다 봉사단	신상균
사회사업 훈련과정(1기)	92.4 ~ 92.7	사회사업 이론	한세	원명순
무역 직능교육	93.10 ~ 93.12	무역 실무교육	이랜드	
수화교실	94.4 ~ 94.6	수화 초급	한세	
데일 카네기 코스	95.2 ~ 95.9	대인관계·돈현력·칭찬…	성실전략 연구소	최영순 홍의숙
생활건강관리사과정(3기)	99.1 ~ 99.11	스포츠마사지·반사지·운동처방 외	한국사회체육 진흥회	
내안에 잠든 거인을 깨워라	02.11.7~9	NLP	변화를 이끄는 사람들	이우성
System 교육	03.4.3 ~ 5/1	System.	MIM 연구소	박만흠
7H CEO과정 (4기)	03.5.28 ~ 30	7 Habits + planner	한국 리더십센터	김경섭
CBMC대학 20기	03.10.16 ~ 18	MBTI·의식·자리찾기 외	CBMC	총무
가나안 농군학교	03.10.10 ~ 11.	홍·강의·교육	농군학교	
영어 영성 수련회	04.7.26 ~ 31	New interchange 1권	Spirit English	하득희
몸살림	05.5. ~ 7	(10주 (매주 금)·자가교정·체조		김철
가정 멘토 스쿨	05.8.12 ~ 13	가정 멘토	CBMC	
이랜드 비즈니스 스쿨	05.11.27 ~ 29	step 1 (1기)·경영스쿨	이랜드/CBMC	이경미 외
이랜드 비즈니스 스쿨	06.5.18 ~ 20	step 2 가치·지식·인재경영	이랜드/CBMC	김경민 외
EAS 2기 (교육 1일 실전적용)	06.5/22.24.26 29.31.	1.비전수립 2.전략경영 3.자원관리 4.실행점검 5. A/S, R&D	김현회 교수	
성경적 부모교실(BPS) Biblical Parenting School	07.2.24. (6h)	음식장·축계·반찬등계명·대화·애선	BPS	이기복 교수
창신컨트로 어떻게 인도하나 (문제해결 과정)	08.8.30 (8h)	문제해결이론 + 컨선회 기업의 사례	KR Consulting	이강학 대표
통전계발 세미나	06.1.28 ~ 29	Character	한국문학계발원 CDI-Korea	안주연 목사
애니어그램 1.2단계	2008.12.31 ~ 09.1.1	한국에니어그램 교육연구소 (10h+10h)		호미해 대표
애니어그램 3단계	09.10.21. (10h)		한국에니어그램 연구소	
가정교회 세미나	09.10.30 ~ 11.1	가정교회 세미나 + 가송 + 목장 (수지)	새누리교회	최영기 목사 김영규 목사
액션러닝 2급 코칭	09.12.1. (8h)	2급 코칭		박창규 교수
비전 W.S (3p)	2010.6.19 ~ 19	비전		봉헌증 실장

* 낭비   2009.7.4. (첫모임 6.20)

필자의 해외여행 기록

필자의 이랜드 경력

일자	89.12.5 -	90.7.2 -	90.9.18 -	93.9.4 -	94.10.1 -	95.11.1 -	98.1 - 98.12
기간	7	4	35	13	13	26	12
브랜드	브렌따노	브렌따노	브렌따노	PUMA	생산총괄	이랜드 인터내셔날	PUMA
부서	영업	물류	생산(부산포함)	생산	생산용품	해외생산 베트남 스리랑카 인도 상해	브랜드 경영
직책	4부 5,6과담당 (서울,대구)	입고담당	바지,남방,점퍼 가죽 Woven 팀장	부서장	부서장	부서장	본부장
직위	사원	사원	주임(91.3)	대리(93.9)	과장(95.3)	과장	과장
수상			*최고브렌인상 *주임교육 - 섬김상	*이랜드인상 (93. 12) *대리교육 - 섬김상 *최우수강사상 (93. 12)		SONG F-3위(96) SONG F-대상(97) 체육대회 - 준우승 // 축구 우승 F/S 2단계 - 우수상 F/S 3단계 - 최우수 F/S 4단계 - 최우수 7년 근속상	*SONG F - 금상 *군장배, 체육대회 5종목 입상
행사 진행			*AM담당 *농아원담당 *상조회 *수련회진행 *공장주수련회 진행	*수련회진행 *공장주수련회 진행 *농아원담당	*수련회총진행 *사장단 해외수 련회 총진행 *남산원 담당	*수련회 총진행 (생산, E.I) *F.S 총진행 *SONG F 2회 진행 *지사 수주회 *해외생산 수주회 *천사의 집	*품평회 *Fill-up Project
교육 / 신앙	신입사원교육		*사회복지과정 *생산실무교육 (3개월) *주임교육 *직장선교(NAVI) 2년 *척추교정 수료 *성경공부 인도 BIBLE STUDY 이경준 대표님 BIBLE STUDY 임경철 선교사	*수화교실 수료 *대리교육 *무역직능교육 수료 *성경공부 인도 *성경공부 인도 이경준 대표님	*과장교육 FBS 1기수료 *성경공부인도 *카네기 과정 이수	*FBS 2기 수료 *성경공부 인도	*경영자 Concept 교육 (전략적 의 사 결정과정) *성경공부 인도 *BIBLE STUDY
강의			*WOVEN 강사 *생산직능강사 *가죽 강사 *영업직능강사	*WOVEN/가죽 *생산전반(직능) *E.S *영업직능 강의	*E.S 강의 *생산전반(직능)	*E.S 강의 *전문직 강의 *BINDER 사용법 *MIND MAP	*E.S 강의 *Process *BINDER 사용법 *MIND MAP
기타			*1차면접	*1차면접 *대리 Report 심사	*1,2차 면접 *대리 Report *전문직 면접	*1,2차 면접 *대리 Report 심사 *전문직, 교환면접	*1,2차 면접 *승진심사
해외 출장				*미국-94.3(10일) *독일(프랑스) - 94.5(7일)	*인도(싱가폴) - 95.2(6일) *홍콩-95.4(4일) *괌-95.5(4일) *중국-95.6(4일) *괌-95.7(5일) *중국-95.8(3일) *인도(과장연수) - 95.10(20일)	*중국(과장연수) - 96.4(14일) *스리랑카 - 96.8(11) *베트남 - 97.1(6일) *유럽 11개국 - 97.5(15일) *중국 상해 - 97.11(5일)	*독일-96.5(8일) (오스트리아) *독일-98.10(9월)
가정					*결혼-94.10.22		

필자의 자격증 6가지

유일무이한 보석, 바로 당신입니다.

이 세상에 태어난 모든 사람은 이곳에 처음 도착한 사람들이다.

당신과 나, 우리 모두는 태어나 처음 울고,

처음 땅을 밟았으며, 처음 햇살을 맞이했다.

따라서 우리가 가진 힘과 에너지와 약속은

이전에도 없었고 이후에도 없을

단 하나의 유일무이(唯一無二)한 보석이다.

당신과 똑같은 특성과 잠재력을 가진 사람은

앞으로도 영원히 태어나지 않을 것이다.

그러한 꿈과 열망, 지혜와 경험을 가진,

그러한 기쁨 혹은 고통과 슬픔을 안고 태어난 존재는

오직 당신뿐이다.

-『너만의 명작을 그려라』(마이클 린버그 저·유혜경 역, 한언출판사) 중에서

03
Dream of Miracle Binder

인맥관리
달인 되기

섬기는
리더십

조 지라드 Joe Girard는 세계 제일의 위대한 세일즈맨 중의 한 사람이다. 그는 1966년부터 자동차 세일즈를 시작해 하루 평균 5대씩 12년간 자동차를 지속적으로 판매했다. 그가 은퇴할 때까지 판매한 자동차는 1만 3,001대에 이른다. 지라드는 유명한 '250명 법칙'을 발견했다. 가톨릭의 장례식장이나 개신교의 장례식장을 가 보면 평균 250명이 참석한다는 것이다. 결혼식장에 가 봐도 신부측 250명, 신랑측 250명의 손님이 참석한다는 것을 발견했다.

나와 좋은 관계를 맺었든 그렇지 않았든 간에 단 1명이 250명에게 영향을 끼친다는 것이다. 그야말로 소홀히 대할 사람은 아무도 없다. 누구에게나 최선을 다하고 섬겨야 한다. 리더십의 최고 단계도 섬기는 리더십이다. 궂은 일을 마다하지 않고 묵묵히 가족을 보살펴 온 여성들이 가정의 주도권을 잡는 것은 당연한 일인지도 모르겠다.

작은 친절이 가져온 큰 선물

날씨가 잔뜩 찌푸린 어느 날 오후, 갑자기 소나기가 내리자 길을 가던 행인들이 비를 피하려고 저마다 길가에 있는 상점으로 들어갔다. 길을 걷던 한 노부인도 비를 피해 다리를 절룩거리며 필라델피아 백화점 안으로 들어갔다. 수수한 차림에다 온통 비에 젖은 노부인에게 백화점 직원들 가운데 주의를 기울이는 사람은 하나도 없었다.

이때 젊은 청년 하나가 노부인에게 다가가 이렇게 물었다.

"부인, 제가 무얼 도와드릴까요?"

"괜찮아요. 비가 멈추면 곧 나갈 거라우."

노부인이 미소를 지으며 대답했다. 그런데 곧 노부인의 얼굴에 불안한 기색이 묻어났다. 남의 상점에서 물건은 사지 않고 비만 피한다는 것이 염치없게 느껴진 것이다. 노부인은 천천히 백화점 안을 둘러보았다. 작은 머리핀이라도 하나 사서 비를 피한 대가를 치러야겠다고 생각했다.

노부인이 이런 생각을 하며 이리저리 둘러보고 있는데, 조금 전에 말을 건넨 청년이 다시 부인에게 다가와 친절하게 말했다.

"불편해 하지 않으셔도 돼요. 제가 문 앞에 의자를 하나 가져다 놓았으니 의자에 편히 앉아 계세요."

2시간 정도 지나서 소나기가 그치자, 노부인은 그 청년에게 고마움을 표시하며 명함을 한 장 달라고 했다. 청년이 명함을 건네자 노부인은 그것을 받아 들고 백화점을 나갔다.

몇 개월 후, 필라델피아 백화점의 사장 제임스 앞으로 한 통의 편지가 배달되었다. 편지에는 그 직원을 스코틀랜드로 보내 거액의 주문계약을 체결하도록 할 것과, 발신자가 몸담고 있는 기업체에 물품을 공급하는 일을 다음 분기부터 그에게 일임한다는 내용이 들어 있었다.

제 발로 굴러들어온 거액의 주문에 제임스 사장은 기뻐서 어쩔 줄 몰랐다. 사장은 서둘러 그 발신자에게 연락했고, 그 서신이 어느 노부인에 의해 작성되었다는 사실을 알게 되었다. 알고 보니 그 노부인은 몇 개월 전 백화점에서 비를 피했던 사람이었고, 바로 미국의 백만장자인 '철강왕' 카네기의 모친이었다.

편지 한 통이 회사에 가져다 준 이익은 회사 전체의 총이익 2년치에 해당하는 것이었다. 사장은 곧장 페리라는 이름의 젊은이를 불러 이사회에 추천했고, 머지않아 페리는 스코틀랜드로 가는 비행기에 올랐다. 그는 이제 백화점의 어엿한 파트너가 되었다. 그의 나이 22살이었다.

몇 년 후, 페리는 성실함과 진실함으로 카네기의 오른팔이 되었고 사업 역시 크게 번창하여 미국 철강업계에서 카네기 다음으로 중요한 거물급 인사가 되었다.

-『디테일의 힘』(왕중추 저 · 허유영 역, 올림) 중에서

늘 휴대하는
메인바인더를 통한 인맥관리

필자가 늘 휴대하는 메인바인더에는 현재 관계가 깊은 인맥 명단과 연락처를 가지고 다닌다. 가깝게는 친지, 회사동료, 교회, 각종 동아리, 동창을 비롯해 동호회, 고객에 이르기까지 다양하다. 이러한 명단과 연락처는 손으로 쓰는 방법도 있지만 각 영역별로 컴퓨터워드로 정리해 양면으로 70% 축소 복사(A5 크기)하거나 출력을 하는 방법이 좋다. 그렇게 하면 1장에 60~150명까지 넣을 수 있다. 매우 편리하고 파워풀하다. 비서 2~3명 몫을 톡톡히 해준다.

푸르덴셜에서 세일즈를 할 때 3년 6개월 동안 약 550명의 고객을 관리했다. 그때 핵심 정보사항을 정리해 늘 휴대하고 다녔다. 고객정보 중에는 자녀의 이름을 반드시 포함시켰다. 고객의 전화가 오면 재빨리 바인더를 펼쳐서 고객의 자녀 이름을 확인한 후 적당한 타이밍에 자녀의 안부를 묻는다. 그러면 고객은 감동한다. 짧은 순간에 컴퓨

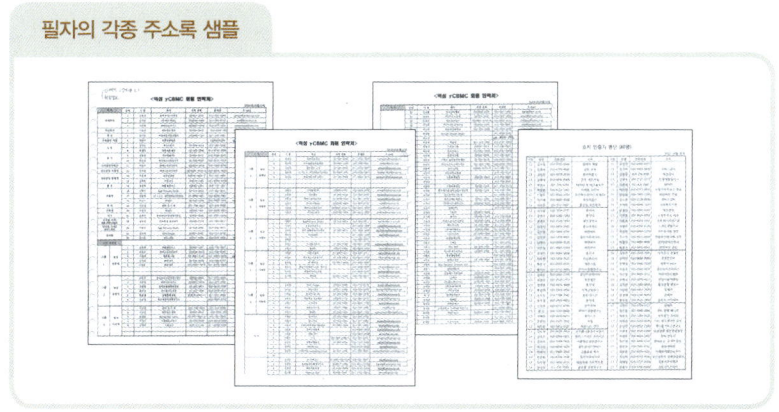

필자의 각종 주소록 샘플

터가 부팅되기를 기다리는 시간으로는 불가능하다. 휴대폰으로 고객 자료를 검색하는 것은 어려울 뿐 아니라 자칫 의도를 들키고 만다.

보관용 서브바인더를 통한
인맥관리

내용이 많아진 인맥 내역이나 현재 자주 접하지 않는 인맥일 경우 서브바인더를 활용해서 관리하기도 한다. 필자의 경우 인맥을 따로 모아 놓은 몇 권의 서브바인더가 있다. 독립된 서브바인더로 ① 맨파워 인맥관리, ② 계약자, ③ 가망고객, ④ 방문 포스트잇 등으로 영역을 나누어 인맥관리를 하고 있다.

첫째, 맨파워 인맥관리 바인더에는 직장생활 동안 수없이 옮겼던 부서, 사업부, 법인 등 그때그때의 명단이나 인사고과, 조직도 등을 모두 한곳에 모아 놓았다.

둘째, 계약자 바인더에는 고객의 기록사항, 생활주택자금, 교육·결혼자금, 사후정리자금, 준비완료자금 등의 재정정보를 체계적으로 관리하여 가나다순으로 정리했다.

셋째, 가망고객 바인더는 계약고객은 아니지만 앞으로 가능성 있는 고객의 계약고객과 동일한 정보를 가나다순으로 정리했다.

넷째, 방문 포스트잇 바인더는 누군가를 방문할 때 주소 또는 찾아가는 방법, 약속장소의 위치나 특징, 차편, 지하철 출구번호 등의 간단한 메모를 포스트잇에 기록한다. 모든 계약이 종결된다고 해도 포스트잇을 버리지 않고 빈 노트에 붙여둔다. 고객을 다시 방문할 것을 대비한 것이다. 고객에게 또다시 찾아가는 방법을 묻는다면, 고객은 이미 불쾌해할 것이다. "계약을 할 때는 간이라도 빼줄 듯 하더니, 애정이 식었군!"

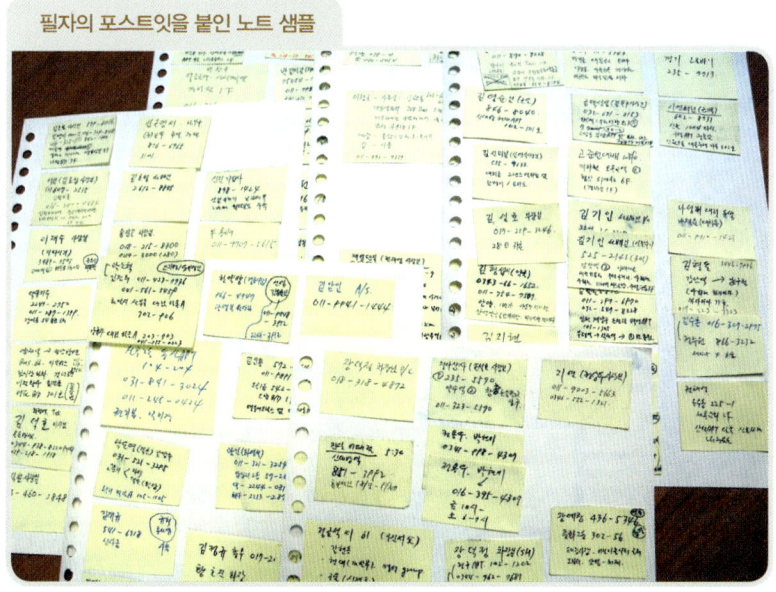

chapter 9

스페셜리스트가
일하는
법

・
・・・・・・

스페셜리스트를 꿈꾸며
스페셜리스트는 약과 같다
스페셜리스트의 특별한 도구

성과를 지배하는 바인더의 힘

01
Dream of Miracle Binder

스페셜리스트를
꿈꾸며

**스페셜리스트의
힘**

사회생활을 하는 사람들의 시간 사용을 분석해 보면 통상 8시간씩 3등분으로 구분된다. 취침 8시간, 일하는 데 8시간, 일상적인 일에 8시간이라고 보면, 잠자는 시간을 제외하면 하루의 절반 이상을 직장과 일터에서 보낸다. 심지어 성공한 사람들을 분석했을 때 18시간을 일하는 데 몰입한다고 한다. 100% 동의할 수는 없지만, 필자도 한때는 새벽 6~7시부터 밤 11~12시까지 자발적으로 미쳐서 일하던 때가 있었다. 심지어 직장과 일에 인생 전부를 거는 경우도 있다.

대체로 하고 있는 일과 직장에 만족하는 사람보다는 불만족한 사람들이 월등히 많다. 그렇게 불만족한 업무와 직장은 졸업을 앞둔 대학생들이 너무도 간절히 입사하길 바랐던 직장이 아닌가? 어떤 일이든 제발 일할 기회를 달라는 백수들의 외침은 간절함을 넘어 처절하기까지 하다.

사회생활을 하는 사람들은 크게 제너럴리스트와 스페셜리스트로 구분된다. 제너럴리스트는 여러 분야의 업무를 두루두루 아는, 그러나 깊이가 없는 일반 관리자를 지칭한다. 스페셜리스트는 우리가 잘 아는 전문가를 말한다. 프로페셔널과 비슷한 의미로 통용되기도 한다. 누구나 전문가가 되기를 원한다. 때문에 행정고시, 사법고시, CPA, 변리사 등 고시 열풍이 불고, 전문경영인이 되기 위해 MBA를 가기도 한다. 프로운동선수나 예술가, 음악인 등 수많은 분야의 전문가가 되려고 노력하기도 한다. 그렇게 제너럴리스트와 스페셜리스트가 양성되는 곳이 직장과 일터이다.

우리가 업무관리를 탁월하게 해야 하는 이유는 다음과 같다.

첫째로, 개인의 재능 talent이 발견되고 계발되고 실현되는 곳이 직장과 일터이기 때문이다. 빌 게이츠가 어디서 유명해졌는가? 집이 아니라 그가 일했던 일터에서이다. 워런 버핏은 어디서 일어섰는가? 역시 그의 일터인 투자회사에서이다. 프리미어리그 박지성 선수도, LPGA 박세리 선수도 모두 일터에서 승리했다. 직장과 일터가 단순히 월급만 받고 자아실현을 하는 장소 이상이 되는 이유가 여기에 있다. 대학생활을 잘 보내야 하는 이유도 단지 졸업을 하기 위해서나 좋은 직장을 얻기 위해서만은 아니다. 궁극적으로 이웃과 사회에 기여할 스페셜리스트가 되는 것이 목표가 되어야 한다.

둘째, 스페셜리스트는 개인, 회사, 사회, 국가 모두가 필요로 하기 때문이다. 기업들은 1만 명을 먹여 살릴 스페셜리스트를 구하려고 전 세계를 돌며 인재유치 전쟁을 벌이고 있다. 미국의 프로농구, 프로야구 선수, 유럽의 프로축구 선수들의 몸값이 수백 억에서 수천 억까지 치솟는 이유도 여기에 있다. 빌 게이츠와 워런 버핏이 600억 달러(약 60조 원)를 기부해서 전 세계 어느 국가도 해결하지 못했던 아프리카의 기아문제를 해결하고 있는 사실을 아는가? 그게 바로 스페셜리스트의 힘이다.

02

Dream of Miracle Binder

스페셜리스트는
약과 같다

10년의
법칙

스페셜리스트란 무엇인가? 아래 내용은 1994년 12월 12일 이랜드 그룹 박성수 회장의 강의를 요약, 재구성한 것이다.

① 전문가란 약과 같다. 약효, 즉 문제 해결력이 있어야 하고, 가격이 적당해야 된다. 산삼이 좋기는 하지만 너무 비싸 먹을 수 없다면 그림의 떡이다. 또한 부작용이 없어야 한다. 빈대 잡으려고 초가삼간을 태우면 안 된다.

② 스카우트 대상이 되어야 한다.
③ 제너럴리스트를 거친 스페셜리스트여야 한다. 다시 말해 전문가이되 전문바보(자신의 전문분야 외에는 관심과 지식이 없어 의사소통이 되지 않는 전문가를 빗대어 이르는 말)가 되어서는 안 된다.
④ 패턴pattern을 10년 동안 습득해야 한다. 체스 챔피언이나 바둑의 고수는 아마추어 강자 100여 명을 상대하여 속기로 두어도 승률이 70% 이상이다. 패턴 자체를 외우는 것이다. 좀 복잡한 분야는 10만 개의 패턴을 숙지해야 한다. 최소한 10년 이상 걸린다. 3~4년 만에 5,000개의 패턴(내용의 98%)을 숙지하면 자신감이 생긴다. 이때 독립하는 경우가 많은데, 대부분 실패한다. 비즈니스는 모자라는 단 2%로 인해 한순간에 무너진다. 자동차 사고가 가장 많이 나는 때도 초보딱지를 뗀 3~4년차 때이다.

10년 법칙을 주창한 스톡홀름대학교의 앤더스 에릭슨 박사는 "어떤 분야에서 최고 수준의 성과와 성취에 도달하려면 최소 10년 정도는 집중적인 사전 준비를 해야 한다."라고 했다. 이 이론을 바탕으로 공병호 박사는 『10년 법칙』이라는 저서에서 다음과 같이 이야기한다.

알베르트 아인슈타인, 파블로 피카소, 앤드루 카네기, 지그문트 프로이트의 공통점은 무엇이라고 생각하는가? 천재라고 불리던 이들은 자신의 분야에서 최고 수준의 성취와 성과를 이루기 위해 최소 10년의 지속적이고 정교한 훈련을 했다. 『10년 법칙』은 바로 10년간의 집중적인 투자가 이후 지식의 성장 속도에 커다란 변화를 가져온다는 말이다. 이것은 성공을 꿰뚫는 명쾌하고도 분명한 기본원칙이다. 자신을 최고의 수준으로 자리매김하려면 한 분야에서 10년의 집중적인 경험과 훈련, 그리고 성공에 대한 집요한 노력이 반드시 필요하다."

기술자와 전문가의 차이점

기술자	전문가
소요기간 3년(98% 내용 숙지)	최소 10년(2%를 위해 7년을 보낸다)
실무만 안다(암묵지)	이론적 배경을 가지고 있다(형식지)
일만 맡겨진다	자기보다 나은 부하를 양성한다
인격이 중요치 않다	역할모델과 존경의 대상이 된다
현재에 만족한다	계속 공부하고 끝까지 성장한다
부서 이기주의가 발생한다	전사적 관점에서 타협하고 양보한다
자신의 필요를 충족시킨다	타인과 사회의 필요를 충족시킨다
자만심이 표출된다	자부심이 겸손으로 나타난다

스페셜리스트는
강사를 꿈꾼다

1989년도 신입사원 시절에는 부서장이나 본부장급CEO 선배들의 강의를 자주 들었다. 그 하늘 같은 선배들이 너무 부러웠고 닮고 싶었다. 그때 불현듯 꿈을 꾸고 결심을 했다. 언젠가는 나도 저 백만 촉광에 빛나는 강단에 서서 강의를 하는 사내 강사가 되리라.

그 결심 이후 일을 대하는 태도와 자세가 달라졌다. 그 후 영업부와 물류부를 거쳐 생산관리 담당을 맡아 의류 봉제공장을 관리했다.

수요일에는 부산의 남방 공장을 방문했는데 필자는 모든 원단과 부자재를 모아서 분류했다. 원단의 종류, 패턴, 프린트 디자인 각종 단추, 심지, 봉사, 라벨, 남방의 카라 종류(일반, 버튼다운, 기본, 와이드), 남방 주머니 종류(사각, 오각, 뚜껑) 남방 등쪽의 주름 모형(중앙, 양쪽) 등 남방에 관한 모든 것을 모은 박스가 5~6박스가 되었다. 선배들로부터 치워라, 갖다버리라 하는 구박도 받았지만 끝까지 버티고 사수했다.

공장에 가면 봉제하는 아주머니께 "아주머니, 저 미싱 한 번만 해볼께요." 하고 부탁했다. 그러면 대개 정색을 하며 말한다. "대학 나온 양반이 뭐가 부족해 미싱을 하려고 하슈." 하지만 끝내 미싱대에 앉아 봉제를 배우기도 했다. 가정용 미싱과 달리 공업용 미싱은 속도가 빨라 숙달하는데 꽤 시간이 걸렸다. 그러던 중 회사가 급 성장을 하면서 신입사원이 400~500명씩 들어오기 시작하자 생산관리 교육의 필요성이 생겼다.

공정이 복잡한 점퍼, 자켓, 바지쪽 담당 강사는 선배들이 되었지만 단순한 공정의 남방담당은 대리 직전의 주임급 열댓 명이 있을 뿐이었다. 필자는 애초에 강사의 꿈이 있었고 미리 준비한 덕분에 남방 강사로 선발되어 쟁쟁한 선배들과 더불어 강의를 맡았다. 교육이 끝나고 그룹 교육팀에서 강사평가를 했는데 뜻밖에 최우수강사상을 수상해 손목시계를 상품으로 받았다. 필자는 강의를 잘한 것이 아니라 준비를 잘했고 정성을 다했다. 다른 선배들은 이론, 사례 중심의 PPT를 준비했지만 필자는 미리 준비한 원단, 부자재, 각종 샘플 등을 다섯 박스나 싣고 가서 보고 만져보게 했다. 신입사원들은 함성을 지르며 질문을 하기 시작했다. 폭발적인 강의 반응은 당연히 최고 강사평가로 이어졌다. 그 이후 직급이 올라갈 때마다 남방, 바지, 점퍼, 자켓, 가죽 점퍼, 생산관리 전체 강의를 계속하며 생산관리 명강사로 자리매김을 했다. 그리고 강의 단계를 올라갈 때 마다 필자가 하던 강의를 바로 직속 조수나 팀 후배에게 전수하며 사내 강사로 세웠다. 그렇게 성장한 후배들은 지금도 그룹 내 계열사 곳곳에서 CEO로 큰 역할을 하고 있다.

자동차 세일즈를 하기 전
정비사 자격증을 따라

주어진 일만 간신히 해서는 비전이 없다. 일과 더불어 맡겨진 업무에 대해 공부해야 한다. 먼저 업무에 직접 관련된 책 10~50권을 빠르게 공부하고 섭렵한다. 한 분야에 10~50권을 공부하면 치우치거나 편중됨 없이 다양한 주장과 시각을 놓치지 않게 된다. 그리고 중요한 것들이 반복되면서 핵심 노하우와 패턴을 간파할 수 있게 된다. 이어 주변 지식 50~100권을 섭렵해야 한다. 그렇게 평생학습, 일상학습이 습관화된다면 전문가가 되기 위한 10년 법칙도 5년 혹은 2~3년으로 단축 할 수 있다. 아이들은 30분이면 할 숙제나 공부를 2~3시간으로 늘려서 하는데 도사인 것처럼 업무현장에서도 동일하다. 업무와 공부를 몰입해서, 압축 성장하는 사람이 있는 반면 업무시간을 하염없이 늘리고 취미처럼 야근하는 5년차 신입사원, 10년차 신입사원이 조직마다 득실득실하다.

필자는 의류 봉제공장을 관리하는 생산관리 담당을 할 때 책과 더불어 현장을 그렇게 공부했다. 봉제공장을 방문해서 바이어로부터 슈퍼 갑(甲)행세를 할 수도 있다. 그러나 필자는 굳이 하지 않아도 될 원단 공부, 원사, 염색, 부자재 등을 공부했고 제직공장, 원사공장, 염색공장 각종 부자재 제조라인까지 방문하고 학습했다. 또한 봉제, 패턴 공부도 했다.

당시 봉제나 패턴은 현장 기술자의 영역이었지만 의류 패턴을 직접 그려보고 그레이딩, 재단해서 직접 봉제를 해봤다. 남방(기본, 주름), 바지(기본, 주름, 포켓), 점퍼(셋인, 나그랑) 등 7벌을 직접 패턴을 그리고 재단하고 봉제를 해서 입고 다녔다.

원단 부자재를 비롯해 봉제 공정 모두를 섭렵하니 봉제공장과의 협상에서도 속지 않을 뿐 아니라 더 좋은 제안을 해서 공정 개선을 하고 요척(소요량)을 줄여 원가를 절감할 수 있었다. 일 년에 수십만 장의 의류를 생산하기에 소요량만 정확해도 엄청난 금액을 절감할 수 있다. 당연히 납기와 원가우위를 점하며 스페셜리스트로 인정받았다.

봉제와 패턴을 익힐 때 사용했던 노트

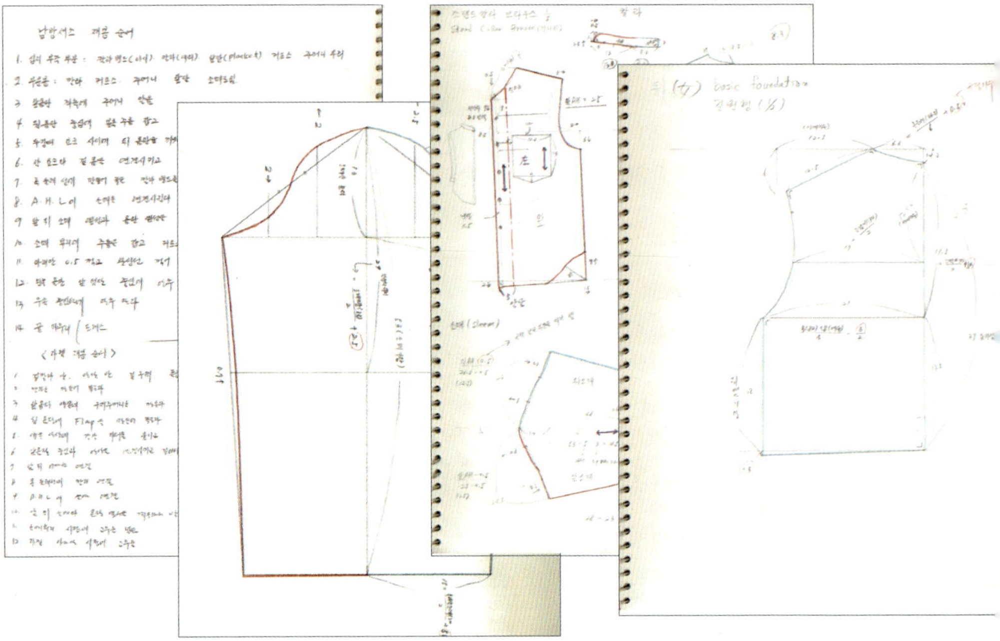

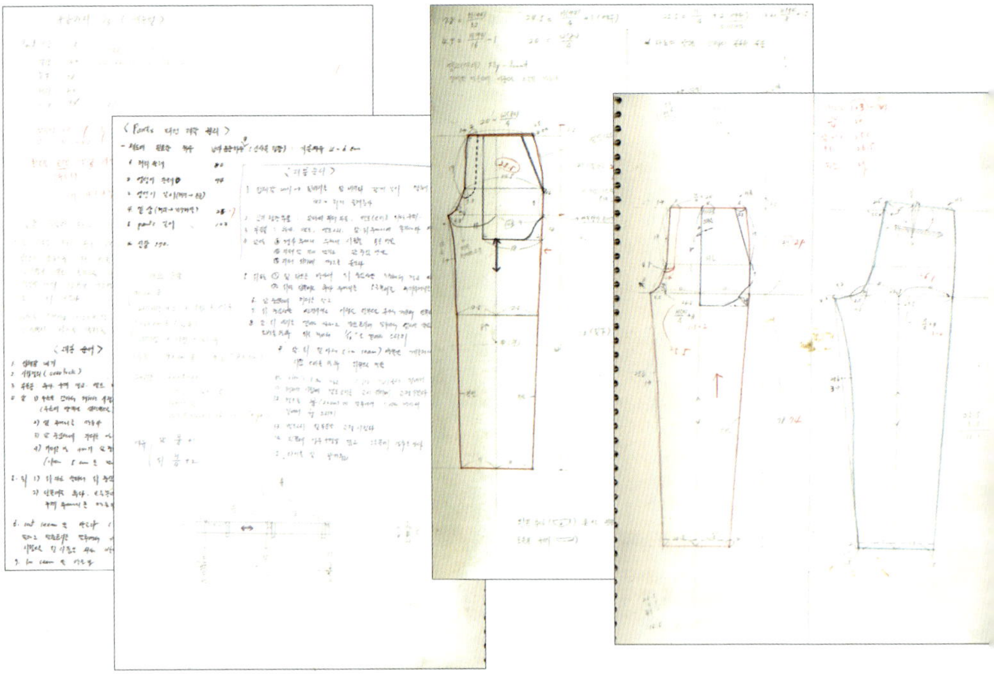

03
Dream of Miracle Binder

스페셜리스트의
특별한 도구

3P바인더의
힘

목수에게는 대패가 중요하다. 일식 주방장은 회칼을 소중히 다룬다. 골퍼에게는 골프채가, 축구선수에게는 축구화가, 마라토너에게는 마라톤화가 중요하다. 비즈니스와 업무의 전문가도 전문성을 뒷받침해 줄 도구가 필요하다.

필자는 입사 초창기부터 바인더를 전문가 도구로 활용했다. 일반적으로 수첩, 다이어리, 플래너류로는 업무를 체계적으로 관리할 수 없고, 메모 수준에 머물 수밖에 없다. 필자는 입사 3년차인 1992년부터 메인바인더에 업무섹션을 8가지로 구분해서 가지고 다니기 시작했다. 기준은 2가지인데 첫째로 고객이다. 고객에게 설명하거나 설득할 만한 자료를 바인더에 70% 축소 복사나 프린트를 해서 넣고 다닌다. 고객의 요청에 즉각 응대할 수 있는 만반의 준비를 갖추어야 프로이고 전문가이다. 영업현장에서 "뜨거울 때 먹어라."라는 말이 있다. 지금 당장 사인을 받지 않고 다음으로 넘기면 계약확률은 현저하게 떨어진다. "혹시 다른 견적은 없습니까?"라고 고객이 요청할 때 "내일까지 새 견적서를 보내드리겠습니다."라고 응대한다면 계약확률은 10% 미만이다. 오늘 저녁 경쟁사 영업사원이 계약을 따갈 것이기 때문이다. 고객은 언제나 똑똑하고, 고객은 언제나 복수견적서를 이미 갖고 있으며, 고객은 늘 다른 영업사원과 경쟁시키려 하기 때문이다. 때문에 필자는 업무의 핵심내용을 바인더에 축소 복사해 넣고 다니며 활용했다. 고객은 수기 데이터보다 활자화된 데이터를 훨씬 더 신뢰한다. 활자의 마력을 십분 활용할 필요가 있다.

　어느 회사나 무엇인가를 판매하지 않으면 안 된다. 상품이든 서비스든 무엇인가를 판매하지 않고 존재하는 기업은 없다. 때문에 잘나가는 회사는 철저히 마케팅 지향적이다. 영업사원을 철저히 지원할 뿐 아니라 스태프 부서(기획·교육·경리·자금·총무 등)라 하더라도 자기 회사의 상품과 가격, 회사소개 등을 가지고 다녀야 한다. 그리고 만나는 모든 사람에게 요청이 없어도 자연스럽게 자기 회사의 상품을 소개해야 한다. 그래야 매출로 이어지든 홍보 효과를 보든, 무엇인가를 얻을 수 있다.

　예를 들어, 필자 보험영업을 했던 시절에는 ① 목표와 전략, ② 상품정보, ③ 고객관리, ④ 업계현황, ⑤ 지급사례, ⑥ 재테크정보, ⑦ 고객 비즈니스, ⑧ 기타로 업무를 분류해 해당되는 자료를 늘 가지고 다녔고, 회사의 대표로 있을 때는 ① 목표, ② 전략고객, ③ 마케팅, ④ 자금, ⑤ 상품, ⑥ 거래처, ⑦ 업계동향, ⑧ 맨파워로 분류해 자료를 가지고 다녔다.

두 번째 기준은 상사이다. 상사가 무엇인가를 물었을 때 즉각 대답할 자료를 가지고 다녀야 한다. 예를 들어 "김 대리, 작년 강남대리점 매출이 얼마나 되는지 아나?"라고 물었을 때 "작년에는 5억이었고 재작년에는 4억 5천만 원이었습니다. 11% 정도 성장했습니다. 강북대리점도 말씀 드릴까요?"라고 즉시 대답할 수 있어야 한다. 그런데 만약 김대리가 "잘 모르겠는데요."라고 대답한다면, 그것이 2~3번 반복된다면, 당장 아웃이다!

1992년부터 현재까지 모아 온 바인더 500권

chapter 10

취업, 진로, 커리어 관리

일자리를 구하기에 앞서 인생을 구하자!
일자리를 찾는 다양한 방법
자기 자신 이해하기
희망 기업에 대해 철저하게 연구하기
커리어 포트폴리오 만드는 법

성과를 지배하는 바인더의 힘

01
Dream of Miracle Binder

일자리를 구하기에 앞서 인생을 구하자!

**모든 사람들의 중대 관심사,
커리어**

Chapter 10은 개정판을 준비하면서 새롭게 추가하였다. 취업을 앞둔 대학생이나 전직을 고려하여 재취업을 준비하는 사람이나 퇴직 이후 세컨드 라이프를 준비하는 사람이나 커리어는 거의 모든 사람의 최대 관심사로 떠올랐기 때문이다.

대학에서 'KMA(한국능률협회)비전스쿨'을 교양과정 수업으로 진행하다 보면 학생들의 관심사 1위가 취업과 진로라는 것을 알 수 있다. 직장인, 일반인을 대상으로 하는 하루 8시간 Pro과정 세미나에서 역시 짧은 10분의 쉬는 시간을 통해 상담을 요청해 오는 내용 1순위는 진로와 커리어 전환이다. 최근 대기업에서 30여 년을 근무하고 정년퇴직한 어느 한 분의 요청으로 상담을 했다. 그는 최고의 기업에서 최고의 삶을 살았노라 자부했지만 퇴직 이후 3개월간 쉬면서 떠오른 단어는 '멘붕'이라고 했다. 50대 중, 후반에 앞으로 40~50년을 무엇을 하며 살지 막막하다며 왜 좀더 일찍 '병행경력'이나 '세컨드라이프'를 준비하지 않았는지 후회된다고 했다. 또 다른 퇴직자의 경우, 자료가 필요해 무심결에 회사 인트라넷에 접속을 시도했다가 '접속차단'을 당했을 때의 상실감으로 몇 주간 지독한 몸살까지 앓았다고 한다.

세상이 달라졌다. 『엔트로피』, 『노동의 종말』을 쓴 제레미 리프킨은 '산업화가 노예 노동의 종말을 이끌었다면 정보화 시대에는 대규모 임금 노동을 끝장낼 것'이라고 예언했다.

OECD(경제협력기구)에 따르면 선진국 15~24세 인구 중 2,600만 명이 실직 상태이며, 개도국은 실직자가 2억 6,000만 명에 이른다. 일반적으로 일생 동안 평균 직장을 11번 바꾸고 직업을 3~6번 바꾼다고 한다. 직장을 바꾸는 것도 만만치 않지만 전혀 다른 분야로 직업을 바꾸는 것은 또 다른 1만 시간 혹은 10년을 요구하는 중요하고 위험한 모험이다. 때문에 취업, 전업, 전직은 단순한 이력서와 면접 기술을 넘어서는 보다 근본적이고 효과적인 전략을 요구한다.

일자리 구하기 VS 인생 구하기

어렵게 취업을 했지만 1년만에 직장을 그만두는 경우가 50%가 넘는다. 직장에 다니지만 만족하지 못해 이직을 생각하는 직장인이 70~80%에 이른다. 단지 취업하는 것만이 중요한 것은 아니라는 이야기이다.

타고난 저마다의 소질과 적성도 중요하지만 직업관이나 직업철학이 없다면, 다시 말해 왜 이 일을 하는지에 대한 질문과 스스로의 답이 없다면 이미 직장은 지옥이나 다름없다.

미취업이나 실직이라는 걸림돌을 디딤돌로 만들고 장차 주춧돌로 만들어야 한다. 일자리를 구하는 과정을 통해 자신의 인생도 구해야 한다.

'나의 존재 이유는 무엇일까?'

'이 일을 하는 목적과 사명은 무엇인가?'에 대한 근본적인 질문과 대답을 해야 한다.

직업을 영어로 Job(직업), Calling(소명), Vocation(천직) 등으로 이야기한다. 직업을 Job으로만 본다면 월급을 받고 자아실현을 하는 정도에 불과하다. Calling이나 Vocation은 하늘로부터 부여 받은 소중하고 의미 있는 일을 말한다. 흔히 성직자, 교사들이 소명이나 천직이라는 단어를 자주 사용한다. 그러나 모든 직업은 소명이고 천직이다.

Job이란 개념으로 일을 대하면 사장님이나 상사가 있을 때만 열심히 '하는 척'을 하면 된다. 그러나 소명 혹은 천직이란 의미로 일을 다한다면 누가 보든 보지 않든 관계없이 매 순간 '최선'을 다하고 '정성'을 다한다. 그 결과는 누구나 알고 있다. 얄팍한 면접 스킬과 테크닉으로 혹은 면접관을 홀리는 잔재주로 취업을 한들 결국 오래 버티지 못한다. 취업을 준비하며 인생 전체를 돌아보고 나의 정체성 자본 Identity capital을 헤아려 보며 진정한 자기 경쟁력을 만드는 기회로 삼아야 한다. 그러므로 미취업, 재취업, 구직의 어려운 걸림돌을 의미 있는 삶으로 전환하는 디딤돌로 만들어야 한다.

일자리를 구하기에 앞서 인생을 구하자!

02
Dream of Miracle Binder

일자리를 찾는
다양한 방법

최고의
구직방법 5가지

대학마다 취업률에 사활을 걸고 있다. 정부와 지자체도 일자리 창출에 모든 역량을 쏟고 있다. 학생들은 건국 이래 최대, 최고의 스펙으로 무장했다. 스펙 3종 세트(학벌, 학점, 토익), 5종세트(연수, 자격증), 7종 세트(공모전입상, 인턴경력), 9종세트(봉사경력, 성형수술) 등 가공할 위력이다. 그럼에도 취업률은 형편없이 저조해 처절한 실정이다.

  모 대기업에서 채용 단계별 합격자 수를 분석했다. 최초 입사 지원서를 시도한 사람이 34,000명, 지원서 제출자는 25,000명, 그중 서류

심사 합격자는 6,500명, 인적성검사 합격자는 2,700명, 1차 면접 합격자는 1,200명, 2차 면접 합격자 300명, 최종 신입사원 교육참석자는 220명이다. 0.6%의 취업률이다.

무엇인가 방법이 잘못됐다는 이야기이다.

미국 최고의 직업 탐색 컨설턴트인 리처드 볼스 박사는 취업과 커리어 분야의 최고 권위자이다. 그는 자신의 저서『파라슈트』에서 일자리를 찾는 방법 16가지를 소개했다.

최악의 구직방법 5가지

① 4~10% 성공률: 인터넷의 잡 포스팅

② 7% 성공률: 이력서 보내기

③ 7% 성공률: 전문 분야 잡지의 구인공고에 응답하기

④ 5~24% 성공률: 신문의 구인공고를 보고 응답하기

⑤ 5~28% 성공률: 알선기관, 서치펌의 도움 받기

그 외에도 중간 확률의 6가지 방법이 있지만, 중요한 것은 최고의 구직 방법이다.

최고의 구직방법 5가지

① 33% 성공률: 가족, 친인척, 친구, 지인 ,회원 등 지인의 소개

② 47% 성공률: 관심기업을 방문한다. 이때 고용여부는 상관하지 않는다.

③ 65% 성공률: 관심분야, 원하는 근무지, 일하고 싶은 조직을 정한 다음 직접 찾아간다.

④ 70% 성공률: 앞과 동일하지만 다른 구직자와 함께 협력해서 준비한다.

⑤ 86% 성공률: 구직자 자신에 대하여 철저히 연구한다.

03
Dream of Miracle Binder

자기 자신
이해하기

**취업시장에 맞는
자신 알기**

자기를 철저히 아는 것을 구직 방법이라 할 수 있을까? 이 방법은 1936년 웨스턴 일렉트릭사의 엔지니어 란 A.W.Rahn이 발명했다. 당시 성공률은 80%였다. 이 방법은 구직활동을 펼치기 전에 자신에 대해 완전히 이해할 것을 요구한다. 자신이 누구인지, 취업시장에 제공할 수 있는 것이 무엇인지 파악하고, 어떤 종류의 일이 자신과 가장 일치하는지 찾아내야 한다.

 이 방법은 이후 정교하게 발전해 현재는 86%의 높은 성공률을 보인다. 이 방법은 이력서 방법보다 무려 12배나 효과가 높다.

앞서 다룬 꿈 리스트, 사명선언서, 비전선언문, 평생계획표, 연간계획표, 월간, 주간계획표의 중요성을 말하는 것이다. 필자가 출강하는 대학이나 필자의 세미나에 참석한 사람들이 자기 자신을 철저히 분석하고 준비한 포트폴리오를 면접에서 제출해 기업에 합격한 사례가 수없이 많다.

2013년 3월 전남대를 막 졸업한 민병수 학생이 찾아왔다. 3P바인더 포트폴리오 덕분에 외국계 금융사 지점장 후보로 선발되었다는 것이다. 지방대 출신이지만 2차 면접에 쟁쟁한 학벌의 학생들과 120:1의 치열한 경쟁을 뚫고 당당히 합격한 것이다. 아래 글은 민병수 학생이 보내준 감사 메일이다.

2012년 4월부터 현재 2013년 3월까지 1년이 어떻게 지나갔는지 모를 정도로 많은 일을 준비하고 겪었습니다. 급하게 시작한 취업준비, 영어시험, 결혼, 출산, 취직 그리고 졸업까지. 남들은 1년에 한 가지씩 할 일들을 저는 1년 동안 모두 해내야만 했습니다.

시험기간에도 아내와 함께 태교를 하며 결혼식 준비를 했고, 결혼식 준비를 하면서 영어시험 공부와 조기졸업 준비를 같이 해야 했습니다. 출산을 앞두고는 취업준비와 면접 때문에 산후조리원에서도 함께 있지 못하는 날이 많았고, 그 와중에도 제가 벌려놓은 학교 홍보대사와 영어학회일까지 마무리해야 했습니다.

하지만 결국 6월 홍보대사 인준, 7월 결혼, 8월 영어시험 고득점 획득, 9월 영어학회 인준, 10월 대학 조기졸업 인증, 11월 출산 그리고

12월 취업과 1월 입사, 2월 졸업까지. 정말 많은 일을 겪어오며 제가 계속 느낀 것은 이 모든 것을 해낼 수 있었던 근본적인 힘이 바로 바인더에서 나왔다는 점입니다.

실제로 연봉이 5천 이상인 지금의 회사에 입사할 수 있었던 이유도, 최종면접에 제 바인더로 포트폴리오를 만들어갔기 때문입니다. 면접관님들에게 강한 인상을 남기고 싶었던 저는 그동안 기록한 바인더를 모아서 두 권의 포트폴리오를 만들었습니다. 결과는^^. 취업과정에서 운도 많이 따라주었고, 노력도 많이 했지만, 저는 3P바인더가 아니었다면 지금의 회사에 입사할 수 없었을 것이라고 생각합니다. 그리고 애초에 취직을 떠나 3P바인더는 바쁘고 힘들었던 저의 1년을 지탱해 주는 힘이었고, 그 덕분에 지금의 제가 있을 수 있다고 생각합니다.

앞으로는 제 꿈과 목표를 이루어 가는 데 있어서 3P바인더를 동반자로 생각할 것입니다.

04
Dream of Miracle Binder

희망 기업에 대해 철저하게 연구하기

보여지는 포트폴리오 준비하기

취업시장으로 들어가 일자리를 구할 때는 낯선 나라로 여행을 떠날 때처럼 준비해야 한다.

필자는 전 직장에서 부서장 시절에는 1차 면접위원을, 본부장 시절에는 최종 면접위원을 맡아 수없이 많은 면접을 보았다. 의외로 많은 학생이 지나치다 싶을 정도로 준비 없이 면접장에 들어 온다. 기업의 사명, 비전은 고사하고 주력 상품이 무엇인지도 모르고 그 회사에서 중요시 여기는 필독서가 있는지 조차 모른다. 구직자들은 채용자가 자기에 대해 궁금한 점이 많을 것이라 착각한다. 그러나 오히려 채용자들은 구직자가 자기 회사에 대해 얼마나 알고 있는지 궁금해 한다. 구직자는 들어가고 싶은 조직을 사랑해야 한다. 면접장에 들어가기 전에 대상 조직에 대해 철저히 조사하고 포트폴리오를 만들어야 한다. 그만큼 연구했다는 정성과 사랑의 증거를 '보여지는' 포트폴리오로 준비해 가야 한다. 그래야만 차별화된 감동을 줄 수 있다.

2012년 숭실대에서 '대학진로탐색'이라는 과목으로 강의를 했다. 200명씩 4개반, 800명이 대상이었다. 그때 수강했던 박효은 학생은 우울증에 시달리고 뚜렷한 꿈과 비전 없이 무기력한 나날을 보냈다. 그러던 중 필자의 강의에 출석 체크만 하고 잠을 자려고 들어왔다가 엄청난 변화를 경험했다. 그렇게 시작된 인생의 터닝포인트가 2년에 걸쳐 4번의 메일에 고스란히 담겨 있다.

박효은 학생은 바인더를 쓰기 시작하면서 인생의 꿈과 비전이 생겼고 2년간 꾸준히 주간계획표를 쓰면서 자신을 관리했다. 숭실나비 독서모임에 꾸준히 참석하고 활동하면서 독서습관을 길렀다.

전공을 공학에서 사회복지학과로 바꿨지만 가장 어려운 과목에서 A+를 받았다. B+ 한 과목 외에 올A+을 받고 포트폴리오 바인더도 10권을 만들었다. 그녀는 당시 29세로 나이도 불리하고 전공도 바꾸어 불리한 점이 많았다. 하지만 자신의 포트폴리오 10권과 희망 기업을 철저히 연구하고 분석한 기업제출용 바인더 1권을 면접관에 제출해 면접관을 감동시켰다.

그렇게 그녀는 그토록 원했던 모 그룹사 기업사회공헌 분야로 멋진 출발을 시작했다.

박효은 학생 취업 바인더

제10장 취업, 진로, 커리어 관리

05
Dream of Miracle Binder

커리어 포트폴리오
만드는 법

나만의 포트폴리오

이력서를 수십 통씩 여기저기 뿌리는 방법은 성공률이 7%에 불과하다. 채용자들은 이력서가 거짓말투성인 데다가 과장되었거나 사실과 다르게 기재된 것이 82%나 된다는 사실을 알고 있다. 심지어 이력서를 읽어 보지도 않는 경우도 있다. 이러한 낡은 이력서의 대안이 커리어 포트폴리오이다. 나의 능력 증거물이고 성과 증명인 것이다. 이미 예술과 미술분야에는 오래 전부터 포트폴리오가 일반화되어 있다.

336쪽의 표는 취업능력 향상을 위해 만든 포트폴리오 목록이다.

취업과 진로에 대해 막연히 고민하는 젊은이들을 돕기 위해 만들었고, 커리어세미나, 취업캠프, 학기수업, 특강 등에서 활용할 예정이다. 취업, 재취업을 준비하는 분들을 위해 바로 적용 가능하고, 지속 가능한 도구로 만들었다. 순서대로 채워 나가다 보면 나에 대한 연구와 희망 기업에 대한 연구를 자연스럽게 준비할 수 있게 된다.

조선대학교 바인더 전시회

취업 바인더 Contents

구분	No	내용
Intro	1	취업준비 자가 진단
1 자기분석	2	자기분석 – 희망찾기 – 꿈리스트
	3	자기분석 – 상상하기 – 미래일기
	4	자기분석 – 돌아보기 – 하프타임
	5	직업찾기 1 – 경험분석 – 산맥분석
	6	직업찾기 2 – Skill분석 – 다면분석
	7	직업찾기 3 – 가치분석 – 다중역할분석
	8	직업찾기 4 – 직업사명 – 직업사명 선언서
2 취업역량	9	취업역량 – 1. 직무리스트
	10	취업역량 – 2. 나에게 필요한 지식찾기
	11	취업역량 – 3. 확장할 수 있는 영역찾기
	12	취업역량 – 4. 직업가치 재확인 – letter for me
3 대학생활 전략	13	팔방미인 – 8번 학기 8번의 방학 계획 세우기
	14	팔방미인 – 역산스케줄 졸업 후 5년 나의 모습
	15	팔방미인 – 졸업 후 나의 모습
	16	팔방미인 – 현재의 나의 역할과 임무들
4 자기관리	17	자기관리 – 목표설정 – 평생계획 사용법
	18	자기관리 – 목표설정 – 연간계획 사용법
	19	자기관리 – 취업일정 – 월간계획 사용법
	20	자기관리 – 시간관리 – 주간계획 사용법
5 기업분석	21	기업분석 – 체크리스트
	22	기업분석 – 포트폴리오 구성하기
	23	기업분석 – 인간관계 (Comm. style 분석)
	24	기업분석 – 보상에 대한 가치분석 (돈과 가치)
6 취업전략	25	취업전략 – 서류면접 전략 – 이력서, 자기소개서
	26	취업전략 – 면접전략 – 나만의 경험을 잠재성 드러내기
	27	취업전략 – 마인드맵 면접전략
	28	취업전략 – 차별화 전략 – 커리어 포트폴리오전략
	29	취업전략 – 취업루트 개발 – 다양한 구직방법
7 독서활동	30	진로독서 – 나만의 필살기 도서
	31	진로독서 – 자기계발 추천도서
	32	진로독서 – 활동 – 좋은 글, 아이디어 노트, 좋은 글, 본깨적
8 포트폴리오 실습	33	커리어 포트폴리오 – 제작 인큐베이터
	34	커리어 포트폴리오 – 제작 하기
	35	커리어 포트폴리오 – 포트폴리오 확장 하기

인천대학교 신지혜 학생 바인더

숭실대학교 임태원 학생 바인더

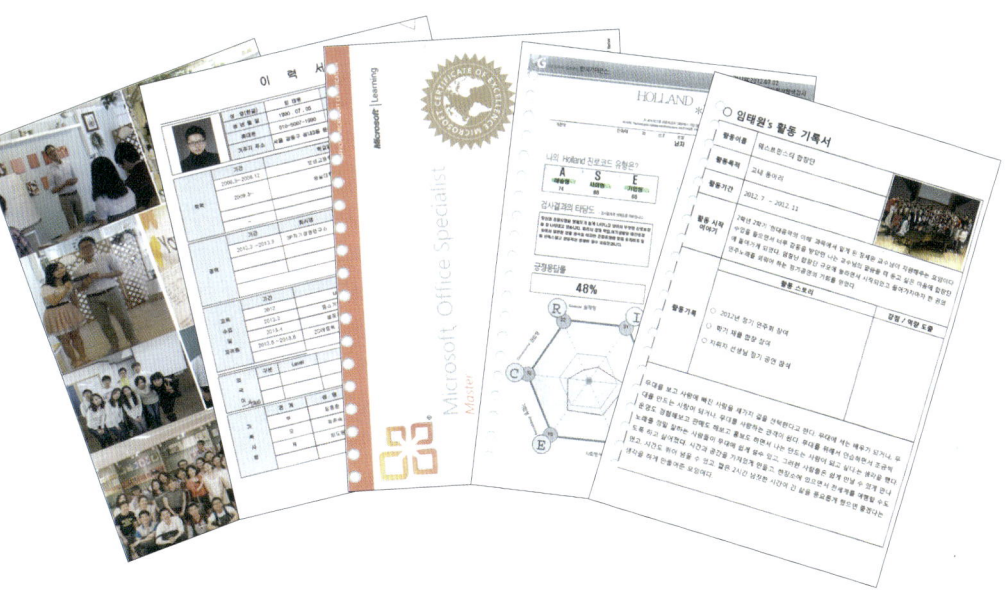

제10장 취업, 진로, 커리어 관리

숭실대학교 황진영 학생 바인더

에필로그

아름다운 정상을 향한 첫 걸음, 자기경영

정년이라는 단어는 화석처럼 붙박였고 30~40대에 이미 이직과 창업을 고민한다. 정년이 보장된 곳이라 하더라도 인생의 후반전 혹은 세컨드 라이프Second Life를 준비해야만 한다.

인간의 수명을 90세, 100세 심지어 120세까지 이야기한다. 이제 은퇴 이후 30~40년을 어떻게 보낼 것인가는 매우 중요한 관심사가 되었다. 단순히 노후 자금만이 문제가 아니다. 은퇴 이후 어떤 일을 하며 보낼 것인가가 중요하다. 때문에 미국에서는 자원봉사와 전문성을 혼합해서 일하고 약간의 대가를 받는 NPO 단체가 전체 취업 인구의 9.8%에 이른다고 한다. 취업인구 10명 중에 1명이다. 그나마 전문성이 있고 건강해야 할 수 있다. 자기경영에서 승리한 인생만이 보람 있고 의미 있는 노후를 보낼 수 있다.

결국 가벼운 처세와 테크닉으로는 한계가 있다. 인생의 사다리를 빨리 올라가는 것보다 더 중요한 것은 올바른 사다리를 선택하는 안목이다. 방향을 정하고 난 후에야 비로소 빠르기가 의미 있는 것이다.

대학 간판이나 어느 직장을 다니느냐 하는 것은 이제 더 이상 중요하지 않다. 더 근본적인 것, 바로 '삶' 전체에 관심을 가져야 한다.

리더십의 대가인 존 맥스웰은 『최고의 나』에서 재능이 성공의 전부가 아님을 이야기한다.

- 〈포춘〉 500대 기업의 최고경영자 중 50% 이상은 대학 시절 C 또는 C⁻를 받았다.
- 미국 상원의원의 65%는 학교 성적이 중위권 이하였다.
- 미국 역대 대통령 중 75% 역시 중위권 이하의 그룹에 속했다.
- 백만장자 기업가 중 절반 이상은 대학을 졸업하지 못했다.

그렇다면 정답은 무엇일까? 토마스 스탠리가 쓴 『백만장자 마인드 1, 2』에서는 미국에서 실제 성공한 백만장자들의 성공 비결을 소개한다. 30가지의 비결 중 사람들이 가장 많이 꼽은 것은 조상 대대로 물려받은 유산이나 우수한 대학을 나온 것이 아닌 '자기관리'와 '정직'이었다.

필자도 자기경영을 늦게 알았다. 이랜드에 입사하면서 거의 문화 충격에 가까운 자극과 학습을 통해 눈을 뜨기 시작했다. 대학에서 배운 것보다 수십, 수백 배의 학습량과 자기관리를 통해 성장의 기쁨을 누리면서도 한편으로 "학교 다닐 때 이렇게 공부하고 관리했었더라면……." 하는 아주 간절한 마음이 들었다. 그러한 간절함으로 인하여 이 책을 집필하게 되었다. 여기에 소개한 방법은 필자가 20여 년을 현장에서 철저히 검증하고 성과를 거둔 것들로써, 단순하게 이론으로 그치는 것이 아니라 실습과 훈련을 할 수 있는 것들이다. 이 훈련방법을 통한 변화와 성공의 사례는 수없이 많다. 이 교재와 바인더를 통해 지속적으로 훈련한다면 사회인으로 탁월한 성과를 올릴 수 있고, 더 나아가 평생학습의 체계를 구축할 수 있을 것이다. 꿈과 비전을 종이에 쓰고, 시간과 지식을 관리하는 전략을 갖고, 매일 실천하는 시스템을 습관화한다면 어느 조직이나 단체에서도 환영받는 인재가 될 것이다. 아름다운 정상을 향한 첫 걸음에 박수를 보낸다.

참고문헌

강규형, 『꿈을 이루는 기적의 노트』, 한국방송출판, 2005.
강영우, 『우리가 오르지 못할 산은 없다』, 생명의말씀사, 2000.
고미숙, 『아무도 기획하지 않은 자유』, 휴머니스트, 2004.
공병호, 『명품 인생을 만드는 10년의 법칙』, 21세기북스, 2006.
『교세라 PHILOSOPHY』, 교세라, 1997.
『교세라 회계학』, 교세라, 2000.
구마가이 마사토시, 신현호 역, 『꿈을 이루어주는 한 권의 수첩』, 북폴리오, 2004.
구본형, 『익숙한 것과의 결별』, 생각의나무, 1998.
구본형, 『그대 스스로를 고용하라』, 김영사, 2001.
김성오, 『육일약국 갑시다』, 21세기북스, 2007.
나카지마 다카시, 김하경 역, 『업무의 도구상자』, 미래의창, 2005.
나카지마 다카시, 이수경 역, 『성공한 사람들의 메모하는 방법』, 시간과공간사, 2006.
다니엘 핑크, 김명철 역, 『새로운 미래가 온다』, 한국경제신문사, 2006.
다니일 그라닌, 김지영 역, 『시간을 지배한 사나이』, 정신세계사, 1990.
다카이 노부오, 은미경 역, 『아침형 인간으로 변신하라』, 명진출판, 2003.
드니 르보 외, 김도연 역, 『생각정리의 기술』, 지형, 2007.
래리 보시디 · 램 차란, 김광수 역, 『실행에 집중하라』, 21세기북스, 2004.
론다 번, 김우열 역, 『시크릿』, 살림BIZ, 2007.
류랑도, 『성과 중심의 리더십』, 웅진윙스, 2006.
류랑도, 『하이퍼포머: 성과로 승부하는 핵심인재』, 쌤앤파커스, 2007.
리처드볼스, 『파라슈트』, 한국경제신문, 2013.
리처드 윌리엄스, 이민주 역, 『피드백 이야기』, 토네이도, 2007.
마이클 린버그, 유혜경 역, 『너만의 명작을 그려라』, 한언, 2002.
매일경제 지식프로젝트팀, 『지식혁명보고서』, 매일경제신문사, 1998.
모치즈키 도시타카, 은영미 역, 『당신의 소중한 꿈을 이루는 보물지도』, 나라원, 2004.
박희준 · 김용출 · 황현택, 『독서경영』, 위즈덤하우스, 2006.
반다 노스, 김재영 역, 『직장인을 위한 비즈니스 마인드맵』, 사계절, 1994.
밥 버포드, 김성웅 역, 『하프타임』, 낮은울타리, 2000.
백기락, 『석세스플래닝』, 한스미디어, 2004.
브라이언 트레이시, 점범진 역, 『목표 그 성취의 기술』, 김영사, 2003.
브라이언 트레이시, 김동수 외 역, 『잠들어 있는 시간을 깨워라』, 황금부엉이, 2005.
브라이언 트레이시, 서사봉 역, 『백만불짜리 습관』, 용오름, 2005.
빌 비숍, 김승욱 역, 『관계우선의 법칙』, 경영정신, 2001.

사이쇼 히로시, 최현숙 역, 『인생을 두 배로 사는 아침형 인간』, 한스미디어, 2003.
사이토 다카시, 홍성민 역, 『절차의 힘』, 좋은 생각, 2004.
사카토 켄지, 고은진 역, 『메모의 기술』, 해바라기, 2003.
사토 료, 강을수 역, 『원점에 서다』, 페이퍼로드, 2007.
손연아 외 6인, 『성공적인 대학생활을 위한 학습전략 포트폴리오』, 학지사, 2007.
송병락, 『싸우고 지는 사람 싸우지 않고 이기는 사람』, 청림출판, 2004.
아사에 스에미츠, 정경진 역, 『IT시대의 과제달성형 목표관리』, 오즈컨설팅, 2006.
아타라시 마사미, 출판부 역, 『〈사장이 된다〉는 목표를 종이에 써라』, 한국능률협회, 1991.
엘릭 매켄지, 이진원 역, 『결심을 실천으로 바꿔주는 타임전략』, 리더스북, 2006.
양병무, 『주식회사 장성군』, 21세기북스, 2005.
연합뉴스편집부, 『총성 없는 3차대전 표준전쟁』, 연합뉴스, 2006.
왕중추·허유영 역, 『작지만 강력한 디테일의 힘』, 올림, 2005.
월트 캘러스테드 저·함택 역, 『당신의 꿈을 키우라』, 두란노, 1999.
윤여각·지희숙, 『교수와 학생이 함께 쓴 방송대 학습 길라잡이』, 한국방송통신대학교출판부, 2007.
이어령, 『디지로그』, 생각의나무, 2006.
전병욱, 『부흥com』, 규장, 1999.
전옥표, 『이기는 습관』, 쌤앤파커스, 2007.
조용기, 『3차원의 인생을 지배하는 4차원의 영성』, 교회성장연구소, 2004.
존 맥스웰, 한근태 역, 『최고의 나』, 다산북스, 2008.
죠 지라드, 김양호 역, 『販賣에 不可能은 없다』, 안암문화사, 1981.
켄 블랜차드·제시 스토너 공저, 조천제 역, 『비전으로 가슴을 뛰게 하라』, 21세기북스, 2006.
토머스 J. 스탠리, 장석훈 역, 『백만장자 마인드1, 2』, 북하우스, 2000.
T.J. 피터즈·R.H. 워터만 공저, 이길진 역, 『超優良企業의 條件』, 三中堂, 1994.
프랭크 베트거, 최염순 역, 『실패에서 성공으로』, 성공전략연구소, 1998.
피터 F. 드러커, 위정현 역, 『성과를 향한 도전』, 간디서원, 2006.
피터 드러커, 이재규 역, 『프로페셔널의 조건』, 청림출판, 2001.
피터 센게, 안중호 역, 『피터 센게의 제5경영』, 세종서적, 1996.
한국성과향상센터, 『수첩이 인생을 바꾼다』, 김영사, 2005.
한국표준협회, 『미래사회와 표준』, 한국표준협회미디어, 2004.
헨리에트 앤 클라우저, 안기순 역, 『종이 위의 기적, 쓰면 이루어진다』, 한언, 2004.
히노 사토시, 금대연 역, 『TOYOTA 무한성장의 비밀』, 동양문고, 2003.

3P 자기경영연구소 교육소개

교육문의: 02)2057-4679
홈페이지: www.3pbinder.com

대학·일반 3P 셀프리더십 (Self Leadership)

자기경영의 원리와 사례, 실제 노하우를 소개하고 이를 실천할 수 있는 도구인 3P바인더를 제공함으로써 실제 업무 현장에서 변화와 성과를 창출할 수 있도록 돕습니다.

교육명	내용	시간	대상
3P 프로 과정	3P바인더를 활용한 셀프리더십 과정 - 바인더 활용의 입문 및 활용법 실습 - 셀프리더십의 이해와 동기 부여 - 사고의 변화와 습관의 변화	8시간	경영자 직장인 전문가 대학생
3P 코치, 마스터 과정	3P바인더를 업무에 적용, 성과 창출 과정(코치 과정) - 바인더를 업무에 적용하기 위한 워크숍과 그룹 코칭 3P바인더 성과 코칭을 위한 강사 양성 과정(마스터 과정) - 전문강사 활동이 가능한 3P Full 콘텐츠 교수법 전수	총 2개월 (코치 과정) 총 4개월 (마스터 과정)	3P Pro 과정 수료자

대학 3P커리어스케치 (Career Sketch)

대학생들을 위한 교육과정으로 단순히 직장이 아닌 나의 가치와 강점에 부합하는 직업을 찾을 수 있도록 돕습니다. 3P바인더만의 차별화된 취업 포트폴리오 바인더와 워크숍을 통해 장기적인 진로와 커리어 계획을 수립할 수 있습니다.

교육명	내용	시간	대상
커리어스케치 과정	- 자기분석과 목표 설정을 통해 나를 찾아가는 과정 - 기업분석과 자신만의 포트폴리오 제작의 커리어 전략 - 취업 포트폴리오 바인더 제공 및 워크숍 진행	8시간	대학생

중·고등 비바앤포포 (Viba&Pofo)

학생들에게 적합하게 제작된 스터디 바인더를 활용하여 학습은 물론 일상생활에서 셀프리더십을 실천하고 차별화된 자신만의 학습과 비전의 포트폴리오를 구성할 수 있습니다.

교육명	내용	시간	대상
비바 SLS 과정	스터디 바인더를 활용한 자기주도학습능력 향상 - 진로와 연결된 공부에 대한 바른 개념을 수립 - 생활과 학습을 모두 관리할 수 있는 특허 받은 시간관리 - 학습능력의 본질을 이해하고 완전학습을 실현	8시간 (단체의 경우 조정 가능)	중학생 고등학생 대학생 학부모
비바 코치 과정	학생들의 리더십을 고취하고 학습 신장을 도울 수 있는 코치양성 - 비전과 꿈, 목표관리, 시간관리의 코칭 가이드 제공 - 학생들의 자기주도학습 실현을 도울 수 있는 핵심 컨텐츠 제공 - 독서와 다양한 포트폴리오 준비	1박 2일 진행 (단체의 경우 조정 가능)	학부모 교사 교육 관계자

초등 놀 샘 (No.1Sam)

초등시기에 형성되어야 할 학습 습관과 셀프리더십을 심어주는 초등교육 과정입니다. 놀이가 접목된 보물찾기 바인더를 통해 아이들 스스로 꿈과 비전, 학습습관에 대한 필요성을 느끼게 해줍니다.

교육명	내용	시간	대상
놀샘 보물찾기 과정	놀이와 함께 배우는 셀프리더십 과정 - 셀프리더십의 기초적인 이해, 기록 입문편 - 놀이를 접목한 셀프리더십의 이해를 바인더에 적용 - 학생들 스스로 작성할 수 있는 학생 바인더의 원리 이해	8시간 (단체의 경우 조정가능)	초등학생 학부모 (부모 동반 수업) 교사 교육 관계자
놀샘 보물찾기 코치 과정	놀아 주는 선생님으로서의 코치 양성 과정 - 학생들에게 적용 가능한 놀이 교육의 활용 가이드라인 제공 - 학생들의 코칭에 관련된 보물찾기 바인더 활용 가이드라인 제공 - 학습법의 이해와 가정 및 학교에서 적용 가능한 원리 제공	16시간 구성	학부모 교사 교육 관계자

완전히 새롭고 체계적이며 가장 진보된 성과 창출 시스템

3P Professional Course

이제 누구나 쉽게 자신이 원하는 것을 이룰 수 있습니다.
30만 명이 3P바인더를 통해 꿈을 이루어 가고 있습니다.
이제 당신 차례입니다. 당신도 해낼 수 있습니다.

누구나 균형잡힌 삶과 높은 성과를 원합니다

누구든지 배워서 실천하기만 하면
좋은 변화를 일으켜 개인의 삶과 가정과 조직이
발전하게 되는 놀라운 시스템
더욱 체계적이고 효과적인 교육,
3P Professional Course에 당신을 초대합니다.

3P자기경영연구소 강규형 대표

강규형 대표 강의 영상

- 현 | ㈜3P자기경영연구소 대표
- 현 | KMA(한국능률협회) 비전스쿨 주임교수
- 현 | 비바앤포포, 보물찾기, 커리어스케치, 독서경영 대표
- 현 | 사단법인 대한민국독서만세 회장
- 전 | 인천대학교 겸임교수

이랜드 그룹 근무 (1989.12.~1998.12.)
 - 푸마 본부장 역임
 - 해외사업부 부서장, 용품사업부 부서장, 생산관리 부서장
 - 1992년 이랜드그룹 주브레뜨노 최우수직원상 수상
 - 1993년 이랜드그룹 제1회 이랜드인상 수상
 - 1993년 이랜드그룹 최우수강사상 수상

푸르덴셜생명 라이프 플래너 활동 (1999.3.~2002.8.)
 - 1999년 전 지점 입사자 실적 1위
 - 1999년 Super Gold Prize 달성
 - 2000년 지점 챔피언 달성 (역삼지점 약 100여명)
 - 3회 연속 MDRT (Million Dollar Round Table)자격 달성

CBMC(한국기독실업인회) 사역 및 활동
 - 2008년 yCBMC 총연합회 회장
 - 2012년 CBMC 중앙회 운영이사
 - CBMC대학 리더십스쿨 전임교수
 - CBMC대학 자기경영학교 주임교수

시작의 작은 차이가 결과의 큰 차이를 만듭니다

어떻게 성과를 낼 것인가?
성과를 위한 7단계 세션!
1. 미국 백만장자의 성공요인 30가지
2. 기록관리   5. 업무관리
3. 시간관리   6. 지식관리
4. 목표관리   7. 독서경영

어떻게 나만의 성과시스템을 만들 것인가?
성과시스템 만들기 5단계
1. 꿈리스트 만들기
2. 주간계획 사용법
3. 연간계획 및 평생계획
4. 체계적인 업무매뉴얼 작성
5. 나만의 지식바인더 만들기

3P자기경영연구소
www.3pbinder.com

교육 문의 : 02-2057-4679
제품 문의 : 02-2057-4678
Fax : 02-597-4795
E-mail : binder3p@naver.com
서울특별시 송파구 법원로 127 대명벨리온 406호

당신의 성과 창출
3P자기경영연구소가
함께합니다.

◀ 세미나 후기영상
3P바인더 무료 강의 ▶

다양한 3P바인더 최신 소식과
제품, 교육 상담을 원하신다면?
Yellow ID @3p바인더 TALK
친구추가 하세요.

3P BINDER
3P바인더 제품안내

www.3pbinder.com 에서 구매하실 수 있습니다.

메인바인더
자기관리를 메인바인더 한 권으로 해결 할 수 있습니다. 메인바인더의 규격은 A5입니다.

바인더 커버 (내지 미포함)

베이직(인조) / 블랙
29,000원

뉴 스페셜(인조) / 브라운, 커스터드, 오렌지, 네이비
59,000원

뉴 프리미엄(천연) / 마젠타, 바이올렛, 브라운, 블랙
149,000원

바인더 풀세트
바인더 + 속지 풀세트 + 자 2개 + 서브바인더 3개 + 무선노트 미색(60매) 1권 + 무선노트 백색(50매) 1권 + 유선노트(50매) 1권

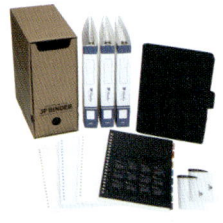 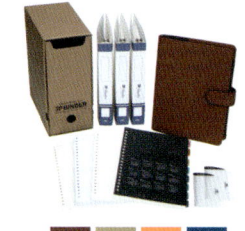 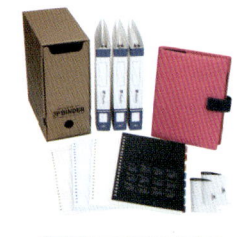

베이직(인조) / 블랙
~~65,000원~~ 60,000원

뉴 스페셜(인조) / 브라운, 커스터드, 오렌지, 네이비
~~97,500원~~ 94,000원

뉴 프리미엄(천연) / 마젠타, 바이올렛, 브라운, 블랙
~~187,500원~~ 184,000원

서브바인더
메인바인더와 호환되며 자료와 정보를 수집, 분류, 보관합니다.

A5 20공 플라스틱 바인더
(무지 인덱스 4장포함)

화이트/그레이/레드 30mm
화이트 24mm
5,000원

A5 플라스틱 바인더 전용커버

버건디 에메랄드
마젠타 그레이
바이올렛 브라운
그린

플라스틱 바인더 전용커버 / 30mm전용
8,500원

A4 30공 서브바인더

30공 플라스틱 바인더 / 30mm
~~9,000원~~ 8,000원

A5 전용 노트 및 용지류
3P만의 특허받은 시간관리 양식, 문서 출력이 가능한 디지로그형 속지입니다.

스케줄 노트

기본형 속지 풀세트(1년)
18,000원

라이트형 속지 풀세트(1년)
18,000원

주간스케줄(1년)
56장 / 8,400원

일간스케줄(3개월)
50장 / 5,000원

양식노트 / 핸디노트

본깨적 노트
50장 / 3,000원

신앙 노트(Q.T/설교/기도)
50장 / 각 3,000원

핸디 노트 3종(유선/무선/격자)
50장 / 각 3,000원

A5 리필용지 (출력가능)

무선 노트 미색
60장 / 1,500원
500장 / 10,000원
5,000장 / 80,000원

무선 노트 백색
50장 / 1,500원
5,000장 / 100,000원

유선 노트
50장 / 1,500원

제품가격은 변동될 수 있습니다. 제품에 대한 자세한 내용은 쇼핑몰을 참고하세요.

학생용 바인더
시간관리와 학습관리를 한 권으로 해결하며 리더십을 길러줍니다.
바인더의 규격은 A5입니다.

초등학생 바인더 놀샘

보물찾기 바인더 (6개월)
20,000원

주간스케줄 (1년)
56매 / 8,000원

중·고등 청소년 바인더 비바앤포포

스탠다드 바인더 (6개월)
18,000원

서브바인더 전용 커버
20,000원

주간스케줄 (6개월)
30매 / 4,000원

노트류
30매 / 각 2,000원

창의적 체험활동 / 본깨적노트 / 컨셉노트
/ 마인드맵 / 프리노트 / 데일리 체크리스트 ver.2

취업 바인더 커리어스케치

취업 포트폴리오 바인더
22,000원

보조용품

A5 20공 전용 보조용품

고정섹션 인덱스
인덱스 8장 / 3,000원

서브바인더용 인덱스
인덱스 8장 / 1,500원

프리섹션 인덱스
인덱스 8장 + 스티커 1장
/ 3,000원

인덱스 보호 스티커
1장(24EA) / 1,000원

A4 30공 전용 보조용품

A4 비닐속지
(30공 플라스틱 바인더 전용)
20매 / 2,000원

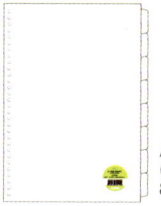

A4 인덱스
(30공 플라스틱 바인더 전용)
8매 / 3,000원

기타용품

자 (10cm)
2EA / 1,000원

슬라이드형 펀치
~~108,000원~~ 98,000원

30공 전용 집게형 펀치
~~48,000원~~ 43,000원

New
20공 전용 집게형 펀치
~~43,000원~~ 39,000원

도서, CD

베스트셀러
성과를 지배하는 바인더의 힘
(사은품 바인더 미포함/포함)
16,000원/20,000원

베스트셀러
본깨적
13,800원

도서
대한민국 독서혁명
14,000원

CD
성과를 향한 도전
6,000원

CD
뛰어난 업무성과 노하우
6,000원

CD
성공하는 사람은 책을 가까이한다
4,000원

3P BINDER
Professional / Performance / Process

송파구 법원로 127 대명벨리온 406호
제품 문의 : 02-2057-4678

다양한 3P소식, 제품과 교육상담을 원하신다면?
Yellow ID @3p바인더 친구추가 하세요.

3P바인더
무료강의